KB108049

인문학, 공항을 읽다

The Textual Life of Airports :
Reading the Culture of Flight
by Christopher Schaberg

First published in 2011 by Continuum

인문학, 공항을 읽다

The Textual Life of Airports

떠남의 공간에 대한
특별한 시선

크리스토퍼 샤버그 지음 | 이경남 옮김

이 책에는 나의 공항 읽기를 들어주고 또 비행과 관련하여 자신의 이야기를 해준 분들의 소중한 의견들이 많이 담겨 있다. 여기서 그분들의 이름을 일일이 열거할 수는 없다. 하지만 그들 덕분에 나는 많은 책에서 공항의 모습을 그린 멋진 장면들을 만날 수 있었다. 또 찬찬히 들여다 볼만한 공항의 예술 작품들을 직접 눈으로 확인할 수도 있었다. 공항을 텍스트처럼 읽는 작업은 일상의 담화나 평범한 물건에서 문학성의 징표를 찾아내는 독특한 경험이었다.

특히 이 책의 초고를 읽고 뛰어난 의견을 제시해준 UC 데이비스의 캐런 카플란(Caren Kaplan), 콜린 밀번(Colin Milburn), 티모시 모턴(Timothy Morton), 스콧 셔쇼(Scott Shershow)에게 감사드린다. 또 이 책을 통해 내가 말하려 했던 개념을 "공항 읽기"란 명쾌한 어구로 정리해준 존 막스(John Marx)에게도 따로 감사드린다. 켄 위소커(Ken Wissoker)는 이 책을 구상하고 있을 때 귀한 조언을 아끼지 않았다.

늘 협조를 아끼지 않는 변함없는 친구 카라 톰슨(Kara Thompson)은 이 책을 쓰는 내내 쉽지 않은 피드백과 아울러 잊을 수 없는 따뜻한 격려로 내 용기를 북돋아주었다. 마크 애키치(Mark Yakich)는 내가 공항에서 일할 당시의 이야기를 써보라고 채근했다. 그 덕분에 나는 예기치 않았던 성과를 거둘 수 있었다. 랜디 맬러머드(Randy Malamud)는 내 원고를 꼼꼼히 읽고 정성을 들여 독후감을 써주었다. 객관적인 외부 시선으로 이 책을 본 소감을 담은 그의 글에는 놀라운 통찰력이 담겨 있었다.

해박한 지식으로 2010-11학년도 동안 이 작업을 도와준 나의 연구조교 테라 두리오(Terra Durio)에게 따로 감사한다. 색인 작업을 해준 앤드류 맥스웰(Andrew Maxwell)에게도 큰 감사를 드린다. 그레그 킬러(Greg Keeler)는 글이 잘 써지지 않을 때 큰 도움을 주었다. 또 원고를 거의 완벽하게 읽어준 제인 슈바이거(Zane Schwaiger)에게도 많은 빚을 졌다. 내 책을 편집해준 컨티넘(Continuum)의 하리스 나크비(Haaris Naqvi)에게도 큰 감사를 드린다. 처음 만난 순간부터 원고를 최종 전달하기까지, 아니 그 사이사이에도 그는 늘 예리하고 대담하고 소중한 충고를 아끼지 않았다.

2010-11학년도 교수연구비를 지원해준 뉴올리언스 로욜라 대학교 인문자연학과의 조앤 크루즈(JoAnn Cruz) 학장과 로욜라 연구지원금 및 휴가 위원회(Loyola Committee on Grants and Leaves)에도 감사드린다. 로욜라 영문학과에 이런 멋진 동료들이 있다는 사실을 생각하면 늘 행복해진다. 문학수업이랍시고 시작했다가 느닷없이 곁길로 빠져 공항과 항공문화에 관한 이야기를 늘어놓았던 내 사설을 참고 들어준 UC데이비스와 뉴올리언스 로욜라 대학의 학생들에게도 감사의 말을 전한다.

이 프로젝트의 여러 부분에서 초판을 출판해준 잡지 〈미디어필즈(Media Fields)〉, 〈네뷸러(Nebula)〉, 〈서부 아메리칸 문학(Western American Literature)〉지와 마이클 코넬리우스(Michael Cornelius)에게도 감사한다. 코넬리우스 교수는 하디 보이즈(Hardy Boys) 공항 미스터리에 관한 내 글을 자신의 저서 『소년 탐정들(The Boy Detectives)』에 실어주는 배려를 베풀었다.

수잔(Susann Schaberg)과 짐(Jim Schaberg)도 2007년과 2010년 그리고 2011년 여름에 글을 편하게 쓸 수 있는 장소를 제공해주었다.

마지막으로 글을 쓰는 내내 무한한 지원과 인내심으로 도와준 라라(Lara)에게도 깊은 감사를 드린다. 내 다짐하지만 이렇게 일부러 자진해서 오래 본업을 중단하는 일은 두 번 다시없을 것이다.

나는 콩코드를 구석구석 참 많이도 다녔다.

– 헨리 데이비드 소로(Henry David Thoreau), 『월든(Walden)』

이 책은 공항에 관한 이야기이다. 그것은 일상에서 회자되는 평범한 공항 이야기이면서 공항만의 비밀스러운 이야기, 공항의 겉모습에 감추어진 당황스럽거나 언짢은 이야기다. 나는 미국에서 공항이 현대생활의 특정 개념을 보호하는 방식에 늘 관심을 가져왔다. 공항은 사람들의 정체를 수상히 여기거나 신분을 확인하는 장소이고, 남들에게 자신을 과시하는 장소이고, 사생활이 먼저냐 국가 안보가 우선이냐를 놓고 갈등을 빚는 현장이며, 애국심과 기동성의 특권을 조장하는 종합 공장이다. 동시에 공항은 금방 잊게 되고, 때로는 불쾌한 기억으로 남는 포괄적인 장소로 여겨지기도 한다. 공항은 통과하기 위해, 그것도 빨리 통과하기 위해 설계되었다. 인류학자 마크 오제가 "비장소(non-place)"라고 말한 바로 그런 의미의 전형이 공항이다. 또한 공항은 장소와 지역과 표준 시간의 문제와 얽힌다. 이런 것들도 내가 이 책에서 말하려는 주제의 일부다.

이 책은 공항의 '텍스트성(textuality)'에 관해 사색한다. 텍스트는 '읽을' 수 있는 것이다. 소설과 시는 물론이고, 예술작품, 영화의 장면들 그리고 대수롭지 않아 보이는 잡지 광고도 모두 텍스트다. 텍스트는 능동적이든 수동적이든, 어렵든 단순해 보이든, 해석을 요구한다.

이 책에서 텍스트는 (문화적이거나 지역적이거나 글로벌한) 어떤 이야기에 대응한다. 나는 이들 이야기가 공항 주변에서 엮어지는 과정을 추적하고 그곳에서 풀려나오는 해석적 실타래를 따라갈 것이다.

일부 공항 이야기는 '믿을 수 없는' 이야기다. 그 이야기들은 애매하여 결국 모순으로 판명된다. 문학에서 그리고 동시에 공항 문화의 일상에서 이 이야기들을 발견할 수 있다. 나는 일정한 상황 속에서 공항을 '읽는' 법과 공항을 해석하는 법에 초점을 맞출 것이다. 이런 읽는 행위와 해석은 인간이 '어떻게' 그리고 '왜' 비행기로 여행하는지에 관해 많은 것을 알려준다. 또한 인간이 하늘을 나는 일을 얼마나 신뢰하는지, 하늘 아래 땅 위에는 어떤 미스터리가 도사리고 있는지도 알려준다.

항공 여행의 개념이 복잡해지고 의미가 다중적이 되는 사례를 만나면 나는 쉽게 지나치지 못하는 편이다. 예를 들어 샘 셰퍼드(Sam Shepard)의 단편 「산 자들의 땅(Land of the Living)」을 보자. 이 소설은 "길고 맥이 풀린 줄을 선 중간지대의 인간"이 있는 한 공항에서 시작된다.[1] 피사체와 멀리 떨어진 곳에서 바라보는 이런 초연한 묘사는 한 종(種)이 어떻게 이동하고 무리를 짓는지 엿볼 여유를 갖게 한다. 셰퍼드는 공항을 인성발달에 도움이 되는 편리한 무대장치로 설정하면서, 공항이란 공간은 그 자체로 '읽는 행위'를 보장해야 한다고 주장한다. 그래서 이 이야기는 해석을 위한 지역으로서의 공항을 점령한다. 그곳은 인간이라는 주체가 불확실한 상태로 거주하는 장소다. 그런 공항의 간단한 외관이 내가 파헤치고 정리하려는 대상이다.

'텍스트적(textual)'이라는 용어를 사용한 것은, 설명을 자제하고 유포시키는 방식에서부터 읽는 행위와 해석의 구성에 이르기까지 다양한 함축적 의미를 한데 모으기 위한 포석이다. 마크 오제는 독창성이 돋보이는 작품 『비장소 : 초현대성의 인류학 개론(Non-Places : Introduction to an Anthropology of Supermodernity)』에서 이렇게 주장한다.

…… 초현대성의 실질적 비장소 — 고속도로를 달리거나 슈퍼마켓을 돌아다니거나 공항 라운지에 앉아 런던이나 마르세유로 가는 다음 비행기를 기다리고 있을 때 우리가 머무는 그곳은 우리에게 제공하는 말이나 '텍스트'로 일부 정의되는 특징을 갖는다. 다시 말해 그런 곳에 대한 "이용 안내"는 규범적이거나("우측통행"), 금지이거나("흡연 금지"), 정보를 주는("여러분은 지금 보졸레 산지로 들어가고 계십니다") 것일 수 있다. 때로 이것들은 도로표지, 지도, 여행안내서에서 볼 수 있는 것처럼 다소 명료하고 성문화된 표의문자로, 때로는 일반적인 언어로 표현된다. 이것은 개인들이 '텍스트'로만 교류하게 되어 있는 공간의 통행 조건을 수립한다…….[2]

나도 오제의 방식을 따라 초현대성의 '텍스트적'인 측면을 볼 것이다. 그중에서도 내가 '공항 읽기(the textual life of airports)'라고 명명한 개념을 집중적으로 다룰 것이다. 나는 이것이 여러 단층이 촘촘히 쌓이고 매우 재귀적(再歸的)인 모습을 띤 존재라는 사실을 알게 되었다. 공항의 문학적 표상뿐 아니라 항공 여행의 일상적 운용에서 그리고 다른 대중문화에서 그려지는 비행에 대한 묘사에서도 이 점은 분명하게 드러난다.

이 책은 문학을 문화적 표상의 형태로만 다루지 않는다. 오히려 문학은 공항이 어떻게 문화적으로 사회적으로 심리학적으로 철학적으로 그리고 생태학적으로 기능하는지 엿볼 수 있는 중요한 단초를 제공한다. 공항은 텍스트성에 크게 의존한다는 것이 내 주장이다. 그것은 일상의 미스터리와 활동이 멈추는 순간(예를 들어 그 많은 저마다의 이야기들은 "기상으로 인한 결항"이나 "분실 수하물" 같은 문구로 제지를 받거나 취소될 수도 있다)만큼이나 명백한 운용(예를 들어 탑승수속을 하는 곳부터 출발게이트까지 줄기차게 만들어지는 일상의 업적과 설화) 때문이다.

공항을 관찰하고 뚜렷한 문화적 토포스를 개관하는 방법으로 문학에 눈을 돌리는 것이 얼핏 납득이 가지 않을 것이다. 하지만 현대 문화에서 공항은 읽는 '그런' 장소로서 자리매김했다는 것이 이 책에서 내가 말하려는 요지다. 공항을 기반으로 경쟁을 벌이는 이리딩(e-reading) 기술부터 공항 서점의 이윤에 이르기까지, 또 철저한 신분 확인부터 가벼운 읽을거리로 시간을 때우는 일까지 나는 공항과 텍스트 관행이 서로 긴밀하게 묶여 있다는 사실을 입증해 보일 것이다. 그런 다음 다시 공항으로 눈을 돌려 공항에 집중되는 다양한 분야에 대한 관심에 문학적 읽기 관행을 대입시킬 것이다.

나는 공항을 읽기 위해 문학을 활용하고, 영화나 설치미술이나 스팟 광고 같은, 그 자체로는 문학이 아닌 문화적 가공품에서 공항이 어떻게 문학적으로 중요한 장소로 나타나는지 보여줄 것이다. 롤랑 바르트(Roland Barthes)와 마찬가지로, 나는 문화적 편린이나 문학 작품을 생산적이고 적극적인 '텍스트'로 취급한다. 바르트는 그의 고전적 에세이 『작품에서 텍스트로(From Work to Text)』에서 (작품과 차별화된 것으로서의) 텍스트를 "언어가 유통하는 …… 공간"이라고 설명한다. 바르트는 이어 "텍스트의 은유는 '네트워크'의 은유"라고 주장한다. 즉 "텍스트의 본질적 움직임은 질러가는 것이다."[3] 이런 설명을 통해 독자들은 공항을 '텍스트적' 공간으로 취급할 것이다. 또 수많은 문학적이고 문화적인 텍스트 '안에서' 공항을 바라보는 나의 방법론을 간접적으로 파악할 수 있을 것이다.

이 책에서 나는 시각적 텍스트도 검토할 것이다. 이런 방법론적인 모델은 다나 해러웨이(Donna Haraway)에서 비롯된 것이다. 해러웨이는 『종들이 만날 때(When Species Meet)』에서 자신의 방식을 이렇게 설명한다.

"형상은 내가 접촉대(contact zone)라고 부르는, 언젠가는 죽을 생명체의 세계를 만드는 복잡한 관계의 살(肉) 속에서 이해하도록 도

와준다."[4]

마찬가지로 나는 공항의 시각적 문화에서 평범한 설화와 비범한 설화가 충돌하는 "접촉대"를 본다. 그리고 그곳은 문화의 전반적인 트렌드와 독특한 예외가 뒤섞이는 곳이다. 공항을 몸이나 살로 생각하는 것이 이상하게 보일지 모르지만, 이것이 바로 내가 시도하려는 관점의 수정이다. 나는 공항이 "하나의 세계를 만드는 것"에 필요한 법규와 조직체와 어떻게 얽히는지 보여주기 위해 공항 내부와 공항의 시각적 형상에 초점을 맞출 것이다.

해러웨이는 계속해서 형상은 "표상이나 교훈적인 실례가 아니라 물질적인 것, 즉 다양한 몸통과 의미가 서로 함께 만들어가는 기호학적 마디 또는 교점"이라고 주장한다.[5] 나는 이야기가 공항을 형성하고 또 공항이 이야기를 형성하는 피드백 회로에 늘 관심을 가져왔다. 이것은 항공 여행의 일상적 관습에 존재하는 역동적 "공동 구상(coshaping)"이다. 바르트의 기호학을 '텍스트'의 비판적 렌즈를 통해 문학과 문화를 같이 포용하는 것이라고 가정해 보자. 그렇다면 '형상'에 눈을 돌리는 해러웨이의 방법론은 비행의 시각적 문화를 취급하기 위한 부수적이고 적합한 방법에 대한 암시일 것이다.

내가 만약 문학에 어울리는 영역 저편에 있는 시각적 사례와 문학 이외의 언어적 표현과 문화적 가공품에 눈을 돌린다면 어떨까. 그것은 공항의 비유법과 역설이 항공 여행 자체의 영역을 넘어 유포되는 과정을 입증하려는 시도일 것이다. 예를 들어 미디어 학자 레브 마노비치(Lev Manovich)는 “나는 공항에서 셀 수 없이 많은 시간을 보냈다”는 말로 그의 『정보미학개론(Introduction to Info-Aesthetics)』의 타당성을 주장했다. 하지만 나는 여기서 익숙한 형태의 항공 여행이 신생 미디어 생태학에서 어떻게 비춰지고 연관되는지 지적할 것이다.[6]

마노비치는 정보를 기반으로 한 그의 사회적 관행의 분석이 일상생활에 ‘그 기반을 두고 있으며’ 일상생활에서 구체화된다는 사실을 독자들에게 이해시키려 한다. 마노비치는 또한 공항에서 기다리는 경험이 매우 매개적이며 정보 네트워크로 가득 차 있다는 사실을 독자들이 이해해주기를 바란다. 그의 에세이는 항공 여행과 아무런 관련이 없다. 하지만 지나가는 말처럼 던진 공항에 대한 이런 언급은 공통의 ‘느낌’에 관한 하나의 가정을 암시한다. 공항 읽기는 바로 이런 식으로 항공문화를 간접적으로 언급하다 튀어나오는 경우가 많다.

앞으로 나는 “항공문화(the culture of flight)”라는 말을 꾸준히 사용할 것이다. 나는 “항공문화”라는 어구가 막연하게나마 어떤 국가적 의식에서 표현되기를 기대한다. 이 책에 수시로 인용되는 텍스트들은 일차적으로 미국 문학과 문화에서 골라낸 것이다. 나는 공항과 비행의 비유법을 통해 미국의 어떤 정체성이 형성되는 방식에 흥미가 있다. 항공 여행의 현대적 상황을 다룬 최근의 〈뉴욕타임스(New York Times)〉 기사에서 주장한 대로, “미국인들은 다른 곳이라면 절대로 참지 않을 많은 것들을 공항에서는 기꺼이 감내한다."[7] 이런 언급에는 공항이 특히 미국인들만 갖고 있는 인내의 정도에 의존한다는 의식이 있다. 항공문화는 미국인이 되는 것과 '어떤 식으로든' 관련을 갖고 있는 지속적인 긴장과 고집스런 감정에 관한 것이다.

우리는 "항공의 발상지(The Birthplace of Aviation)"와 "비행의 시초(First in Flight)"라는 은근히 경쟁심을 부추기는 오하이오와 노스캐롤라이나의 자동차 번호판 로고에서 항공문화의 또 다른 일면을 엿보게 된다. 두 슬로건은 모두 라이트 형제를 암시하고 있지만 그들이 주장하는 비행의 기원은 지리적으로 서로 다른 곳을 지목한다. 그런가 하면 "보잉이 아니라면 가지 않겠습니다.(If it isn't a Boeing, I'm not going.)"라는 범퍼스티커도 있다. 이런 그럴 듯한 각운은 미국 항공업체에 대한 자부심을 반영하면서 동시에 외국의 항공기 제조업체에 대한 의구심을 은연중에 드러낸다.

제트기 부품의 대부분이 전 세계에서 공급된다는 현실이 보잉사와 관련된 국가적 오만함을 손상한다는 사실은 여기서 그다지 중요하지 않다. 중요한 것은 그 범퍼스티커의 문구가 '텍스트 차원'에서 비행을 바라보는 태도가 된다는 사실이다. 따라서 내가 말하는 "항공문화"는 사실 항공 여행이라는 주제를 둘러싼 집단적 분위기, 개인의 감정, 분산된 감수성의 집합을 의미한다. 뚜렷한 이유가 있겠지만 항공문화는 공항 안팎에서 가장 분명하고 집중적이고 다면적이 되는 경향이 있다.

F. 스콧 피츠제럴드(F. Scott Fitzgerald)의 단편 「비행기를 갈아타는 세 시간(Three Hours between Planes)」에서 우리는 항공문화에 대한 초기의 방향성을 엿볼 수 있다. 이 작품에서 주인공 도널드 플랜트는 세 시간의 중간 기착 시간을 활용해 옛 애인과 다시 어울린다. 어린 시절에 좋아했던 낸시를 전화로 불러낸 도널드는 반갑게 인사한 후, 그가 "몇 시간 정도 공항을 나갈 수" 있다고 말한다.[8] 낸시는 그 자리에서 도널드를 집으로 초대한다. 마침 남편은 출장 중이다. 도널드는 택시를 잡아탄다.

"가는 길에 도널드는 조금 전의 대화 내용을 곰곰이 따져봤다. '공항에'라는 그의 말은 그가 지체 있는 중산층이라는 사실을 알려주었다."[9]

여기서 공항은 해석의 여지가 있는 말로 기능한다. "공항"은 공간적 호칭 이상의 의미를 가지는, 특권과 경제 구조를 함축하는 말이다. 따라서 항공문화에는 그것의 상징적 가치를 위해 '공항을 읽는 행위'가 포함된다. 공항은 21세기 소비문화의 기동성이 가속화되는 가운데 매개적이지만 해석을 요구하는 지점으로 기여한다.

항공문화는 부의 역사와 더불어 진행되는 하나의 현상이다.[10] 그러나 항공문화는 최근에 도마 위에 올랐다. 2001년 9월 11일의 사건은 공항과 항공 여행을 미국 뉴스권의 헤드라인으로 끌어올렸다. 이들 주제는 이후 10여 년 동안 사람들의 의식의 전경에 머무르며 한편으로는 공항을 국가안보상으로 극히 민감한 구역으로 만들었다.

다른 한편으로는 경제적 고통과 개인적 권리를 침해하는 불만의 현장으로 바꾸는 진자운동을 계속했다.

자크 데리다(Jacques Derrida)는 911 사건을 조심스럽게 회고하면서 항공문화의 이런 특성을 강조했다. 데리다는 2001년 9월 11일의 사건이 "내부로부터" 즉 "분명 그 자체로는 어떤 힘도 없(었)지만 첨단 기술지식의 책략과 그 수행을 통해 미국의 어떤 공항을 근거지로 삼아 미국의 한 도시에서 미국의 어떤 무기를 장악할 수단을 찾을 수 있는(있었던) 힘으로부터" 일어났다고 지적한다.[11]

데리다는 일련의 국가적 아이콘에 내재되어 있는 중요한 취약성을 인정하면서, 미국의 항공사가 또 다른 이름으로 자살 '무기'가 되는 역설을 말한다. 이 책 전체를 통해 주장하는 바이지만, 항공문화에는 비행을 막거나 연기하는 자기반성적인 중지와 충격을 위한 자체의 잠재력이 반드시 포함되어야 한다. 때로 이런 중지나 연기는 납치된 민간여객기처럼 폭력적으로 일어난다. 또 어떨 때는 과도한 예약이나 험악한 날씨로 일상적인 소동이 되기도 한다. 이런 것들은 이 책에서 줄곧 반복해서 다루어지는 해결되지 않는 문제이다.

다른 나라들도 그들 자신만의 항공문화가 있다는 사실(이스라엘은 엄중한 공항보안 체제가, 러시아는 민간비행이 늘 불안한 것이 그 특징이라고 언젠가 내 친구가 일러주었다)은 의심할 여지가 없다. 하지만 항공문화 하면 떠올리게 되는 다분히 미국적인 방식을 보여주는 것이 나의 목표이다. 비행에 대한 이런 사고방식은 미국의 정체성과 연관된 자아, 재산, 자유, 기동성에 부합하는 개념과 갈등을 빚기 때문에 더욱 중요하다. 동시에 나는 항공문화가 국가의 경계나 정치적 경계를 훌쩍 뛰어넘는다는 사실을 인정하지 않을 수 없다. 소비문화처럼 항공문화도 지구를 덮고 있는 사람과 사물의 사고방식과 생활양식이라는 그물코의 배열을 분배하고 바꾸는 행위이다.

2001년 봄에 나는 몬태나 주 보즈먼 외곽에 있는 한 공항에서 파트타임으로 일하고 있었다. 유나이티드항공사(United Airlines)의 지역항공사인 스카이웨스트(SkyWest) 소속이었던 내 직함은 "교차 사용 요원"이었다. 쉽게 말하면 수하물을 적재하고 여행 일정표를 만들고 티켓을 발행하고 승객들을 비행기에 탑승시키는 일이었다. 이 외에도 비행기에 붙은 얼음을 제거하고 비행기를 게이트에서 유도로로 되돌리도록 안내하고, 밤에 비행기를 청소하는 것 등 거의 모든 일을 해야 한다는 뜻이었다. 작은 공항이었으니까. 간단히 말해 나는 공항에서 벌어지는 일을 그 배후에서 진행시키는 법을 배웠다. 그것은 그때까지 내가 했던 일 중에서 가장 이상하면서도 상투적인 일이었다. 이 책에서 나는 주로 내 아르바이트 경험을 통해 항공문화의 여러 측면에 접근할 것이다.

예를 들어 내가 일했던 공항은 한적한 산지 마을에 자리 잡고 있었기 때문에 지질학적 시간과 인간의 직업, 또 구름이 떠 있는 하늘의 모습과 콘크리트 슬래브의 대비가 유독 두드러졌다. 그래서 이 책에서 나는 공항이 야기하는 환경적 문제에도 관심을 기울일 예정이

다. 도착 라운지 계단 아래에 앉아 있는 거대한 회색곰 조각상이나 수하물 찾는 곳에서 도약하다 그대로 얼어버린 퓨마에서 보듯 보즈먼 공항은 드러내놓고 서부의 테마를 내세우며 승객을 맞이한다.

하지만 나는 공항이 실제로 생태계에 영향을 미치는 방법뿐 아니라 공항이라는 장소가 환경적 감수성과 미학에 기대는 방식에도 관심을 기울일 것이다. 책을 쓰기 위해 자료를 조사하는 과정에서 나는 공항과 환경의 관계가 심상치 않다는 사실을 확신하게 되었다. 때로 공항은 내부와 외부의 구분이 모호한 것 같기도 하다. 또 어떨 때는 이런 경계가 엄격하게 집행되는 것 같기도 하다. 한편, 공항은 한눈에도 알 수 있을 만큼 "지역적"인 특색을 갖추고 있다. 그러나 또 다른 면에선 '어디를 가나' 다 거기서 거기이다. 이런 이중성 때문에 공항은 완전히 포괄적인(유쾌할 정도로 또는 불쾌할 정도로 포괄적인) 곳으로 느껴지기도 한다.

제니퍼 프라이스(Jennifer Price)는 그녀의 책 『비행지도(Flight Maps : Adventures with Nature in Modern America)』에서 네이처컴퍼니(Nature Company) 상점의 현상과 그들이 파는 이미지와 물건을 통해 자연의 실체와 그 자연을 경험하는 방식과 관련된 아이디어를 풍요롭게 만든 과정을 다룬다. 프라이스는 말한다.

"1980년대 이후로 우리가 자연을 가장 자주 찾은 곳은 '어디'였는가? 우리가 있는 그대로의 자연이라고 흔히 생각하는 '그런 곳'은 아니었다. 성공적인 네이처컴퍼니 상점이 쇼핑센터가 아닌 피츠버그 공항에 있다는 사실은 전혀 놀라운 일이 아니다."[12]

다시 말해, 프라이스는 공항의 무명성과 진정한 장소로서의 자연에 대한 갈망 사이에는 기묘한 조합과 아이러니가 있다고 주장한다. 이 책에서 나는 역설적으로든 협조적으로든, 그리고 특히 문학적 표상과 대중적 설치예술에 깃들인 이런 예로서 공항과 자연의 개념이 겹치는 사례들을 반추할 것이다.

이 책의 각 장은 흩어져 있는 텍스트를 관통하는 몇 가지 증거를 통해 공항에 관한 이야기를 짜 맞추었다는 의미에서 사변적이다. 각 장은 정치철학자 제인 베넷(Jane Bennett)이 말하는 "존재 이야기(onto-story)"로 기능한다.[13] 각 장들은 개별적으로 이질적인 여러 텍스트와 대상과 주제들을 한데 모으는 존재의 누적된 이야기들이다. 각 장은 공항이라는 테마와 항공 시나리오를 둘러싼 에너지와 정서가 집중되는 모습을 그려낸다.

제1장은 "공항 읽기(airport reading)"라는 개념을 다룬다. 공항에서 읽는다는 것은 무슨 의미이며, 사람들이 공항 그 자체를 읽어야 할 때는 언제인가? 1장은 이 책의 방법론에 대한 개관으로, 공항을 텍스트'로' 읽고 또 텍스트 '속에서' 공항을 읽는 문제를 집중적으로 다룬다. 제2장은 공항에서 이루어지는 노동을 생각해 보고, 승객(또는 책을 읽는 사람들)이 항공 여행과 관련된 일을 처리하거나 해석해야 할 경우, 그리고 아울러 공항 근로자들이 항공문화를 능동적으로 읽어야 할 경우를 검토한다.

제3장은 공항이 미스터리와 모험을 위한 기대를 어떻게 자극하는지 다룬다. 제4장은 911 사건을 소재로 한 소설에서 공항이 나오는 장면을 분석하고 그날을 서사적으로 추도하는 공항의 핵심 역할을 입증할 것이다.

제5장은 내가 "공항 검사 복합체(the airport screening complex)"라고 명명한 이론에 관한 내용으로, 911 사건 이후의 공항 내부와 주변에서 펼쳐지는 보안 심사의 문제와 여러 겹의 검색 절차에 관한 문제를 다룬다. 제6장은 공항이 그 자체로 목적지가 되는 가상적 상황과 공항이 중요한 관심사가 되거나 그렇지 않으면 실험적으로 취급되는 경우에서 공항에 대한 대안적 연구를 탐구한다.

제7장은 공항과 환경적 미학의 교차점에서, '기다림'의 현장과 감흥을 기반으로 하는 공항의 생태학적 독법을 제안한다. 제8장은 공항의 기이한 환경적 현상학에 기대어, 하늘을 나는 인간의 행위와 새들의 생활이 공항에서 충돌하는 문제를 야생의 이야기로 펼친다.

제9장은 문화적 비유법으로서, 그리고 계산을 하고 수거하는 세속적 공간으로서 수하물 찾는 곳의 텍스트성을 반성함으로써 전체적 내용을 마무리한다. 그것은 여행이 끝나는 곳의 모습이다. 그것은 또한 공항 읽기가 저 너머의 세상 속, 일상으로 희미하게 사라지는 문턱이기도 하다.

주

들어가는 말

1 Sam Shepard, "Land of the Living," *The New Yorker*, April 11, 2009, 83.

2 Marc Augé, *Non-Places : Introduction to an Anthropology of Supermodernity*, trans. John Howe(New York : Verso, 1995), 96(my emphasis).

3 Roland Barthes, "From Work to Text," *Image Music Text*, trans. Stephen Heath(New York : Hill & Wang, 1977), 161.

4 Donna Haraway, *When Species Meet*(Minneapolis: University of Minnesota Press, 2007), 4.

5 Ibid.

6 Lev Manovich, "Introduction to Info-Aesthetics," *Antinomies of Art and Culture*, ed. Smith et al.(Durham, NC: Duke University Press, 2008), 343.

7 Nate Silver, "The Full-Body Backlash," *The New York Times*, online, November 15, 2010:http://fivethirtyeight.blogs.nytimes.com/2010/11/15/the-full-body-backlash/?scp=1&sq=Americans%20are%20willing%20to%20tolerate%20a%20great%20number%20of%20things%20at%20the%20airport%20&st=cse(accessed January 4, 2011).

8 F. Scott Fitzgerald, "Three Hours between Planes," *Esquire*, 1941: http://www.gutenberg.net.au/fsf/THREE-HOURS-BETWEEN-PLANES.html(accessed May 20, 2009).

9 Ibid.

10 이 책에서 다룬 것 이상으로 비행문화에 대해 인상적이고 섬세한 설명이 필요하면 다음 자료를 참조할 것.

David Pascoe, *Airspaces*(London. Reaktion : 2001), *Aircraft*(London. Reaktion : 2004). / Robert Wohl, *A Passion for Wings: Aviation and the Western Imagination*, 1908-1918(Yale, 1996), The Spectacle of Flight: Aviation and the Western Imagination, 1920-1950(Yale, 2005).

11 Jacques Derrida, "Autoimmunity: Real and Symbolic Suicides," in Giovanna Borradori, *Philosophy in a Time of Terror: Dialogues with Jürgen Habermas and Jacques Derrida*(Chicago : University of Chicago, 2003), 95.

12 Jennifer Price, *Flight Maps : Adventures with Nature in Modern America*(New York : Basic Books, 1999), 187.

13 Jane Bennett, *Vibrant Matter: A Political Ecology of Things*(Durham, NC : Duke University Press, 2010), 4, 116.

차례

감사의 말 004

들어가는 말 008

1. 공항 읽기 027

2. 구경거리와 구경꾼 065

3. 공항 미스터리 103

4. 9월 11일 그리고 출발점 141

5. 공항, 불안을 읽다 183

6. 공항에서 오후를 쉬고 싶어 209

7. 기다림의 생태학 247

8. 또 하나의 별스러운 공항 읽기 291

9. 수하물 찾는 곳의 은유 325

참고 문헌 360

nland

10.10.09 6 1
NUIJAMAA
M 092

IMMIGRATION
SUVARNABHUMI AIRPORT THAILAND
VISACLASS
12 SEP 2009
ADMITTED UNTIL 11 OCT 2009
SIGNED

DEPARTED
20 SEP 2009

rkey

Thailand

Russia

Россия КПП
29 04 10
Брусничное

РОССИЯ КПП
29 08 11
ШЕРЕМЕТЬЕВО

VIETNAM - IMMIGRATION
234A
30 AUG 2011
NỘI BÀI

Vietnam

Brazil

SELO CONSULAR
50
REAIS-OURO

VIETNAM - IMMIGRATION
141A
13 SEP 2011
NỘI BÀI

Belor

DPMAF - DPF
10 10 05 554 1

1. 공항 읽기

The Textual Life of Airports

Reading the Culture of Flight

공항에 있는 서점 읽기

언젠가 미니애폴리스 공항에 잠시 머무는 동안, 나는 시간을 때울 겸 C 중앙홀을 어슬렁거리며 긴 복도를 따라 늘어선 좁은 길과 상점들을 둘러보았다. G 게이트로 통하는 후미진 곳을 지나치는데 심플리북스(Simply Books)라는 서점이 눈에 쏙 들어왔다. 알고 보니 유통업체 HMS 호스트(HMS Host)가 운영하는 공항 체인점으로, 미국의 주요 7개 공항에 자리 잡고 있는 서점이었다.

공항에 서점이 있다는 것이 대수로운 일은 아니다. 그러나 나를 사로잡은 것은 '단순한' 소비 장소로서 이 서점이 구사하는 마케팅 기법이었다. 우선 이 서점은 책 말고도 많은 것을 팔고 있었다. 잡지, 신문, 그리고 공항에서 사람들이 짬을 내어 시간을 보내기에 알맞은 눈요기 아이템들이 가게 곳곳에 자리 잡고 있었다. 또한 이 서점의 전략적 위치도 흥미로웠다. 사실 공항 소비주의에 관해서라면 단순한 것은 아무것도 없다. 이 서점의 구도만 봐도 그랬다. 그 엄중한 기하학적 정면은 서점을 거의 사찰처럼 보이게 만드는 효과를 자아냈다. 마치 그 자체로 하나의 완벽한 공간이라는 느낌을 연출하는 정면이었다. 물론 이런 미학적 전술 역시 드문 경우는 아니다. 공항에 있는 상점 입구는 보통 터미널이나 중앙홀의 전반적인 시각적 본체에서 튀어나오게 디자인을 한다. 그러나 동시에 그런 디자인이 공항의 기능적 흐름을 방해해서도 안 된다.

하지만 심플리북스의 자기표현 방식에는 뭔가 색다른 점이 있었다. 그것은 공항이 갖는 방향성의 힘에 도전하는 느낌을 주는 어떤 것이었다. 단순하면서도 이상적인 '독서'에 몰두하도록 끌어들이는 힘 같은 것이 그곳에 있었다. 그 힘은 공항이라는 공간이 갖는 다면적인 요구, 즉 탑승을 독촉하는 안내방송이나 간헐적으로 들리는 제트엔진 분사음이나 계속 바뀌는 게이트 정보나 공항의 건축학적 굴곡을 훑으면서 천정에서 울려 퍼지는 CNN 네트워크와 마찰을 빚었다……. 공항은 여러 방향에서 오는 독자(또는 승객)를 덮치는 수많은 메시지와 정보의 흐름을 가진 무척이나 벅찬 텍스트로 그 자신을 드러냈다. 이 모든 것 중에서, 심플리북스 매장은 주변과 떨어져 있으면서도 동시에 그곳의 분위기와 잘 어울린다는 점에서 특히 눈에 띄었다.

텍스트 내의 텍스트

마르크 오제(Marc Augé)의 『비장소 : 초현대성의 인류학 서론(Non-Places : Introduction for an Anthropology of Supermodernity)』은 한 가지 이야기로 프롤로그를 시작한다. 간결하지만 세부적인 부분을 배려하는 오제는 출장을 자주 다니는 피에르 뒤퐁의 여행을 설명하면서, 그가 샤를르 드골 공항으로 차를 몰고 가 비행기 탑승 수속을 한

다음 시간을 보내다가 탑승하고 이륙하는 모습을 보여준다.

공항은 현대 여행의 상투적인 일상과 관련하여 독자를 다소 낯선 민족학적 관점에 놓기 때문에, 오제가 지문을 사용한 것은 공항 같은 장소를 인류학적 텍스트로 삼기 위한 전략으로 주목할 만하다. 더욱이 지문은 어느 순간 재귀적 수단이 된다. 그런 재귀용법은 뒤퐁이 공항에서 어슬렁거리다 "서점"으로 들어갈 때 그 힘을 발휘한다.

"서점에서 그는 잡지 몇 개를 뒤적이다 부담스럽지 않은 책을 하나 고른다. 여행과 모험이 가미된 첩보 소설이다. 그런 다음 그는 바쁘지 않은 걸음을 다시 옮긴다."[1]

이 구절에서 그 "책"은 텍스트 내의 텍스트로 기능한다. 그것은 공항이 돌아가는 방식을 설명해주는 읽기의 내적 객체이다.

이 장에서 나는 텍스트가 공항 읽기에 반사되는 경우를 본다. 나는 이런 결합까지 '공항 읽기(airport reading)'라 부른다. 공항 읽기는 비행의 시간 / 공간에 텍스트성의 단층이 쌓이는 곳에서 나타난다. 나는 공항의 설화적 토대를 끌어내기 위해 이런 사례들을 찾는다. 오제의 비판적 프로젝트의 프롤로그는 철저히 조사한 주제의 일부로부터 그 심미성을 빌려왔다. 그렇기 때문에 앞에서 말한 비장소의 사례는 공항 읽기를 분명하게 보여준다. 다시 말해 그 순간 비행을 준비하는 뒤퐁의 이야기는 부담스럽지 않은 공항 소설의 목차처럼 갑자기 호기심을 일으킨다.

또 다른 유형의 공항 읽기도 있다. 예를 들어 월터 컨(Walter Kirn)

이 2001년에 발표한 소설 『업 인 디 에어(Up in the Air)』에 대한 제사(題詞)를 보자.

승객들을 챙기기 전에 자신의 마스크부터 확인하세요.

- 노스웨스트 항공사

비행 전 지침[2]

여기서 컨은 항공 여행의 텍스트성을 환기시키는 것으로 항공 여행에 관한 소설을 시작한다. 이것은 이륙 전 비행기가 활주로로 이동하는 도중에 한 승무원이 하는 말이다. 이렇게 표준화된 항공 언어를 간단히 언급하는 것은 오제가 말한 지문처럼 공항 여행의 일상적 관행에 소설적 차원이 내재되어 있다는 사실을 암시한다. 다시 말해 공항 여행은 이야기와 의미, 즉 비행의 일상적 관행으로 옮길 수 있는 텍스트의 네트워크에 의존한다.

이런 텍스트 읽기를 더욱 활성화시키려는 듯, 『업 인 디 에어』는 서두부터 이 주제를 더욱 밀고 나간다.

나를 알려면 나와 함께 비행기를 타야 한다. 일단 앉으시라. 내 좌석은 통로 쪽이고 당신은 창가 쪽이다. 갇힌 셈이지. 당신은 페이퍼백을 펼친다. 지난봄에 히트를 친 법정 스릴러다. 혼자 있겠다는 뜻이군. 물론 그렇지 않다는 것을 나는 안다. 사실은 얘기를 하고 싶은 것이지. 멋진 남

자 승무원이 음료수를 가져온다. 내게는 얼음 조각을 하나 넣은 2퍼센트 저지방 우유를 주고 당신에게는 와일드터키(버본 위스키)를 준다. 밖에는 비가 내리고 활주로는 빠르게 뒤로 물러나며 어두워진다.[3]

소설 속의 화자는 시작하기 무섭게 소설 안의 소설, 즉 공항 읽기의 내적 객체를 말한다. 이것은 여행하는 시간 중에 특별하게 소비되도록 만들어진 일회용 여흥의 다양성이다. 비평가 프레더릭 제임슨(Fredric Jameson)은 이것을 이렇게 표현했다.

"…… 고딕과 낭만주의, 인기 전기물, 살인사건 소설, 공상과학이나 판타지 소설 등의 공항 페이퍼백 부류를 가진 소위 유사문학(paraliterature)."[4]

제임슨에게 장르 소설의 "공항 페이퍼백 부류"는 포스트모던 문화의 주요 특징으로, 거기에는 그들만의 적지 않은 독자를 움직이는 힘과 계획적인 진부함과 모방 작품에 대한 기호가 있다. 컨에게 공항 읽기의 객체는 항공 여행의 상투적 일상과 의식, 즉 그가 "에어월드(Airworld)"[5]라고 이름 붙인 용어에 '관한' 이야기다.

오제에서 보았듯이, 공항 읽기는 가까운 곳에 있는 주제의 범위 내에서 하나의 방법론으로 이바지한다. 즉 비장소에 대한 오제의 프롤로그 지문은 현대 여행이라는 주제에 대해 비판적으로 인류학적인 접근을 시도한다. 마찬가지로 소설 『업 인 디 에어』의 첫 문장들은 공항의 읽을거리와 주변 경치를 가까이 관찰하는 것 사이에 놓인 연속체를 암시한다. 컨의 화자는 "멋진 남자 승무원"과 제공된 특별 음료에서부터 "활주로는 빠르게 뒤로 물러나며 어두워진다"까지 세밀하게 묘사하면서 비장소의 생태학을 실천한다.

『업 인 디 에어』는 진정한 사회분석서이자 공간적 되새김이다. 주인공 라이언 빙엄은 "100만 단골고객 우대 마일리지, 100만"을 채우겠다는 목표를 세웠다.[6] 빙엄이 추구하는 것을 읽는다는 것은 항공문화를 읽는 것이기도 하다. 그것은 결국 오제의 피에르 뒤퐁에 관한 이야기의 속편을 어떻게 읽을 것인가 하는 문제다.

공항 읽기란 무엇인가?

공항 읽기라는 개념을 좀 더 자세히 들여다보자. 1단계, 공항 읽기라는 말은 여행의 시간/공간에서 소비되는 모든 형태의 가벼운 여흥을 언급한다. 공항 읽기는 심플리북스에서 파는 것, 바로 그것이다. 그것은 분명 소비품이지만 또한 일종의 소비 이데올로기이다. 웹사이트 어바웃닷컴(about.com)은 공항 읽기를 간략하게 정의한다.

공항 읽기는 기다리는 시간이 후딱 지나가게 만들 정도로 속도를 올리고, 공항 뉴스 채널에 나오는 것들을 빠지지 않고 지켜보는 사람에게 관심을 빼앗기지 않을 만큼 몰두하게 해야 한다. 그러나 공항 읽기가 정

서적으로 너무 몰두하게 만드는 것은 바람직하지 않다(붐비는 터미널에서 울음을 터뜨리고 싶은 사람이 어디 있겠는가?)[7]

공항 읽기는 『업 인 디 에어』 첫 부분에 나오는 "페이퍼백, 지난봄에 히트를 친 법정 스릴러" 바로 그것이다. 이것은 읽을거리의 한 장르이다. 그러나 이런 정의에서 볼 수 있듯, 그것은 또한 하나의 사고방식이자 하나의 독법이다. 공항 읽기에는 지속적으로 정서적인 초연함이 요구된다. 하지만 그것은 또한 공항을 낯익은 장소로 만들어주는 수많은 산만함(탑승 안내방송, 제트 엔진 소리, 무빙워크 소음 등)에 저항할 수 있는 상당한 수준의 집중력을 요구한다.

공항 읽기는 시간도 요구한다. 게다가 빨라야 한다. 따라서 그것은 "기다리는 시간이 후딱 지나가게" 만들 수 있다. 그런 책은 공항의 많은 볼거리로 산만해지는 것을 막을 "만큼 몰두"하게 해야 하지만 "정서적으로 너무 몰두"하게 만들어 보조 텍스트에 완전히 빠지게 해서는 안 된다. 다시 말해, 이런 유형의 읽기는 일차 텍스트로 이미 드러난 공항 그 자체에 의존한다. 공항에는 정보 신호와 청각 신호와 심미적 풍경 등 많은 읽을 대상들이 있다. 하지만 그중에서도 내장된 스트리밍 TV 네트워크, 눈길이 가는 사람들, 하늘로 솟아오르는 비행기의 소음 등이 있는 장소다.

그러나 오제와 컨의 작품에서 본 대로, 공항 읽기는 또한 특정 통과 공간에 대한 세밀한 관찰과 여행의 관행을 향해 활짝 열려 있다.

이런 차원의 공항 읽기는 공항이라는 공간을 지나치는 수많은 텍스트에서 목격될 수 있다. 그것은 특정 캐릭터나 문화에 대한 논평을 자유롭게 진전시키는 하나의 방법이 된다.

로리 무어(Lorrie Moore)가 2009년에 발표했던 소설 『계단의 문(A Gate at the Stairs)』의 한 장면을 보자. 이 소설에서도 화자는 일찌감치 앞부분에서 공항을 지나간다.

"위층, 2번 게이트입니다."

카운터의 여자가 그렇게 말하며 우리에게 탑승권을 건넸다. 우리는 휴대용 가방밖에 없기 때문에, 새러만 빼고 곧장 위층으로 갔다. 새러는 내려오는 에스컬레이터에 아무도 없는 것을 보고 그쪽으로 올라가기로 했다.

"이것 봐. 이렇게 하면 비행기를 타기 전에 조금 운동이 돼."

그녀는 내게 말했다. 그리고 그녀는 마치 러닝머신에 올라탄 사람처럼 움직이는 계단으로 재빨리 뛰어 올라갔다. 중간에 그녀는 내게 손을 흔들었다. 엉뚱하기가 꼭 루실 볼 같았다.

"아주머니, 그쪽은 내려가는 거예요."

반대편에서 올라가던 사람이 말했다. 새러가 꼭대기까지 가는데 시간이 많이 걸려서인지, 또 다른 사람이 올라오면서 말했다.

"내려가는 쪽에서 올라오신 거 알아요?"

아무도 그녀가 하는 행동을 이해하지 못했다. 그리고 아무도 웃지 않

았다.

"운동하는 거예요!"

새라가 소리쳤다. 내가 볼 수 있었던 그녀의 이런 엉뚱한 돌발 행동은 그녀로서는 익숙한 것이었고, 거리낌도 없었다.[8]

이 짧은 장면은 새라 브링크라는 인물을 비상식적인 사람으로 그려놓는다. 그러나 이 장면은 또한 공항을 '읽게' 해준다. 즉 터미널은 분위기가 심각하고 엄격한 기능성을 갖는 곳으로 해석된다는 것, 하지만 화자는 새라의 "엉뚱한 돌발 행동"을 설명하고 회고할 수 있다. 그 장면은 대부분의 여행객들이 드러내는 무표정에 맞선 공항 에스컬레이터의 역설적 활용을 독자가 이해하도록 해주는 완벽하게 사실적인 환경에 그 성패가 달려 있다.

이 소설은 또한 공항이 배경이 되는 이런 대수롭지 않은 대목에서 더 큰 주제를 끌어낸다. 즉 공항에서 새라가 보여주는 이런 장난기어린 장면은 911 이후의 항공 여행의 분위기와 완벽히 대조를 이룬다. 911 이후로는 "아무도 웃지 않았다." 실제로 공항은 국적을 확인하고 애국심이 발휘되는 장소로서, 911 이후의 미국의 정체성에서 매우 핵심적인 역할을 하게 된다.

여기서 무어의 소설은 공항을 설화적 씨앗을 심는 장소로 사용한다. 터미널의 에스컬레이터를 의도적으로 잘못 사용하는 것은 새라 브링크라는 인물이 일반적인 흐름을 거스르는 성향을 갖는다는 사실을 암시한다. 여기에는 이 책이 실제로 지적하려는 911 이후의 인종적 편견을 당연시하는 문화가 강력하게 자리 잡고 있다. 이 대목은 또한 새라가 배우 루실 볼[Lucille Ball : '왈가닥 루시(I Love Lucy)'로 50년대 시트콤의 한 획을 그은 미국의 여배우–옮긴이]의 영향을 "엉뚱하게" 받았다고 언급한다. 이런 지나가는 말로 언급한 비교를 통해, 독자는 대중문화의 텍스트가 교차하는 지점으로 방향을 다시 잡게 되고, 공항은 여흥거리와 구경거리가 많은 장소가 된다.[10]

살펴본 대로 『계단의 문(A Gate at the Stairs)』에 나오는 짧은 공항 장면은 해석이 필요한 움직임들의 묶음에 의존하면서도 줄곧 하나의 통과 공간, 즉 텍스트적인 비장소로서 기여한다. 이 책에 등장하는 공항을 배경으로 하는 다른 많은 대목과 마찬가지로, 이 장면도 이야기의 중심은 아니며 따라서 크게 두드러지지 않는다. 이 장면이 항공문화에 기여하는 것이 있다면 바로 이런 두드러지지 않으면서 분위기를 조성하는 텍스트의 성격이다. 이런 점에서 공항 읽기는 또한 특별한 종류의 설화적 환경에서 공항이라는 공간의 문학성을 더욱 넓게 취급한다.

공항 읽기의 이런 문학적 기능은 또 다른 예로 강조할 수 있다. 돈 들릴로(Don DeLillo)는 잔잔하면서도 밀도 있게 텍스트를 교차하는 방식으로 꾸준히 공항을 환기시키는 현대 작가다. 예를 들어 들릴로의 1997년도 대작 『언더월드(Underworld)』에 나오는 인물들은 폭탄 세례에 상처 입은 20세기 후반을 관통하는 설화적 투쟁으로서 수많은 공항 안팎을 서성이다 결국 "평화"에 도달한다.[11] 『언더월드』의 한 대목은 특히 공항 읽기라는 개념을 풀어내는데 도움이 된다.

닉은 휴스턴으로 가져가려고 보관해 두었던 잡지를 찾고 있었다. 그는 출장 여행에 대비해 어떤 종류의 읽을거리를 따로 마련해두었다. 그런 경우가 아니면 거들떠보지도 않았을, 쌓아두고 거치적거리다 마침내 정해진 날짜에 길거리로 나갔던 잡지들이었다. 시동을 거는 소리가 있었다. 세속의 웅얼거림이었다. 카펫이 깔린 집을 떠나 공항으로 차를 타고 나갈 때 듣게 되는 소리였다. 오로지 지속적이고 단조로운 비행기 소음만 들리는 가운데, 그에게는 출장 다니는 사람의 하루에서 그동안 지나친 거리를 가늠할 수 있게 해주는 편안한 읽을거리가 필요했다.[12]

"공항으로 차를 타고 나갔다"는 구절에서 실제의 공항은 간접적으로 나타나지만, 사실 전체 문구의 핵심은 공항이다.[13] 공항은 이 장면의 주변에 존재하면서도 또한 "어떤 종류의 읽기"를 위해 따로 떼어놓은 기다림의 시간을 보내도록 보장된 공간으로 이 대목의 핵심에 놓인다. 공항은 읽는 시간을 위한 일종의 전제조건으로 기능한다. 즉 공항은 괄호로 묶인 공간으로, 읽기로 상쇄되어야 하는 비행의 "소음"을 증폭시킨다. 이 소설은 미디어 형식을 강화하고 이후에 '추가되는' 읽을거리가 변화되는 궤적을 알리고 경로를 정해주는 무엇이 된다. 즉 이 소설은 20세기 후반 여행객에게 친숙한 다른 형태의 읽을거리, 특히 “잡지”를 지적한다. 간단히 말해, 이 대목에서 사람들은 하나의 소설을 통해 공항의 시간/공간에서 어떤 종류의 텍스트를 읽어야 하는지에 관한 내용을 읽는다.

텍스트성의 여분의 단층들 또한 이 대목의 공감각적 요소에 의해 생산된다. 들릴로는 독자들에게 카펫의 질감에서부터 공항에 있어야 하는 어떤 단단한 지반에 이르기까지 발밑에서 오는 느낌의 변화를 상상하도록 요구한다. 그리고 (“정해진 날짜에 길거리로 나갔던”) 종이 재활용에 대한 언급은 잡지의 버스럭 소리, 어쩌면 읽는 순간 손에 든 책의 질감을 암시하는지도 모른다. 마지막으로 눈으로는 식별하기 어려운 항공 여행의 “지속적이고 단조로운 비행기 소음”, 즉 “세속의 흥얼거림”은 읽을거리의 “편안한” 느낌과 균형을 이룬다. 간단히 말해, 이 대목은 독자들이 읽는 동안 여러 가지 감각적 양식으로부터 공항 읽기의 시간이 어떤 느낌인지 여유를 가지고 생각하도록 요구한다.

잡지를 읽을 시간

공항 읽기의 또 다른 차원을 살펴보기 위해 잡지로 향하는 들릴로의 눈길을 따라가 보자. 이것은 시각적인 항공문화의 일부분으로, 잡지 지면에서 항공 여행이 어떤 모습으로 나타나는가 하는 문제다. 무엇보다도 특히 공항 읽기의 해석적 규범과 여행, 여흥, 몰입에 대한 복합적인 요구에도 불구하고, 제대로 효과를 발휘하여 공항 읽기를 돋보이게 하는 두 가지 시각적 텍스트를 분석해 보자.

2006년에 소니(Sony)는 리더[Reader : 초기 전자책으로, 이후에 나온 아마존킨들(Amazon Kindle)과 애플 아이패드(Apple iPad)에 밀려 인기가 시들었다]를 광고했다. 리더는 공항 출발 라운지를 마케팅 환경으로 사용한다. 광고의 작은 활자는 리더가 "약 80권의 전자책"을 보유할 수 있으며 "얇은 페이퍼백만큼이나 지니고 다니기 쉽다"고 자랑한다. 분명히 우리는 공항 읽기의 환경에 잘 정착하는 것 같다.

이 광고는 텅 빈 공항 출발 라운지를 보여준다. 전면 유리로 된 배경은 별다른 특징이 없는 흰색의 보잉 747-400이 아래쪽을 채운다. 기체의 뒤쪽에는 드문드문 구름이 있는 하늘이 놓여 있다. 폭풍우는 없지만 완전히 쾌청한 날씨도 아니다. 나란히 붙은 한 줄의 평범한 공항 의자 옆에는, 주변과 어울리지 않는 건설 현장에나 있을 법한 T자형 포스트가 청색 표지판을 붙이고 서 있다. 표지판에는 책을 읽고 있는 사람이 그래픽 아이콘으로 그려져 있다. T자형 포스트가 출발 라운지 바닥에 박혀 있다는 사실을 눈여겨 볼 필요가 있다. 이것은 공항의 이 구역이 흙으로 된, 거의 바깥이나 다름없다는 사실을 암시한다. 이런 환경적 월권은 공항이 "도서관"으로 재인식될 수 있다는 작은 활자에 담긴 메시지와 마찰을 일으킨다.

아마도 이런 이미지에서 가장 눈에 띄는 것은 공항의 깊은 공허함

일 것이다. 이것은 묘한 역설을 드러낸다. 즉 공항에서 소니 리더의 전체 용량에 의지해야 한다면, 아마도 그것은 지연 시간이 무척 길어진다는 뜻일 것이다. 지연이 길어지면 출발 라운지가 붐빌 것이다. 그러나 소니의 출발 라운지는 고즈넉한 공간이다. "도서관 못지않은 멋진 장소를 고르세요"라고 적힌 작은 활자처럼 혼자서 책을 읽기에 이상적인 장소다. 이런 출발 라운지는 첫째 역설적인 빈 공간으로, 둘째 (전자) 책 읽기에 좋은 장소로 두 번 왜곡된다.

텍스트성의 여러 단층들은 소니 리더 광고에서 겹겹이 쌓여 키를 높인다. 소니 리더는 우리에게 공항이라는 공간을 포괄적으로 해석하라고 요구한다. 섬뜩할 정도로 텅 비어 있는 공간을 도서관 같은 환경으로 환언한다. 그런 다음 참기 어려운 기다림의 시간을 '읽기' 위한 사치스러운 기회로 고쳐 생각하라고 촉구한다. 우리는 하늘을 '날아와', 그 다음은 '기다리고', 그 다음은 책을 '읽도록' 강요받는다. 책 읽기를 향한 이런 길잡이는 잡지 광고 형태로 다가온다. 즉 책을 읽는 가상 도서관은 시간을 보내기 위한 어떤 소망의 이미지로 기능하고, 『언더월드』의 대목에서 지적한 대로 그때 공항의 기다림은 아마도 잡지를 읽을 시간에 더 적합할지 모른다.

책이라는 개념은 공항 읽기의 중심이다. 하지만 그것은 공항 읽기의 본래적 정의에서 보았듯이 우리를 당황하게 만드는 문제다. 공항 읽기의 대상으로서 책은 깊은 의미와 완전한 일회용의 흥미로운 경계를 흔들리며 오간다.

이런 경계의 두 번째 시각적 사례로 에이드리언 토미네(Adrian Tomine)가 잡지 〈뉴요커(New Yorker)〉의 2005/2006년 겨울호 표지에 그린 삽화를 보자. 이 삽화는 공항 읽기에 열중한 또 다른 출발 라운지를 보여준다. 어떤 면에서는 소니 광고와 비슷해 보이지만 실제로는 전혀 다른 말을 하는 그림이다.

이 공항 장면은 적어도 당장은 딱히 갈 곳이 없는 데도 불구하고 모든 사람들이 평화롭게 앉아 있는 환상적인 다문화적 장소를 보여준다. 이 출발 게이트는 비행기가 지연되어 기다리는 모든 승객들이 책을 읽고 있는 사해동포적 꿈을 그린다. 소니 리더 광고와 달리 모든 좌석은 빈자리가 없고, 출발 게이트는 승객들로 가득 찼다. 그러나 소니 리더 광고처럼, '읽기'는 비행의 드라마와 스트레스를 중화시키는 것 같다. 또한 이상하게도 공항에서 기다리는 일의 진부함을 강조하기 위한 것이라면. 두 경우에서 공항은 여행 시간이 잠재적으로 끝없는 기다림으로 바뀔 수 있다는 예측가능한 장소로 등장한다.

토미네의 가상의 공항 밖에 떨어지는 하얀 눈송이는 출발 모니터가 죄다 '연착(DELAYED)' 표시만 보여주는 이유를 설명해준다. 승객들은 거짓말처럼 예외 없이 제목을 알 수 없는(그리고 분명히 표지가 두꺼운) 책을 조용히 읽는다. 책 표지가 비어 있는 것은 기본적으로 해석에 대해 열려 있다는 사실을 암시한다. 즉 이런 텍스트들은 '어떤 것이어도' 좋으며 승객의 독서 취향은 개인적인 것이어서, 굳이 획일적인 의미를 찾는다면 그것은 가장 일반적인 '형태'의 책일 뿐이라고 짐작할 수 있다. 이것이야말로 공항 읽기에서 바랄 수 있는 이상적 이미지이다. 즉 고대의 책이 그랬던 것처럼, 이 그림은 상위 문화의 질료적 대상과 관련이 없는 어떤 것에 의지함으로써 공항을 진정한 장소로서 공인한다. 여기서 역설적인 사실은 항공 스케줄의 지연이 잡지와 다른 형태의 일회용 독서 / 여흥을 위한 시간으로 널리 통용되고 있다는 점이다. 물론 토미네의 삽화는 잡지 표지에 실린 것이다. 그렇다면 표지가 두껍고 제목이 없는 책에는 어떤 상징적 울림이 담겨 있다. 즉 날씨가 갑자기 맑아지면 그 책들이 언제라도 외면당하리라는 사실을 우리는 알고 있다. 공항 읽기는 언제든 '비행'의 일차적 동기에 굴복하기 때문이다.[14]

토미네가 그린 그림 속의 평온하고 진지한 공항의 독자들은 가령 근무시간을 초과하여 일하는 제빙차나, 눈 속에 막힌 수하물 운반차량, 그리고 원래 상하기 쉬운 기내 음식의 부패 같은 출발 라운지의 경계 저쪽에서 일어날 것 같은 대혼란을 배경으로 삼고 있다. 월리스 스티븐스(Wallace Stevens)의 시구 두 줄만 인용하겠다. 승객들은 책을 읽고 있네. / 항공사 직원들은 일을 해야 한다.[15]

텍스트에서 일까지 공항 읽기

지금까지는 기다리는 승객의 관점에서 공항 읽기를 생각해봤다.

공항 읽기는 탑승을 기다리거나 기내에 있는 동안 무료한 시간을 죽이기 위한 재료다. 그러나 공항 읽기는 종종 공항의 '일', 즉 항공문화의 특징을 드러내고 그 문화를 움직이는 활동과 명령과 작전 쪽으로 눈을 돌리게 만든다. "카운터의 여자"로 시작하는 『계단의 문』으로 잠깐 돌아가 보자. 공항의 직원들은 종종 배경이나 주변으로 밀려나는 것 같지만, 공항 읽기는 거의 언제나 현장 뒤에 있는 공항 직원들이 하는 역할과 실제 그들의 노동행위에 관심을 갖는다. 물론 공항에서 일하는 사람들에게, 그곳에서의 공간적 관행은 매우 다양한 의미를 갖는다. 즉 그들에게 공항 읽기는 시간을 보내거나 미디어를 소비하는 문제라기보다는 도착 상황을 안내하고 승객과 비행기가 출발할 수 있도록 준비하기 위한 정보를 처리하는 문제가 된다.

오제는 비장소에 대한 후속작에서 이 점의 중요성을 분명히 밝힌다. "어떤 사람을 위한 장소가 다른 사람에게는 비장소일 수 있고, 그 반대도 마찬가지다. 예를 들어 공항은 그곳을 서둘러 지나치는 승객들과 그곳에서 매일 일하는 직원의 눈에 같은 상태로 나타나지 않는다."[16]

실제로 〈뉴요커〉 표지에서 보았듯이, 공항 직원은 늘 공항 읽기의 행위와 역관계로 존재한다.

그러나 공항 읽기는 또한 하나의 근무 장소인 비장소에서 아주 분명하게 반영될 수 있다. 아마도 이런 차원의 공항 읽기의 전형적인 예는 아서 헤일리(Arthur Hailey)의 1968년 소설 『공항(Airport)』에서 찾을 수 있을 것이다. 『공항』은 또한 그 재귀적인 제목 때문에 “가볍거나 부담 없는 여흥”으로서 공항 읽기의 정의에 더욱 완벽하게 들어맞는다.[17]

에이드리언 토미네의 〈뉴요커〉 표지 그림처럼, 『공항』은 모든 것을 무력화시키는 겨울 폭풍이 그 무대배경이다. 그러나 토미네의 그림과 달리 『공항』의 배경은 활주로를 손질하는 것부터 관제 업무와 비행기가 연착되면서 감당하기 어려운 승객들을 다루는 문제까지 다양한 직무를 가진 공항 직원들 주변에 일차적으로 배치된다. 이 소설의 주인공이자 영웅은 가상의 링컨국제공항의 총책임자인 멜 베이커스펠드이다. 『공항』은 주인공을 이렇게 소개한다.

> 마른 몸매에 키가 껑충한, 통제가 잘 되는 에너지를 만드는 발전소인 공항 총책임자 멜은 관제탑 옆에 높이 솟은 강설제어대 옆에 서 있었다. 그는 어둠 속을 응시했다. 평소에 이 유리벽으로 된 실내에서 보면 활주로, 유도로, 터미널, 지상과 상공 교통 등 전체 공항의 시설 등이 깔끔하게 정렬된 건물의 모형 블록처럼 보였다. 밤에도 그 형체와 움직임은 빛으로 또렷했다.[18]

소설은 공항의 이 정교한 “어둠” 속을 뚫고 들어가면서, 항공 여행의 사소한 일과 그 모든 일을 일어나게 만드는 변덕스러우면서도 단호한 인격들을 그린다. 소설은 관제탑의 넓은 시야가 갖는 통일성을

재생산하면서, "활주로, 유도로, 터미널, 지상과 상공 교통"의 일상 업무, 다시 말해 모든 "빛으로 또렷"한 "형체와 움직임"을 들여다본다.

여기서 미셸 푸코(Michel Foucault)가 말하는 일거수일투족을 한눈에 감시하는 엄중한 통제 구조를 떠올리지 않을 수 없다. 그것은 "개개인이 얽혀드는 관계를 만들어내는 내적 메커니즘을 가진 제도에서…… 합의에 의해 몸과 빛과 응시를 분배"한다.[19] 푸코의 유명한 설명은 이렇다.

> 판옵티콘(Panopticon)은 사람들을 실험할 수 있는, 그리고 그들이 획득할지 모르는 변형을 완벽한 확실성으로 분석할 수 있는 특전을 부여받은 장소다. 판옵티콘은 심지어 그 자체의 메커니즘을 감독하는 기구도 제공할 수 있다. 이 중앙탑에서 감독관은 간호사, 의사, 공장장, 교사, 감시원 등 그의 명령을 받는 모든 종업원을 감시한다. 그는 그들을 끊임없이 심사하고, 그들의 행동을 바꾸고, 그들에게 가장 좋다고 생각한 방법을 강요한다. 그리고 그 감독관까지 관찰하는 것도 가능하다. 예고도 없이 불시에 판옵티콘의 중심부에 도착한 검열관은 어떤 것도 감춰질 수 없는 구조 때문에 그 모든 시설이 어떻게 작동하고 있는지 한눈에 판단할 수 있을 것이다.[20]

실제로 『공항』의 전체 구성은 "특권을 부여받은 장소"에 있는 멜 베이커스펠드를 둘러싸고 돈다. 그는 공항을 내려다보며 직원들이 내리는 다양한 결정을 모니터링 한다. 그는 아울러 비행의 미래에 "가장 좋다고 생각하는 방법"과 민간항공의 현대적 조건에 대한 자신의 견해를 신봉한다.

더욱이 소설 그 자체는 중앙 감시 논리를 교묘히 확대하여 전체 체계가 작동하는 방식을 "검열관"이 확인할 수 있는 추가된 잠재력으로 기능한다. 즉 화자는 항공 여행의 상투적 일상에 관해 전문화된 지식을 중계하고, 따라서 '독자'들을 '검열관'의 위치에 놓는다. 이 책은 또한 엄밀한 의미에서의 공항 읽기로, 지상에 비행기를 묶어놓게 될 불가피한 지연을 비롯한 항공 여행의 실질적인 조건을 지지하고, 승객들이 페이퍼백을 꺼내 출발 라운지를 찾아가 자리 잡고 읽게 만든다.

결국 『공항』은 텍스트성의 복잡한 실마리를 하나로 엮는다. 이 책은 하나의 서스펜스 스릴러로, 공항 읽기의 정의에 부합한다. 『공항』은 결국 공항을 '다룬' 이야기로, 항공문화를 그려내면서 공항 문화에 관한 지식을 만들어낸다. 이 책은 공항 총책임자인 주인공에 초점을 맞춤으로써 "그 자체의 메커니즘"을 감독한다. 마지막으로 소설은 "그 모든 시설이 어떻게 작동하고 있는지" 간접적으로 보여줌으로써 고차원적인 재귀용법을 구사한다. 출발 라운지가 『공항』처럼 책을 읽는 승객들로 가득 찬다면 승객들은 기다릴 테고, 따라서 공항은 '일하고 있는' 것이 틀림없다는 사실을 유추할 수 있다. 즉 공항은 승객들이 비행을 계속 기대할 수 있도록 일하고, 어떤 환경적인 문제가 있어도 이를 극복하고 비행기가 이륙하도록 준비한다.

『공항』은 눈보라로 인한 로지스틱 드라마에 폭탄 음모라는 설정이 덧붙여진다. 그러나 『공항』에는 전체적으로 일에 관한 이야기, 여객기가 이륙하고 착륙하는데 필요한 모든 노동 인력의 기능에 관한 이야기가 많다. 눈보라로 인한 지연, 관계 파열, 자살 시도, 운항을 둘러싼 논쟁, 안전을 위협하는 일이 잇달아 전개된다. 그 후 533쪽에 달하는 소설의 마지막 부분에서 독자들은 중앙감시탑에서 내려다보는 공항 총책임자의 시선 속으로 다시 들어온다. 거의 모든 것들이 다시 가동되는 것을 볼 수 있다. 소설의 마지막 문단은 이렇게 끝난다.

> 활주로가 열리자 다른 비행기들이 그 활주로를 이용하기 시작했다. 그는 비행기들이 뒤늦게 꾸준히 줄지어 도착하는 것을 지켜보았다. TWA의 콘베어 880기가 바람을 가르며 착륙했다. 8킬로미터쯤 뒤에서 또 다른 비행기의 착륙등이 가까워지고 있었다. 두 번째 뒤로 세 번째 비행기가 나타났다.
>
> 세 번째 불빛이 보이는 것으로 미루어 구름 밑동이 올라가고 있다는 것을 알 수 있었다. 그러고 보니 눈이 멎어 있었다. 남쪽으로 군데군데 하늘이 개고 있었다. 폭풍이 물러나고 있다는 사실을 깨닫고 그는 안도했다.[21]

『공항』을 끝내는 그 안도감은 항공 여행이 요구하는 일 쪽으로 방향을 튼다. 이 장면은 바람을 몰아내며 지나가는 여객기 뒤로 펼쳐지는 일종의 파노라마를 통해 활주로의 광활함을 슬쩍 보여준 다음, "8킬로미터"와 그 "뒤"의 거리까지 지평선을 두 배로 늘려 거대한 물리적 공간을 만들어낸다. 마지막 문단은 확장된 시야와 좋아지는 기상상태에 대한 멜의 인식에 초점을 맞춘 다음, 다시 한 번 독자들을 관찰자의 푸코식 구조주의적 관찰로 되돌린다. 헤일리의 이 통속소설은 승객의 입장에서부터 하는 일이 승객에게 구경거리가 되는 노동자의 입장에 이르기까지 공항 읽기의 관점을 마음대로 뒤바꾼다는 점에서 매혹적이다. 이 소설의 그런 이론적 성격을 확실히 하려는 듯, 어느 부분에서 헤일리는 그 점을 분명히 한다.

활주로 제설팀이 더 이상 사람들의 시야에 들어오지 않는 것은 애석한 일이라고 멜 베이커스펠드는 생각했다. 사실 그 광경은 볼 만 했고 감동적이었다. 지금도 폭풍과 어둠 속에서 집결한 장비들이 뒤에서 접근하고 있었다. 결과는 인상적이었다. 50미터에 가까운 반원형 호의 오른쪽으로 거대한 눈 기둥이 폭포수처럼 쏟아졌다. 그 호는 차량 서치라이트에 그 윤곽이 드러났고. 무리지어 있는 각 차량 지붕에 달린 스무 개 정도의 회전항공등의 색깔이 덧입혀져 가물거렸다.[22]

공항의 일이 "볼 만하고 감동적"이라는 멜의 생각은 공항을 하나의 텍스트적인 외양, 즉 읽을 만한 "광경"으로 해석한다. 공항은 해석을 요하는 주체이지만, 아울러 즐거움을 위해 열려 있는 주체이기도 하다. 이 대목은 두 번에 걸친 활주로 제설작업(첫 번째는 멜의 마음에서 볼 만하게, 그 다음에는 지문 묘사를 통해)을 탐미적인 눈으로 바라보는 기법으로 공항 읽기와 공항에서 이루어지는 노동의 긴밀한 연관을 암시한다.

이런 정서는 공항을 혁신하려는 설계에서도 엿볼 수 있다. 예를 들어 새크라멘토 공항이 신축한 B 터미널의 "플라이스루(fly-through)"를 소개하는 동영상에서, 해설자는 자동화된 피플무버(people mover)가 터미널에서 여객기 문 앞까지 승객을 데려간다. 이 때문에 승객들은 들어 올려진 셔틀에서 "저 아래의 공항에서 이루어지는 여러 활동"을 볼 수 있다고 설명한다.[23] 공항에서 하는 일이 승객의 여흥으로 기능해야 한다는 생각은 2장에서 본격적으로 다룰 것이다.

비판적 공항 읽기

이쯤에서 공항을 연구하고 조사해야 할 하나의 주제로 취급하는 문화적 사고 경향을 논하는 것으로 이 장을 마무리하고 싶다. 이것을 '비판적' 공항 읽기라고 불러도 좋을 것이다. 그러나 그런 비판적 읽기는 공항을 조감하는 뚜렷한 양식이 아니어서, 그런 읽기는 종종 지나가는 말로 하는 묘사적인 언어와 얽히거나 그 속에 묻히고 만다. 아서 헤일리의 『공항』에서 본 대로, 가장 가벼운 읽기가 가장 무거운 작업에 의지하는 경우도 있다. 또 그런 작업은 이론적인 함축성을 갖는다.

소설이 내용뿐 아니라 형식에서 엄격한 감시 체계를 재생산하는 방법과 관련하여, 우리는 푸코의 판옵티콘이 갖는 조직성을 환기시킴으로써 이런 함축성에 주목했다. 그렇다고 공항이 단순히 또는 예외적으로 사람을 감금하는 장소가 된다는 말은 아니다. 그보다는 공항에서 하는 작업을 다루는 헤일리의 소설적 방식이 힘의 위력을 드러내고 아울러 해석의 여지를 열어놓는다는 말이다.

항공학자 데이비드 파스코(David Pascoe)가 그의 저서 『영공(Airspaces)』에서 주장한 것처럼, "영공을 물리적으로 명시하는 것만으로는 우리의 현대성의 형체를 식별할 수 없다. 그것의 '표상'까지 우리는 알아야 한다."[24] 파스코는 계속해서, 항공 여행이 "문화적 정체 확인"과 "미학적 속성"의 적극적 의미에 의존한다는 사실에는 논란의 여지가 없지만, 항공의 표상은 "거의 부당할 정도로 소홀히 취급된다"고 주장한다.[25] 파스코의 『영공』은 이런 중요한 소홀함을 되돌아보고, 항공 여행의 공간이 문화적 표상에서 나타나는 모습을 있는 그대로 읽으려는 노력이다.

이런 식으로 파스코의 의도는 "비장소의 공간에서 개인과 환경의 연결 고리가 단어 또는 심지어 텍스트를 매개함으로써 수립된다"

는 오제의 입장을 반복한다.[26] 실제로 『영공』에 등장하는 텍스트는 2000년 7월 파리의 샤를드골 공항에서 발생했던 에어프랑스 콩코드의 추락 사고만큼이나 다양하게 읽힌다. 그것은 건축가 르 코르뷔지에(Le Corbusier)가 스케치하며 생각했던 공항일 수도 있고 영화 〈카사블랑카〉의 마지막 공항 장면일 수도 있다.[27] 여기서 우리는 또 다른 차원의 공항 읽기를 만난다. 그것은 공항이라는 주제에 대한 비판적 전환이다. 그 전환은 오제의 초현대적인 사변적 인류학과 영공에 대한 파스코의 문화 연구에 잘 나타나 있다.

비판적 공항 읽기는 또한 대중 저널리즘에서도 분명하게 드러난다. 예를 들어 〈뉴욕타임스〉에 기고하는 조 샤키(Joe Sharkey)의 여행칼럼 "길 위에서(On The Road)"는 비행 문제를 고정적으로 다루면서 비행사나 승객이 맞닥뜨리는 현대적 어려움을 생각한다. 샤키는 액체 폭탄 위협 사건이 있은 후 2006년에 쓴 한 칼럼에서, 공항의 보안검문소를 "부조리극"에 비유하며 농담 삼아 사무엘 베케트(Samuel Beckett)를 언급한다.[28] 샤키의 칼럼들은 항공 여행의 기능적 효과에 더 관심을 갖지만, 그가 기대는 문학 형태는 이야기하기(telling)이다. 즉 그는 공항을 텍스트적 공간으로, 해석을 요구하는 수행적(遂行的) 장소로 투사한다.

이런 인기 있는 비판적 공항 읽기의 또 다른 예로, 뉴요커 비평가 앤서니 레인(Anthony Lane)이 2006년에 쓴 저가(低價) 유럽 여행에 대한 칼럼을 들 수 있다. 레인은 그 칼럼에서 공항을 언급하며 이렇게 쓴다.

"공항은 쾌락의 궁전이 아니다. 공항은 기다란 형광등이 켜진 작은 지하 감옥으로, 그 안에서 꾸물거리고 싶은 생각이 들지 않게 만드는 곳이다. 공항은 가능한 한 빠르게 지나쳐야 한다."[29]

"지하 감옥"이라는 레인의 비유는 하나의 문학적 특질을 암시하는 것으로, 공항의 가장 뚜렷한 속성이나 정서를 설명하는 중에도 공항을 상징적으로 만드는데 필요한 요소다.

이런 수사적 암시는 공항을 지나치는 중에 공항 읽기가 나타나는 것 같을 때에도, 아니 특히 그럴 때야말로 분석해 볼 만한 연결고리를 함축하고 있다. 텍스트에서 공항의 이런 '통과적' 성격은 이론적으로 미묘한 차이가 있는 관념을 흐려놓는 경향이 있다. 예를 들어 계속 강조하는 문제이지만, 공항과 감옥 구조의 관계는 복잡한 문제로, 종종 문화적 표상을 통해 암시되는 경우가 있다. 하지만 또한 공항이 어떤 종류의 공간인가 하는 진지한 질문을 제기하기도 한다.

실제로 그런 해석의 문제를 다룬 책으로 브라이언 에드워즈(Brian Edwards)가 공항 설계에 관해서 쓴 『현대의 공항터미널(The Modern Airport Terminal)』을 들 수 있다. 에드워즈는 이 책의 서문 말미에 해결되지 않은, 그리고 어쩌면 풀 수 없을지 모르는 문제를 제기한다.

"2001년 9월 11일 이후에 거의 전 세계가 유행처럼 채택한 새로운 안전 점검 방식으로 승객들은 X-레이 스캔 검사를 받지 않고서는 출발 라운지로 나가기 어렵게 되었다. 속도와 보안은 상충되는 경우가 잦아 승객과 항공사 직원 모두를 좌절시킨다."[30]

앞에서 공항에서 "꾸물거리지" 않고 대신 "가능한 한 빠르게" 그곳을 지나쳐야 한다는 레인의 강경한 요구는 지하 감옥의 폐쇄적 형태와 직접적인 긴장 관계에 놓인다. 마찬가지로 보안 체크포인트를 부조리극에 빗대는 샤키의 비유는 공항 보안검색 장면의 어떤 억지력과 매력적인 힘을 암시한다. 즉 그 공간이 빠른 여행에 도움을 줘야 할 때에도, 그것은 사로잡힌(또한 다소 역설적으로 "통과 중인") 승객을 사로잡지 않을 수 없다. 속도와 보안의 변증법은 공항 읽기에서 이루어지는 많은 드라마 중 하나로, 이미 911 사건이 있기 오래 전에 발생한 역사적 순간과 표상의 전 영역에서 뚜렷한 현상이다.

그러나 공항 곳곳에서 벌어지는 속도와 보안과의 긴장은 폭탄 테러 위협과 하늘을 나는 비행기의 문제만이 아니다. 종종 이런 긴장은 장소와 의미의 고정적 개념을 복잡하게 만들며 지상에서도 전개되기 때문에 해석이라는 작업을 강조한다. 예를 들어 철학자 자크 데리다(Jacques Derrida)가 제임스 조이스(James Joyce)의 『율리시스(Ulysses)』에 대해 쓴 에세이에 나타난 괴상한 공항의 외양을 생각해 보자. 데리다의 공항이 텍스트 역할을 수행하는 방식을 보기 위해 이 에세이의 마지막 세 문단을 인용하겠다.

오직 또 하나의 사건만이 서명할 수 있고, 하나의 사건이 이미 일어났다는 사실을 드러내도록 추가 서명할 수 있다. 우리가 순진하게 첫 번째 사건이라 부르는 이 사건은 다른 것, 즉 전혀 다른 사건을 확인할 때만 그 자신을 긍정할 수 있다.

타자가 서명한다. 그리고 '예(yes)'는 계속 스스로 재가동한다. 무수히 많은 횟수를, 아니 그보다 더 많이, 그리고 전혀 다른 이야기지만 블룸이 브린 부인의 일곱 번의 예 주간보다 더 많을 것이다. 그때 그녀는 블룸이 마커스 터티우스 모세와 댄서 모세의 이야기를 자세히 이야기하는 것을 듣는다(U, 437):

"브린 부인 (간절하게) 예, 예, 예, 예, 예, 예, 예."

나는 여기서 그만두기로 결심했다. 도쿄에서 돌아와 공항을 떠나 집으로 차를 몰고 있을 때, 이 마지막 문장을 적다가 하마터면 사고를 낼 뻔했기 때문이다.[31]

어떤 면에서 우리는 이 대목이 한 작품을 끝내는 격의 없고 즉흥적인 방식이라고 간단히 결론지을 수 있을지 모르겠다. 어쩌면 에세이를 쓰면서 운전하는 것이 휴대폰으로 문자를 보내면서 운전하는 것보다 훨씬 더 이상할지도 모른다. 공항을 출발하는데 필요한 속도는 에세이의 안전을 위협하고, 그 역도 마찬가지다.

그러나 이 장난스러운 제스처는 데리다의 고전적인 해체주의적 방식에서 텍스트의 미묘한 차이로 치장되어 있다. 엄밀히 말해 이 마지막 문단에 인용된 "마지막 문장"은 따옴표 안에 있는 문장이 아니다. 마지막 문장이 가리키는 것은 따옴표 문장 바로 '앞에' 있는, 『율

리시스(Ulysses)』에 나오는 긴 문장이다. 마찬가지로 마지막 문장의 "여기서"는 '그곳'이 아니다. 그것은 그 위의, 끝에서 두 번째 문단에 있다. 다시 말해, 데리다의 공항 문장은 텍스트적 중계 장치로 기능하며, 독자에게 그 이전의 (마지막) 문장을 다시 생각하고, 끝에서 두 번째 문단을 마지막 문단으로 재해석하도록 다시 지시하고 있다. 끝맺는 문장(데리다의 공항 문장)은 하나의 재 — 언급으로, 이 에세이의 (갑작스럽고 아마도 결론이 나지 않은) 결론을 분명하게 만들어주는 부분이다.

개인적으로 이 대목을 고른 것은 비판적인(부차적이긴 하지만) 공항 읽기를 위해서다. 데리다는 공항의 비장소가 갖고 있는 아우라를 환기시켜 해석 작업을 시작한다. 한 에세이의 바로 끝 부분에 나오는 어떤 공항에 대한 거의 잘못된 외관은 읽는 작업이 끝을 맺는 곳을 두고 쉽게 떨쳐낼 수 없는 문제를 제기한다. 그것은 "마지막 문장"(읽는 작업은 공항에 관한 이 마지막 문장에 계속된다)으로 끝나지 않는다. 실제로 마지막 문단은 앞에서 인용한 첫 문단에 언급된 추가 서명에 대한 데리다의 이론을 규정한다. 에세이의 결론(그 사건)은 공항에서 집으로 가는 도중에 날 뻔했던 사고(완전히 다른 사건)의 추가 서명을 요구한다.

조이스에서 "재-언급"과 번역할 수 없는 "예"에 대한 에세이를 끝맺기 위해, 데리다는 그 이상의 아포리아를 끌어들인다. 공항 문장은 말하자면 그 어휘가 갖는 어떤 의미에서도 저자의 목적지가 아닌, 맺는 부분에 덧붙여진 지점(터미널)을 첨가하는 식으로 끝맺음을 방해한다. 마르크 오제의 비장소 공식이 그렇듯 "여기서 어휘는 핵심 역할을 한다. 어휘가 습관의 직물을 짜고, 응시를 훈육하고, 풍경을 알려주는 것이기 때문이다."[32] 실제로 아무렇지도 않게 묘사한 공항을 떠나는 모습은 사실 전혀 우연한 설정이 아니다. 오히려 이런 '꾸민 모습의' 자발적 지문은 공항 읽기를 드러낼 뿐 아니라 이 에세이의 성패를 좌우하는 해석의 문제를 확대시킨다.

해체(deconstruction)는 그만두고라도, 비판적 공항 읽기는 종종 해석이라는 작업에 따라 달라진다. 알라스터 고든(Alastair Gordon)의 『벌거벗은 공항 : 세계에서 가장 혁명적인 구조물의 문화사(Naked Airport : A Cultural History of the World's Most Revolutionary Structure, 2004)』에서 보듯, 공항을 아주 순진하게 묘사한 지문에서 이런 경우를 찾아볼 수 있다. 고든은 에로 사리넨(Eero Saarinen)이 설계한 뉴욕 TWA 터미널을 처음 찾았던 순간을 이렇게 회상한다.

> 대기는 기대감으로 충만했다. 조종사들은 뽀얀 빛이 도는 풀장을 지나 걸음을 옮겼다. 아리따운 스튜어디스들은 붉은 제복과 솔기가 완벽하게 뻗어 내린 스타킹을 신고 그들 뒤를 따랐다. 은은한 조명, 새롱거리는 미소, 립스틱처럼 붉은 카펫과 제복, 푹신한 벤치와 중이층(두 층 사이에 작게 지은 층 – 편집자) 주변을 따라 휘어지는 철제 난간, 이 모든 것이 감각적으로 공모했다. 천정에서 내려온 시계조차 지구를 암시하는 모양을

띠고 있었다. 우리는 유리로 된 파노라마 스크린 아래에 있는 널찍한 대화실에 앉아, 서비스 차량이 비행기 사이를 빠르게 움직이는 모습을 지켜보았다.

"정말 멋진데."

속삭이듯 거의 경건한 어조로 내 사촌이 말했다.[33]

고든에게 공항은 해석되어야 할 신호와 정서와 분위기가 충만한 장소로 보인다. 공간은 감각을 압도하고 '냉정한' 발언을 요구한다. 마치 명료함을 확인하려는 것처럼 말이다.(아니면 공항을 달리 어떻게 '읽겠는가.') 묘하게도, 고든의 설명에서 해석이라는 작업은 재귀적으로 다시 '일'로 되돌아간다. 고든의 서정적 언어는 조종사와 "아리따운 스튜어디스들"과 "서비스 차량"에 집중된다. 이런 노동에 대한 관심은 헤일리의 『공항』을 차지하고 있는 정교한 작업 환경으로 우리를 되돌려 놓는다. 그리고 심플리북스의 문제와 관계없이 공항 읽기가 밀도 높은 텍스트의 현장이라는 사실을 우리에게 상기시킨다. 그곳에서 이상적인 시간과 공간은 기분전환에 필요한 것을 요구하고, 눈부신 작업 체계는 모두 다 함께 지연된다. 이제 이런 후자의 문제로 시야를 돌려 보자.

주

제1장

1 Augé, *Non-Places*, 2.

2 Walter Kirn, *Up in the Air*(New York: Anchor Books, 2001).

3 Ibid., 1.

4 Fredric Jameson, *Postmodernism, or, The Cultural Logic of Late Capitalism*(Durham, NC: Duke University Press, 1990), 2-3.

5 Kirn, *Up in the Air*, 7.

6 Ibid., 10.

7 Erin Collazo Miller, "Bestsellers : Airport Reads" at about.com http://bestsellers.about.com/od/readin-grecommendations/tp/airport_reading.htm(accessed November 20, 2010.

8 Lorrie Moore, *A Gate at the Stairs*(New York : Knopf, 2009), 77.

9 제4장에서는 911 이후의 소설 중에 특별한 세 작품을 통해 공항의 모습을 분석한다.

10 공항과 영화의 관계는 간단한 주제가 아니다. 그 문제는 제5장에서 본격적으로 다룰 것이다.

11 Don DeLillo, *Underworld*(New York : Scribner, 1997), 827.

12 Ibid., 252.

13 "공항으로" "나갔다"는 구절은 또 다른 공항 읽기를 제기한다. 그것은 출발과 도착, 그리고 그 사이의 모든 기다림의 집중적인 시간/공간을 열어 주는 한적한 지리를 인

식하는 문제다. 제3장과 마지막 장에서 이 문제를 다룰 것이다.

14 이와 비슷한 장면을 보다 환상적이고 디스토피아적인 시각으로 보는 견해가 있다. 로이 키지(Roy Kesey)의 단편 「기다림(Wait)」을 참조할 것. 이 이야기는 걷히지 않는 안개로 인해 지연되는 항공기 운항을 기약 없이 기다리는 승객과 그 무료한 시간을 때우기 위해 승객들이 짜내는 각양각색의 아이디어를 소개한다. Roy Kesey, "Wait," *All Over*(Westland, MI. Dzanc, 2007).

15 "The river is moving. / The blackbird must be flying." Wallace Stevens, "Thirteen Ways of Looking at a Blackbird," *The Palm at the End of the Mind*, ed. Holly Stevens(New York: Vintage, 1991), 166.

16 Marc Augé, *An Anthropology for Contemporaneous Worlds*(Stanford: Stanford University Press, 1999), 110.

17 이런 정의는 옥스퍼드 영어사전(*Oxford English Dictionary*)의 '*airport*' 표제어 아래에 관형사형으로 실린 부분에서 인용했다.

"기내에서 읽기에 적합한 그리고 보통 가볍거나 부담 없는 여흥으로 여겨지는 것으로 공항에서 많이 팔리는 인기소설 작품을 가리키는. 이런 유형의 소설의 작가를 지칭하는."

18 Arthur Hailey, *Airport*(New York: Berkley Books, 1968, 2000), 5.

19 Michel Foucault, *Discipline and Punish: The Birth of the Prison*, trans. Alan Sheridan, 1977(New York: Vintage, 1995), 202.

20 Ibid., 204.

21 Hailey, *Airport*, 533.

22 Ibid., 70.

23 Sacramento County Airport System, "The Big Build"

Fly-Through Video, http://www.bigbuild. org/photo-media-gallery/design-overview/fly-through-video(accessed February 18, 2011).

24 Pascoe, *Airspaces*, 10.

25 Ibid., 11.

26 Augé, *Non-places*, 94.

27 파스코는 또한 마틴 에이미스(Martin Amis)의 소설 『정보(*The Information*)』에서 아서 헤일리의 『공항(*Airport*)』을 "정크 소설(junk novel)"로 언급하는 재기 넘치는 부분을 통해 『공항(*Airport*)』을 논한다. 파스코는 이 항공 소설이 여행객들을 "속박된 상태에서 더 안전하다고 느끼게" 만든다고 주장한다. 이어서 파스코는 "하늘과 영화 사이의 [……] 미적 친화력"(251.4)을 밝힌다.

28 Joe Sharkey, "Registered Traveler Program Appears Ready to Take Off," *The New York Times* online, September 5, 2006, http://query.nytimes.com/gst/fullpage.html?res=9504E1 DF1631F936A3575AC0A9 609C8B63(accessed January 7, 2011).

29 Anthony Lane, "High and Low : Flying on the really cheap," *The New Yorker*(April 24, 2006), 60.

30 Brian Edwards, *The Modern Airport Terminal: New Approaches to Airport Architecture*, 2nd edn.(London and New York: Spon Press, 2005), xvi.

31 Jacques Derrida, "Ulysses Gramophone: Hear Say Yes in Joyce," *Acts of Literature*, ed. Derek Attridge(New York : Routledge, 1992), 309.

32 Augé, *Non-Places*, 108.

33 Alastair Gordon, *Naked Airport : A Cultural History of the World's Most Revolutionary Structure*(New York : Henry Holt and Company, 2004), 2.

Reading the Culture of Flight

nland

NUIJAMAA
M 092

IMMIGRATION
SUVARNABHUMI AIRPORT THAILAND
VISACLASS
12 SEP 2009
ADMITTED
UNTIL 1 OCT 2009
SIGNED

DEPARTED
20 SEP 2009

urkey

Thailand

Russia

РОССИЯ КПП

29 04 10

Брусничное

ШЕРЕМЕТЬЕВО

VIETNAM - IMMIGRATION
234A
30 AUG 2011
NỘI BÀI

Vietnam

Brazil

SELO CONSULAR
50
REAIS-OURO

VIETNAM - IMMIGRATION
141A
13 SEP 2011
NỘI BÀI

Beloz

DPMAF - DPF
10 10 05 554 1

2. 구경거리와 구경꾼

The Textual Life of Airports

Reading the Culture of Flight

공항에서 일하던 시절의 기억 너머

공항에서 일을 시작할 때면 마치 하나의 평행우주(parallel universe)로 들어가는 기분이었다. 항공사에서 일할 당시 나는 보안 체크포인트를 둘러싸고 있는 통제구간에 접근할 때 암호를 사용했다. 나는 비행 일정을 짜는데 필요한 복잡한 아폴로 예약시스템을 관리하는 법을 배웠다. 활주로는 달의 풍경 같았다. 〈스타워즈(Star Wars)〉의 한 솔로(Han Solo)를 흉내 낸 유틸리티 바지를 입고 공항 신분증 배지를 단 나는 디젤 예항기와 화물 카트를 몰고 비행기 주변을 자유자재로 돌아다녔다.

그 당시 나는 그런 업무의 요령을 전수하는 일이 비교적 묵시적인 방법으로 이루어진다는 사실을 알았다. 종업원들은 눈치로 장비 사용법을 익히고 공항의 여러 상황을 통제하는 어법을 배웠다. 내가 맡은 첫 임무는 수하물을 싣는 작업으로, 수하물을 먼저 카트에 올려놓은 다음 기내에 올리는 것이었다. 그런 임무에는 수하물 꼬리표를 읽는 법, 크기와 모양에 따라 수하물을 물리적으로 배열하는 요령 등이 포함되었다. 다시 말해, 수하물을 적재하는 일에는 어떤 수준의 텍스트적 훈련이 요구되었다.

나중에 나는 문법적으로는 어색할지 모르지만 현장에 맞는 항공용어로 탑승 안내 방송을 하는 일도 맡게 되었다. 확성기 버튼을 딸깍하고 켠 다음, 탑승이나 연착이나 결항 안내 방송을 하는 등 음성

방송을 열심히 연습했던 기억이 난다. 처음 몇 번은 상사나 감독관이 내 방송을 조심스레 지켜보았지만, 점차 제대로 된 억양으로 정보를 알릴 수 있게 되면서 그 일은 사람들의 관심을 전혀 끌지 못하는 상투적 일상이 되어버렸다.

척 팔라닉(Chuck Palahniuk)의 컬트 소설 『파이트 클럽(Fight Club, 1996)』의 한 장면은 이런 경험을 떠올리게 한다. 주인공은 비행기에서 내리지만, 그는 자신의 짐이 도착하지 않았다는 사실을 알게 된다.

게이트에는 항공사 직원이 있었다. 전기면도기가 작동하는 바람에 내 수하물이 덜레스 공항에 묶여 있다고 옆에 있던 보안기동대원이 알려주었다. 그 기동대원은 수하물 담당자들을 스로워(Throwers)라고 불렀다. 램퍼(Rampers)라고도 했다. 일이 꼬일 수도 있었다는 사실을 일러주려는 듯, 적어도 딜도(음경 모양의 섹스 기구 – 옮긴이) 때문은 아니었다고 그 친구는 말했다. 그런 다음 나를 웃기려 했는지, 승무원들을 속어로 스페이스 웨이트리스(Space Waitress)라고 부른다고 일러주었다. 에어 매트리스(Air Mattress)라고 한다고도 했다. 그렇게 말하는 그 친구 모습이 작은 견장이 달린 흰 셔츠에 푸른 넥타이를 맨 조종사와 닮은 것 같기도 했다. 내 짐은 확인절차가 끝났기 때문에 다음날 도착할 것이라고 그가 말했다.[1]

이 대목에는 노동에 관한 대화를 둘러싸고 화자가 부딪히는 지식

장벽이 있다. 수하물 담당자는 처음에 이렇게 불렸다가 그 다음에는 또 다르게 불린다. 두 용어는 모두 항공사 노동자가 하는 일을 처음에는 행동(가방을 던지는)을 통해, 그 다음에는 화물이 움직이는 표면(램프는 항공기 주변의 활주로를 뜻한다)을 통해 환유적으로 암시된다. 대화는 걸쭉한 성적 유머로 빠지고 더 나아가 직업 관련 은어로 이어진다. 하지만 "보안기동대원"이 통고를 하고 빈정거리면서 대화의 물꼬를 틀 때에도 화자의 말은 산만한 현장에서 효과적으로 차단된다. 이 대목이 끝나는 곳에서도 화자는 "다음날 도착"한다고 하는 그의 수하물을 손에 넣을 재간이 없다.

이런 당황스러움의 경계를 강조하려는 듯, 화자는 그 직원의 복장이 "작은 견장이 달린 흰 셔츠에 푸른 넥타이"를 맨 조종사의 제복을 닮았다는 사실에 주목한다. 화자는 이런 유형의 복장을 식별할 수 있지만, 여기서 그런 능력은 문맥을 살짝 벗어난다. 그리고 딱딱한 임무를 수행해야 할 기동대원은 직업윤리에 어긋나는 행동을 계속한다. 그런데도 이 대목은 화자의 화물에 관한 정보로 다시 돌아오는 것으로 끝을 맺는다. 팔라닉은 자체의 특수용어와 기호 코드를 포함하는 사회적 공간을 드러내면서, 공항을 하나의 텍스트적인 장소로 재귀적으로 (재)생산한다. "보안기동대원"은 마치 또 다른 세계, 즉 효력을 발휘하는 텍스트와 의미가 여전히 암호화되어 있는 작업장에 있는 것처럼, 또한 번역되기를 간청하는 것처럼 존재한다.[2]

『영공』에서 데이비드 파스코는 아서 헤일리의 소설 『공항』이 "인기소설이라기보다는 공항 운영 핸드북처럼" 읽힌다고 주장한다.[3] 그렇게 보면 팔라닉의 『파이트 클럽』은 헤일리의 『공항』을 뒤집어 놓은 것처럼 보인다. 『공항』에서 총책임자는 모든 작업과 비행 과정을 내려다본다. 반면에 『파이트 클럽』의 수하물 장면은 그럼에도 불구하고 일과 용어와 절차의 정교한 네트워크로서 공항의 모습을 잠깐 곁눈질하게 해준다. 이 장면에서 공항 직원은 하나의 장애물, 하나의 칸막이로 기능한다. 그것은 이야기의 화자에겐 장애물이자 항공문화를 설명해주는 즉석 여흥 센터이다. 엄격한 보안 규정과 일상적 근무 속의 익살은 이런 텍스트의 접촉면에서 은밀히 결탁한다.

『마지막 거물』에 나오는 공항의 한 토막

마크 솔터(Mark Salter)는 그의 『공항에서의 정치(Politics at the Airport)』에 붙인 서문에서 "공항을 통제되고 중앙집중적이고 한눈에 모든 것을 감시할 수 있고 질서 정연한 공간으로 설명하는 것은 매우 이데올로기적"인 발상이라고 주장한다.[4] 나는 솔터의 관점에 전적으로 공감하며, 공항을 엄격하게 규제된 공간이나 매끄럽게 기능하는 체계로 생각하는 것은 잘못이라는 주장에 동의한다.

그러나 여기서 우리는 푸코가 어떻게 판옵티콘에 대한 분석을 외부로 돌려 사회의 다른 차원의 근무 쪽으로 방향을 잡았는지 생각해

볼 필요가 있다.

"감옥이 공장이나 학교나 병영이나 병원을 닮았다는 것, 그리고 이 모든 것이 감옥을 닮았다는 것이 무슨 그리 놀랄 일인가?"[5]

푸코라면 여기에 공항도 쉽게 갖다 붙였을 것이다. 그렇다고 해서 공항의 구조가 판옵티콘을 닮았다는 말은 아니다. 그보다는 공항이 판옵티콘으로 상징화된 가시성과 힘의 복합적 중층과 관련이 있으며 그곳에서 구조를 차용했다는 말이다.

감옥 구조에 대한 이런 확장된 견해는 사실 환경심리학자 로버트 소머(Robert Sommer)가 자신의 작품 속에서 "딱딱한 건축(hard architecture)"이라고 지칭한 것을 설명하면서 드러낸 생각이다. 『비좁은 공간 : 딱딱한 건축과 이를 인간미 있게 만드는 법(Tight Spaces : Hard Architecture and How to Humanize It, 1974)』에서 소머는 이렇게 쓴다.

"요즘은 강철과 콘크리트와 전자 장비를 동원하여 보안을 확보하려 애쓴다. 감옥은 주택 단지나 상업용 건물, 심지어 공항의 본보기가 되었다."[6]

"심지어 공항"이라는 소머의 구절은 우리의 계획에 하나의 암시를 던진다. 그것은 공항이 현대 사회의 황량한 구조와 과중한 압력에도 불구하고 이를 극복하고 어떻게든 존재해야 한다는 생각이다. 공항은 공항에 당연히 있어야 하는 항공기들이 장악하고 있는 양력(揚力)과 영감의 아우라를 보유하고 지속시켜야 하는 것처럼 보인다. 그러나 일상적 현실 속의 공항은 상상력이 만들어내는 변덕이나 환상적인 비행의 여지는 극히 미미한, 매우 실용적이고 기능지향적이고 체계적인 장소다. 물론 공항이 신형 항공기 모델의 혁신적인 디자인과 입안에 어울리는 기본적인 상상력에 의존한다는 사실을 의심할 수는 없다. 그러나 문제는 공항이 자발성이나 즉흥성의 여지를 지나치게 좁혀놓고 있다는 사실이다.(새라 브링크의 『계단의 문』에서 나온 에스컬레이터 위의 엉뚱한 장난을 떠올려도 알 수 있는 일이다. 이런 장난은 터미널의 질서를 방해한다.)

실제로 항공 문학은 꾸준히 세력을 넓혀 자신을 실현하는 공항을 울적한 공간으로 그려낸다. 이런 인식은 노동하는 인물들 주변에서 꾸준히 만들어진다. 나는 공항에서 하는 일이 그 자체로 스트레스를 준다거나, 가상의 공항을 통과하는 모든 사람들이 스트레스를 받는다고 주장할 생각은 전혀 없다.

오히려 내 의도는 공항에서 노동하는 모습이 항공과 관련된 아주 단순한 개념조차 복잡하게 만들 수 있다는 사실을 지적하려는 것이다. 항공 문학 속에 나오는 노동은 해석적인 어려움이 많고, 이런 어려움은 일터에서 공항 읽기를 드러낸다.

공항의 노동을 문학적 맥락에서 살펴보기 위해, 스콧 피츠제럴드(F. Scott Fitzgerald) 사후에 출판된 그의 미완의 소설 『마지막 거물(The Last Tycoon)』[7]에 눈을 돌려 보자. 여기서 내 의도는 피츠제럴드가 공항이 요구하는 해석 작업과 항공문화를 두고 어떻게 고심했는지 밝히는 것이다. 이 소설에는 비행을 쉽게 읽을 방법도 있겠지만, 나는 피츠제럴드가 여러 면에서 공항을 읽기 어려운 것으로 표현하고 있다는 점을 지적하고 싶다.

이야기 속으로 바로 들어가 보자. 화자 세실리아(Cecelia)는 비행기를 타고 동부 해안을 떠나 할리우드를 향해 가는 중이다. 할리우드에 있는 그의 아버지는, 영화 제작자이자 이 소설의 주인공인 먼로 스타(그 역시 그 비행기를 타고 있는데 "미스터 스미스"로 신분을 위장하고 있다)의 사업 파트너다. DC-3 안에서 세실리아는 말한다.

"세상을 비행기에서 알았다.(The world from an airplane I knew.)"[8]

세실리아의 이상한 구문론은 많은 의문을 제기한다. 이것을 시적 초월성에 대한 문학적 암시, 즉 워즈워스(Wordsworth)와 셸리(Shelley)의 전통에서 구름처럼 떠돌고 싶은 소망과 관련된 낭만적 잔재로 보아야 하는가?[9] 아니면 공중에 있다는 인식과 글로벌한 인식론이 모더니즘으로 수렴된다는 사실을 암시하는 진술인가?[10]

세실리아의 주장은 1930년대 중반에 항공기를 자연스레 이용하는 미국인들이 많아지면서 상업적 항공여행이 증가한 현실을 반영하는가? 피츠제럴드는 국내 항공 여행과 화자의 관점 사이의 이런 사변적 연관을 더 이상 따지지 않는다. 소설이 진행되면서, 세실리아의 비행기는 험악한 날씨로 인해 예정에 없던 비상착륙을 한다. 비행 중이던 항공기 대신 공항의 황량한 무대가 전면으로 나오고, 비행 중이던 승객들은 예기치 않게 "내슈빌에 착륙"하게 된다.[11]

비행기가 하강하면서, 세실리아는 공항의 존재를 거의 인류학적 차원으로 사고한다.

역마차 정거장이 있던 시절 이후로 호젓하고 음침하다 싶을 만큼 조용한 곳으로 공항만한 장소가 없다는 것이 내 생각이다. 고색창연한 붉은 벽돌로 된 공항 터미널들은 스스로 구획을 나눈 도시들 바로 안쪽으로 세워졌고, 사람들은 그곳에 살지 않는 한 그 외딴 정류장에서 내리지 않았다. 그러나 공항은 오아시스처럼, 주요 교역로에 있는 정류장처럼 오래 전 역사 속으로 이끈다.[12]

짧은 항공 여행의 역사에서 비교적 이른 시기에 벌써 공항이 퇴화되고 음침한 장소로 그려졌다는 사실이 무척 놀랍고 언뜻 이해가 가지 않을 수도 있다. 공항을 더 오래 된 "역마차 정거장"과 비교함으로써 세실리아는 어떤 웅장한 느낌을 덜어내고 대신 그곳을 호젓하고 "음침하다 싶을 만큼 조용한" 환경으로 그린다. 더욱이 "오아시스"에 비유하는 것은 이 소설의 일차적 소재가 할리우드라는 점을 고려할 때 특별히 흥미롭다. 즉 공항은 괴기스러운 장소가 될 가능성이 있는 곳으로 투사된다. 오아시스라는 단어가 신기루로 판명되는 고전 영화의 오아시스를 암시한다고 보면 특히 그렇다.[13] 이 대목에서 두드러지는 점은 공항이 역사에 갇혀 있다는 의식이다. 그리고 이것은 항공 여행하면 흔히 떠올리게 되는 미래지향적인 감수성과 어긋난다.

1960년대 후반에 출간된 아서 헤일리의 소설에 나오는 공항 총감독 멜은 비행의 이상적 가능성을 여전히 신봉하고 지지하면서도 묘하게도 세실리아와 비슷한 태도를 보인다. 멜은 생각한다.

"5년 전만 해도 공항이라면 세상에서 제일 멋지고 제일 현대적인 장소인 줄 알았는데 말이야. [이제] 링컨국제공항도 웬만큼 큰 공항들과 마찬가지로 겉만 번지르르해지고 있군."

멜은 퇴락해가는 그의 공항이 갖가지 실무적인 문제와 정치적 수렁으로 빠져드는 현실을 지켜보면서도, 여전히 자신의 항공 이론을 근거로 "새로운 항공의 시대"를 예찬한다.

"항공이야말로 진정으로 유일하게 성공한 국제 사업이었다고 멜 베이커스펠드는 입버릇처럼 말해왔다. 항공은 지리적인 경계뿐 아니라 이데올로기까지 초월했다. 항공은 다양한 인구들을 뒤섞어주면서도 그에 필요한 경비는 꾸준히 줄여왔다. 그렇기 때문에, 인류가 세계를 이해하기 위해 지금까지 고안한 것 중 가장 실질적인 수단이라 해도 과언이 아니었다."[14]

좀 더 현실적이면서 정치에 크게 물들지 않은 피츠제럴드의 공항은 "이데올로기까지" 초월하는 것과 아무런 관련이 없다. 오히려 내슈빌 공항은 복합적인 문화의 중심이다. 그래서 그곳에서 사회계급의 차이는 실질적이면서도 한편 이상적이고 물질적으로 견고한 듯해도 오래 지속되지 않는 특징이 있다. 『마지막 거물』의 특정 부분에 눈을 돌리면 이런 문제가 구체적으로 부각된다.

『벌거벗은 공항』에서 알라스터 고든은 말한다.

"항공 여행은 『마지막 거물』에서 피츠제럴드가 묘사하는 야심찬 인물들에게 꼭 맞는 수송수단이었다. 또한 그것은 가진 자와 못 가진 자를 구분하는 사회적 · 경제적 격차에 대한 메타포로 기여했다."[15]

고든은 이어서 사회적 계급이 나뉘는 것을 비유적으로 해석하기 위해 『마지막 거물』에 나오는 텍스트를 증거로 제시한다.

비행기가 착륙했을 때 세실리아는 함께 탔던 멋진 승객들과 공항의 지면을 누비는 보통 사람들의 차이를 보고 놀랐다.

"대륙을 횡단하는 거대한 비행기에 타고 있을 때 우리는 캘리포니아 해변에 사는 부자였다. 그런데 어쩌다 우리는 난데없이 미국 중부에 내렸다. …… 젊은 사람들은 비행기들을 쳐다보고, 나이 든 사람들은 경계하는 눈초리로 승객들을 본다……."[16]

고든은 비행기를 이용하는 "멋진" 여행객들과 "보통 사람들"을 보며, 그들을 지켜볼 만한 사람들과 지켜보고 있는 사람들로 명쾌하게 나눈다. 그러나 고든이 인용한 부분에서, 피츠제럴드의 문장들은 사실 소설 속에서 그들이 어떻게 보이느냐에 따라 순서가 다르게 배열되어 있다. 『마지막 거물』에서 가져온 이 대목(위에 인용한 "주요 교역로"를 언급한 문장 바로 다음에 나오는 대목)은 실제로 이렇게 되어 있다.

한밤중에 혼자 또는 둘씩 짝지어 공항으로 들어와 어슬렁거리는 여행객들의 광경은 변함없이 새벽 2시까지는 작은 무리들을 끌어들인다. 젊은 사람들은 비행기들을 쳐다보고, 나이 든 사람들은 경계하는 눈초리로 승객들을 본다. 대륙을 횡단하는 거대한 비행기에 타고 있을 때 우리는 캘리포니아 해변에 집이 있는 부자였다. 그런 우리가 어쩌다 난데없이 미국 중부에 내렸다. 영화배우 행세하는 사람이 있었기 때문에 신나는 일이 벌어질 수도 있었다. 하지만 그런 일은 자주 일어나지 않았다. 나는 늘 우리가 실제보다 더 흥미로운 사람들로 보이기를 간절히 바랐다. 시사회 때면 종종 볼 수 있듯 팬들은 오로지 스타에게만 관심이 있으니까 말이다.[17]

실제로 피츠제럴드는 구경꾼들을 끌어들이는 "광경"으로 항공 여행을 묘사한다. 그러나 고든이 인용한 부분은 세실리아의 관점에서 비행기와 공항을 좀 더 논리적인 순서로 재배열한다. 비행기는 공항을 향해 지상 활주를 하고, 공항에는 구경꾼들이 조금씩 보이기 시작한다. 따라서 고든이 핵심 요소를 생략한 기법은 이 소설에서 제시된 시 · 공간적 윤곽을 정리하는데 도움이 되고, 그 결과 이 장면은 보다 시각적이 된다. 그러나 공항을 좀 더 복잡하게 읽으려면 피츠제럴드의 인과율의 공동화와 논리의 반전이 도움이 된다. 비행기와 승객과 군중들은 모두 하나의 동적 편집(dynamic montage)에 묶여 구경거리 / 구경꾼과 "가진 자" / "못 가진 자" 사이에서 가장성(假裝性)의 정적 관계에 도전한다.

더욱이 항공 여행객들은 누구의 관점에서 "캘리포니아 해변에 집이 있는 부자"이고 "어쩌다 난데없이 미국 중부에" 내린 사람들로 보이게 되는가? 이런 일이 기상으로 인한 계획에 없는 일정 변경이라는 사실을 떠올릴 필요가 있다. 승객들은 불편하고 짜증이 난 상태다. 그리고 몇 쪽 뒤에서 나오지만, 승객 중 한 명은 자살 충동에 사로잡힌다. 여기서 세실리아의 주장은 빈정거림일 가능성이 높다. 항공 여행객들의 견해도 그럴 것이라 상상할 수 있다.[18]

고든의 생략은 또한 흥미를 자아내는 생략이 된다. (고든이 생략한) 이 문단의 마지막 두 문장은 그림을 아주 복잡하게 만든다.

"영화배우 행세하는 사람이 있었기 때문에 신나는 일이 벌어질 수도 있었다. '하지만 그런 일은 자주 일어나지 않았다.' 나는 늘 우리가 실제보다 더 흥미로운 사람들로 보이기를 간절히 바랐다. 시사회 때면 종종 볼 수 있듯 팬들은 오로지 스타에게만 관심이 있으니까 말이다."(필자 강조)

공항의 구경꾼은 부자에게만 관심이 있는 것이 아니다. 그들은 할리우드 스타들을 보고 싶어 한다. 이것은 단지 돈을 더 많이 가진 사람들을 보는 문제만이 아니라 즐거움에 관한 문제다. 세실리아의 생각은 앞선 문장들을 통해 "사회적 격차"를 강조하는 것 같다가도 쉽게 그런 문제를 경시하는 것으로 끝맺는다. 그렇게 항공 여행객이란 구경거리는 하나의 환영이 되고 만다.

이 승객들은 스타가 아니며 심지어 그다지 흥미로운 구석도 없다. 세실리아는 이것을 할리우드 시사회에 비유한다. 여기서 유명인사의 신분은 단순한 자본 가치를 능가한다. 사람들은 영화 제작자를 보고 싶어 하지 않는다. 그들의 관심사는 오로지 스타들이다. 이 핵심 대목은 여행객들에게 필요한 행동으로서 공항 읽기라는 일반적인 관례를 뒤집는다. 이제 가벼운 여흥을 추구하는 것은 구경꾼들이다.

우리는 여기서 세실리아가 상상하는 "신나는 일"의 가능성이 항공여행의 현대적 현상이 아니라는 사실에 또한 주목해야 한다. 오히려 "신나는 일"은 항공기에 탑승해 있을지 모르는 명사의 허구적 확장이다. 다시 말해 피츠제럴드에게 공항의 실제 드라마는 여흥을 포용할 수 있는 능력에 있다. 공항은 여흥거리가 되는 허구에 대한 기대를 높인다.

이 경우에서 세실리아는 아이러니컬하게도 여흥거리가 되는 허구가 없다고 주장한다. 세실리아의 항공기에는 어떤 명사도 타고 있지 않다. 그러나 우리는 공항 소설의 한복판에 있다. 피츠제럴드의 공항은 할리우드를 흉내 낸 영역과 비교 대상이 되고, 그렇게 해서 항공을 계급 차이에 대한 단순한 은유 이상으로 만든다. 즉 항공은 여흥에 대한 요구도 채워주어야 한다.[19]

소설의 대부분은 작품명과 동일한 영화계의 거물 몬로 스타의 지칠 줄 모르는 노동에 초점을 맞춘다. 따라서 『마지막 거물』의 주제는 다름 아닌 여흥이라는 일이다. 그러나 일에 대한 이런 관심은 공항에서 시작된다. 피츠제럴드에게 공항은 단순한 우연적인 비장소 이상의 의미를 갖는 곳으로, 그곳은 또한 구경거리가 많은 일터이기도 하다. 다시 말해 피츠제럴드는 항공 여행이라는 노동을 할리우드의 복잡한 사정을 알려주는 지표로 끌어들이고 있다. 이런 이론을 입증해 주는 장면이 있다.

폭풍은 동부 테네시로 물러나 산맥에 부딪혀 부서졌다. 그리고 우리는 한 시간도 되지 않아 이륙했다. 졸음에 겨운 눈으로 여행객들은 호텔에 나타났고, 나는 그들이 소파로 사용하는 아이언메이든(iron maiden : 여성의 모양을 한 중세의 고문 기구 – 옮긴이)에 앉아 잠깐 졸았다. 위험한 여행이라는 생각이 다시 서서히 고개를 든 것은 우리의 실패의 잔재, 즉 키 크고 예쁘고 눈부시게 가무잡잡한 새 스튜어디스 때문이었다. 프랑스식 적청색(赤青色) 대신에 시어서커를 입고 여행 가방을 들고 활기차게 우리 곁을 지나갔다는 사실만 빼면 그녀도 다른 사람들과 전혀 다를 바 없었다.[20]

이 장면은 기상 상태와 지형에 대한 전반적인 언급으로 시작한 다음, 재빨리 공항의 세부사항과 더 좁은 시간의 틀을 클로즈업한다. 세실리아는 인체공학을 고려하지 않은 특이한 좌석에 앉아 졸다가 생각을 조금씩 부풀린다. 세실리아는 그녀가 "위험한 여행"을 하고 있다는 생각을 "서서히" 알게 된다.[21] 그러나 텍스트 초반에 일어난

동요는 별다른 걱정거리를 만들지 않았다. 실제로 폭풍을 뚫고 하강하는 비행기에 대한 세실리아의 초기 기록은 거의 키치 수준의 수수한 관찰을 벗어나지 않는다.

"처음 폭풍 속으로 들어갔을 때 이후로 '안전벨트를 매시오. 금연'이라는 초록색 불은 계속 켜있었다."[22]

이런 "위험한 여행"이라는 생각과 비행의 "실패"의 "잔재"는 소설의 내용을 다시 포장하려는 불순한 시도이다. 실제로 그것들은 드라마틱하고 설명적인 효과를 위해 "다시 서서히 고개를 든다." 마치 피츠제럴드가 이 소설이 갖고 있는 자체의 계획을 자기 지시적으로 강조하는 것 같다. 하지만 이것은 항공기 추락이나 비상착륙 장면이 아니다. 이것은 어느 날 밤 테네시의 한 공항에서 한동안 오도 가도 못하게 된 지친 상류층 할리우드 승객들 집단이다. 이 장면을 별스러운 모더니즘의 암시로 생각할 수도 있다. 일단 자리를 잡으면 "어느 곳이든 지배"하는 공항의 역설적 일화 말이다.[23]

실제로 위험한 여행이라는 "생각"을 불러내는 것은 다름 아닌 노동력의 화려한 등장, 즉 섬광처럼 나타난 스튜어디스다. 이런 표현은 매우 영화적이다. 즉 전후 관계는 분석적 이론을 따르지 않고 연상의 환영과 스쳐가는 관찰에 의해 통합된다. 출발 준비를 마친 항공기를 향해 머리를 정리하고 바쁜 걸음을 옮기는 승무원이 무엇 때문에 위험과 관계가 있단 말인가? 전날 밤 지상에 내린 비행기의 스튜어디스는 그런 소동에 별로 놀라지 않았다. 그녀가 취했던 가장 극단적인 조치는 세실리아에게 이것저것 진정제를 권하는 것이 고작이었다.

"'그리고요, 저런, 아스피린 필요하세요?' 좌석 옆에 기대고 앉은 그녀는 6월의 허리케인에 이리저리 불안하게 흔들렸다. '아니면 넴뷰탈은요?'……'껌을 드릴까요?'"[24]

사실 "새 스튜어디스"를 묘사하는 세실리아의 구문은 앞서 첫 번째 스튜어디스를 묘사했던 내용을 그대로 옮긴 것이다.

"스튜어디스, 그녀는 키 크고 예쁘고 눈부시게 가무잡잡했다. 뛰어다닐 것 같은 유형이었다."[25]

항공 여행은 시뮬레이션과 모조품의 생산지로 제시된다. 공항에서, 어느 누구도 당황하게 만들지 못한 전날 밤부터 몰아친 과장된 "6월의 허리케인"은 "위험한 여행"으로 배역이 바뀌었고, 근로자들은 유형으로 제시된다. 그들은 서로 구분이 잘 안 될 정도로 복제품의 복제품이고, 원래의 기준도 눈에 보이는 한계도 없다. 세실리아는 이미 가식 세계(즉 영화)와의 관계로 정체가 드러났고, 공항은 스튜어디스들의 근무를 빗대어 여흥의 환경을 확장한다.[26]

여기서 정작 중요한 것은 "새 스튜어디스"의 출현이 화자의 여흥을 유발하는 방식이다. 전날 밤의 "위험한 여행"을 멜로드라마 식으로 다시 말하는 것은 스튜어디스의 "눈부시게 가무잡잡한" 출현과 부합한다. 『마지막 거물』에서 노동 인력의 고급여성복을 포함하여 여행의 세세한 부분을 가까이 관찰하면서 공항 읽기는 항공에 관한 과장된 스토리텔링과 뒤섞인다. 항공기에서 내린 스타들을 보고 싶어 하는 구경꾼에 대한 세실리아의 의식처럼, 화자의 설명은 회고적으로 폭풍 속의 비행을 윤색한다. 일과 여흥은 이런 공항 읽기에서 그렇게 절묘하게 결합된다.

따라서 『마지막 거물』에서 항공 여행은 뚜렷한 "사회적 격차"에 대해 단순히 메타포로만 기여하지 않는다는 것이 내 생각이다. 실제로 피츠제럴드의 공항 곳곳에서 우리가 보는 것은 무리지어 나타나는 정체성 혼동과 불확실한 계급화다. 일부 승객은 가명으로 비행기를 타고, 명사들은 비행기에 탔을 수도 있고 타지 않았을 수도 있다. 항공사 직원들은 여행객들과 뒤섞여 승객들의 시선을 끈다.

그리고 다시 평온을 되찾았을 때 비행 분위기는 불길한 기운을 띤다. 그렇게 해서 비행은 여흥의 대상이 된다. 피츠제럴드의 『마지막 거물』에서 항공 여행 장면은 뚜렷한 계급 차이에 별다른 힘을 빌리지 않는다. 그보다는 오히려 서로 다른 시간에 서로 다른 청중에 대해 여가와 노동, 유용성과 여흥의 경계를 흐리면서 공항을 읽는 법을 둘러싼 해석적 수질마저 흐려놓는다. 의미에 대한 이런 발생적 풍부함은 공항이 어떻게 해석의 장소가 될 수 있는지를 잘 보여준다.

현대의 텍스트와 공항 읽기

지금까지 보았듯이 공항 읽기는 어떤 면에서는 여흥에 관한 것이다. 관심을 갖고 보든 아니든 부차적으로는 항공을 둘러싸고 벌어지는 일에 관한 것이다. 이제는 더 나아가 공항이라는 일터를 지나치리만큼 여흥의 구역으로 설명하는 현대의 텍스트를 살펴볼 차례다.

돈 들릴로가 1999년에 발표한 희곡 〈발파레이소(Valparaiso)〉는 항공 여행의 일상과 항공사의 레토릭을 드라마의 주제로 채택한다. 그 일상과 레토릭은 문학으로 전후관계가 설정될 때 불합리한 것으로 뒤집힌다. 희곡은 출장이 평소의 일과인 마이클 매저스키의 운 나쁜 여행에 초점을 맞춘다. 인터뷰와 독백을 통해 우리는 매저스키가 시카고를 출발하여 인디애나의 발파레이소로 간다고 생각했다가, 마이애미 공항으로 항로가 변경되었다는 것을 알게 된다.

마이애미 공항에서 그는 또 한 번 플로리다의 발파레이소로 향하는 듯하다가, 결국 동체가 넓은 항공기를 타고 산티아고를 경유하여 최종 목적지인 칠레의 발파레이소로 향하고 만다. 매저스키가 자신의 사연을 말하고 또 최종 목적지를 두고 벌어진 지리적 혼동을 말하면서, 자신과 원래 생각했던 공항에 대한 그의 의식 또한 점점 불확실해진다.

원래 생각했던 공항을 통해 매저스키의 뒤를 밟으며 이 항로 저 항로를 미친 듯이 헤매다가 결국 이륙하는 비행기에 타게 되는 순서는 이렇게 압축된다.

나는 시카고로 가는 항공기를 타기 위해 탑승 구역 앞에 서 있었다. 아무개 승객님, 앞으로 나오세요…….

그러나 앞에 있던 티켓 담당 여직원이 무심코 내 일정을 흘끗 본다. 티켓은 문제없다. 시카고 행이라고 또렷이 기재되어 있다.

그녀는 말한다.

"일정에는 마이애미로 되어 있는데 왜 시카고로 가세요?" 그러면서 그녀는 우리 회사 출장대행사에서 티켓에 붙여준 종잇조각을 만지작거린다.

나는 멍하니 서 있다. 이런 적이 없었는데…….

어이가 없어 머리가 하얘지고 숨도 쉬어지지 않는다. 티켓이 잘못된 건가, 일정표가 잘못된 건가? 확인할 시간이 없는데. 그녀는 어떻게든 도와주려 한다. 내가 0.5초 내로 게이트를 향해 뛰기 시작한다면 그녀가 붙들어 놓을 수 있는 마이애미 비행기는 있다. 아니면 바로 여기서 느긋하고 품위 있게 시카고 행 비행기를 탈 수도 있다…….

그녀가 화면을 본다. 마이애미가 보인다. 좌석도 하나 비어 있다. 그러나 나는 시카고 쪽으로 기울고 있다…….

뛰기 시작한다. 그 다음은? 뛴다. 마음은 정해졌고 나는 뛴다. 그녀는 나를 위해 마이애미를 붙들어 놓고 나는 그녀를 한 번 본 다음 뛴다. 터미널 저쪽 끝에 있는 게이트를 향해 뛴다. 아무 생각도 없이 숨도 쉬지 않고 달린다. 휴대용 가방과 수하물 카드를 지닌 사람들을 지나쳐 달리고 사람들과 휴대용 가방과 불룩한 수하물과 혼혈 아기들로 가득 찬 셔틀 차량을 지나 달린다.

생활을 향해 서두르는 익명의 사람들. 나는 라이브 동영상으로 이륙을 지켜본다. 이제 비행기 안이다. 내 좌석에 앉아 있다. 격벽 위에는 모니터가 있다. 나는 모니터를 보고, 비행기는 이륙한다. 창문을 내다본다. 비행기가 이륙하고 있다. 그 다음은? 비행기는 조종실 밖에서 이륙하고, 비행기는 객실 안에서 이륙하고 있다. 모니터를 본다. 지면을 본다.[27]

이런 장면이 전개되는 동안, 매저스키는 항공사 직원이 여행객을 찾는 상투적인 발언("아무개 승객님, 앞으로 나오세요")과 비행기의 이륙을 보여주는 "라이브 동영상"처럼 여흥에 대한 규범 사이에 강력한 연결고리를 드러낸다. 한편 이 장면들은 일상 여행의 우연성과 일상 언어를 반영한다. 출발 게이트가 갑자기 바뀌는 일은 흔히 있고, 승객과 항공사 직원의 관계는 현실적 형태로 표현된다.

"그녀는 어떻게든 도와주려 한다. 내가 0.5초 내로 게이트를 향해 뛰기 시작한다면 그녀가 붙들어 놓을 수 있는 마이애미 비행기는 있다."

그러나 상업 항공의 리얼리즘을 재생함으로써, 기내의 여흥 체계에 대한 자기 조회적 인식의 기이함은 이 연극에서 폭발한 개념적 위기를 암시한다. 매저스키는 여흥의 형태로 드러나는 이륙을 보고, 그런 다음 창밖으로 "지면"을 본다. 따라서 지상에 있는 항공기는 그 자체로 여흥의 대상, 부조리의 잠재적 극장이 된다. 그러면서 매저스키는 나중에 탄식한다.

유순해지는 느낌이었다. 나는 체계를 따라야 했다. 체계는 전지전능했다. 이 배정된 좌석에 앉아 있다면 말이다. 생각해 보라. 컴퓨터와 금속탐지기와 제복을 입은 사람과 냄새로 폭탄을 찾아내는 개들이 내가 이 배정된 좌석에 앉도록 허락하고 비닐 포장에서 찢어낼 수 없는 이 기내 담요를 내게 주었다면, 묻어가는 수밖에 없지 않은가. 그때 나는 그렇게 생각하고 있었다.[28]

들릴로의 매저스키는 불합리하고 탈근대적인 주관성의 영 수준(zero level)을 대표하게 된다. 그는 자유롭게 날아다니는 자유 주체이기도 하지만, "컴퓨터와 금속탐지기와 제복을 입은 사람과 냄새로 폭탄을 찾아내는 개들"을 비롯한 정교한 편제의 지배를 받는 제한적인 몸이기도 하다. 여기서 탈근대적이라는 표현을 쓴 것은 들릴로의 공항이 피츠제럴드의 『마지막 거물』에서 보이는 것처럼 "내슈빌에 착륙"한 특권층 승객부터 틀에 박힌 승무원에 이르기까지 항공의 현대적 괴팍함을 수행하고 보상하는 방식을 나타내기 위해서이다.

장 프랑수아 료타르(Jean-Francios Lyotard)의 말대로, "포스트모더니즘은 최후의 모더니즘이 아니라 초기 상태의 모더니즘이며, 이런 상태는 되풀이된다." 탈근대적인 항공의 "규칙과 범주"를 되풀이하여 언급함으로써, 들릴로는 이제 막 태동하고 있는 현대 항공 여행의 표상과 의의의 존재를 철학적으로 탐구한다.[29]

실제로 들릴로는 연극 내내 두서없이 아이러니컬한 코러스로 표현되는 기업 레토릭을 개작하면서 언어와 공항승무원과 공항근로자들의 일상을 낱낱이 드러낸다. 이들 등장인물들은 과잉현실적(hyperreal)인 메시지를 전달하는 것이 특징이다. 그것은 이 희곡의 탈근대적인 토포스의 또 다른 식별자다. 희곡의 지문은 그것을 이렇게 설명한다.

코러스는 기내승무원 복장을 민간인 복장으로 맵시 있게 바꾼 옷을 입은 세 사람으로 구성된다. 이런 의상은 간결하고 얼핏 위협적이며 대부분 검정색인데, 꼭 어울려야 하는 것은 아니다. 단원들은 아주 짙은 화장을 하고 있다.

코러스는 무대의 진행과 분리된 별개의 공간, 또 다른 차원에 존재한다. 그것은 막연한 기간에 걸쳐 밤낮을 가리지 않고 20초 간격으로 1,000개의 도시에서 시청할 수 있는 TV 상업광고의 과잉현실주의를 암시하는 섬뜩한 형광성이다.

코러스는 제창으로 더 긴 대목을 읊조린다. 가운데 단원만 짧은 흘림체 부분을 낭송하는 사이, 다른 두 단원은 이륙 직전에 안전수칙을 몸짓으로 알려주는 승무원을 흉내 낸다.[30]

여기서 우리는 피츠제럴드가 만들어낸 "눈부시게 가무잡잡한" 스튜어디스를 떠올릴 수도 있다. 발파레이소의 승무원들은 전혀 현실적이 아니지만 그렇다고 아주 비현실적이지도 않다. 오히려 그들은 과잉현실적이다. 장 보드리야르(Jean Baudrillard)의 설명처럼, 과잉현실(hyperreality)의 특징은 "시뮬레이션의 우주"에 존재한다. 이것은 항공 여행의 영역, 과잉현실적인 작업장이다.[31] 들릴로의 코러스 멤버들은 어떤 유형의 희화화다. 그리고 그들의 대사는 때로 현실적이고 불필요할 정도로 반복적이며 잘못 병치되어 있거나 엉뚱하게 주제를 벗어난다.

코러스 :

출발 준비가 되면

마스크를 자기 쪽으로 당기세요

국내선 예약을 하려면 2번을 누르거나 2라고 말하세요

그 다음 마스크를 놓고 그 다음 마스크를 놓고

누가 다가왔나요

누가 당신에게 말해주었나요

그림자는 어스름이 내릴 때 모이는 편이라고

단원 :

좌석에 붙어 있는 비디오 화면

또 한 번의 아기 어르기

릴라이언스 항공에서 그것은 플래티넘 급

코러스 :

해상 착륙할 경우에

누가 당신의 화물에 접근했나요

누가 접수처에서 당신을 감동시켰나요

조끼에 바람을 넣으려면

슈빔 베스텐(구명조끼의 독일어) / 질레이 드 소바타지(구명조끼의 불어) / 잘레코 살바비다스(구명조끼의 스페인어)

아래 메뉴에서 고르세요

수직 강하할 경우

누르거나 말하세요 누르거나 말하세요[32]

〈발파레이소〉는 극단적 상황과 여흥에 대한 요구에 휩쓸려 공항의 작업 공간을 전부 활용한다. 코러스는 (다국어로 말하는) 기본적인 안전상황설명("출발 준비가 되면"), 터무니없는 최악의 시나리오("수직 강하") 그리고 자동화된 음성 지시("국내선 예약을 하려면 2번을 누르거나 2라고 말하세요")의 매시업(mash-up)이다. 이 모든 것이 결합하여 항공 산업을 정교한 여흥 시스템, 과잉현실적인 연관이 풍부한 장소로 표현한다.

그러나 방향을 잘못 잡은 매저스키의 여행은 코믹하기는커녕 TV로 생방송되는 살인과 남몰래 비디오로 촬영된 자살시도가 맞물리는 것으로 끝난다. 항공 여행의 기업 레토릭과 미디어 형식은 무대화된 여흥과 실질적인 폭력의 광범위한 네트워크와 불길하게 어울린다. 〈발파레이소〉는 공항 읽기를 극화하는 비판적 패스티시(pastiche, 여러 가지 양식을 빌려와 뒤섞어놓은 작품 – 옮긴이)로, 여기서 일이라는 행위는 터무니없는 여흥거리가 되면서도 매우 불안하게 만드는 실체로 나타난다.

공항에서 근무 중인 사람들 읽기

우리는 공항에서 일하는 노동자에 대한 생각이 또한 그 모든 기능적 측면과 여흥거리의 가능성으로 볼 때 공항 읽기에 대한 생각이 되는 과정을 살펴보았다. 공항 읽기는 승객과 직원의 어떤 단순한 대치에 의지하기는커녕, 일과 여행 그리고 읽기의 복잡한 관계를 수반한다. 이제 공항을 여흥과 일의 모체에 어색하게 놓인 사회적 텍스트로 생각하는 현대시 한 수를 간단히 짚어봄으로써 이 장을 맺고자 한다.

줄리 브룩(Julie Bruck)이 2010년에 발표한 시 「맨 앳 워크(Men at Work)」는 여흥과 공항에서 이루어지는 노동의 연결고리를 활자로 드러낸다. 비행기를 기다리는 동안, 시의 화자는 출발 라운지에서 1980년대의 오스트레일리아의 팝 밴드 '맨 앳 워크(Men at Work)'를 본다. 이 그룹은 "모든 사람들의 시선을 받는다." 화자는 이렇게 묘사한다.

“공항 게이트의 유리섬유질로 된 딱딱한 의자 / 네 명의 쉽지 않은 팝스타들이 볼품없이 퍼져 있다”[33]

이 밴드는 “검은 가죽 재킷으로 덮인 / 포개진 전자기타 케이스” 등, 콘서트 투어의 물질문화로 자신의 정체를 드러낸다. 그리고 이런 특이한 문화는 어울리지 않게도 “뚱보 더그 / 맞춤형 재킷을 입은 캐나다항공사의 게이트 매니저”의 모습으로 드러난다.[34]

이 시는 캐나다항공 게이트 관리직과 라이브 팝음악이라는 노동(다시 말해, 이 도시 저 도시를 전전하는 여행) 등 두 가지 형태의 일을 병치시킨다. 화자는 항공사 직원 더그가 “재기한” 락밴드의 “피로”를 동정한다고 전한다. 이런 식으로 공항의 일은 피곤하고 반복적인 일상으로 비춰지며, “그들의 가사는 아무 뜻도 없지만 / 내버려두지 않는 비트에 묶인” 지겨운 노래들을 연습해야 하는 이들 80년대 밴드와 같다.[35] 이런 가사들은 항공 여행의 낯익은 ‘가사’가 과잉현실적인 느낌을 띠는, 들릴로의 『발파레이소』에 나오는 항로에 관한 대화의 역할을 떠올리게 한다.

밴드가 비행기를 기다리는 동안, 하나의 사회적 동력은 스스로의 힘을 전개하여 팝문화의 볼거리를 재생산하고 동시에 그에 대한 이목의 집중을 줄이기도 한다. 화자의 응시는 밴드의 모습과 공항에서 하는 일의 실질적 중앙무대 사이를 오가며 주춤거리지만 결국 이상한 모양의 여행 집단에 안주한다. 시의 마지막 구절에서, 승객들은

"지선 항공사 심야 비행기의 / 카펫 깔린 경사로로" 내몰리고 "우리의 낯선 젊은 몸에 맡겨진 엉덩이들은 / 이제 줄지어 흔들리며 활주로로"[36] 달려간다.

공항의 번잡함은 이런 탑승과 이륙의 순간으로 응축된다. 승객 개개인의 생활은 여행의 일상과 널리 알려진 지식의 관점에서 일반적인 것이 된다. 문화를 생산하고 사회적 계급을 분류하는 체제 전반은 출발 게이트에서 견고해지고, 근무 중인 사람들(men at work)이 여기저기 눈에 띈다. 화자가 암시하는 것처럼, 심지어 "탑승권을 움켜쥔 우리들까지" 낯선 노동자가 되어, "티켓을 받기 위해 휴대용 가방을 버릴" 태세가 되어 있다. 다시 말해, 대중 여흥은 개인 수하물만큼이나 무거운 의무로 표현된다.[37]

브룩에게 탈근대적인 공항은 앙리 르페브르(Henri Lefebvre)가 현대의 거리를 묘사하는 방식과 비슷하게 작동한다. 르페브르가 해석하는 거리는 이렇다.

침입, 순환, 의사소통이 오가는 장소는 놀라운 반전으로 그것이 연결하는 것들의 거울상, 보다 더 생생한 상으로 바뀐다. 그것은 현대생활이라는 소우주가 된다. 그것은 감추어진 모든 것을 명료하지 않은 것으로부터 뜯어낸다. 그것은 생활을 공개적으로 만든다. 그것은 사적 특징을 없애고 비공식 극장의 무대로 끌어낸다. 그곳에서는 배우들도 격식을 갖추지 않은 연극을 올린다. 거리는 다른 곳에서 일어나는 일을 공개한

다. 은밀하게. 거리는 그것을 왜곡하지만, 결국 사회적 텍스트로 받아들인다.[38]

브룩의 공항도 마찬가지로 "사회적 텍스트"로 활약한다. 이 경우에 공항은 아주 다른 여러 노동 관행들 간의 유사성을 드러낸다. 다시 말해 공항은 일과 여흥의 유대에 얽힌 비밀을 공개한다. 공항은 공간 배열을 통해 어떤 효과적인 대칭을 공개한다. 그곳에서 "검은 가죽 재킷"은 캐나다항공 재킷의 왜곡된 모습으로 나타나고, 출발 라운지는 근무 중인 사람들(men at work)의 본격적인 공연 상태에 돌입한 "비공식 극장"이 된다.

출발 게이트는 사실상 하나의 무대가 된다(그러나 르페브르의 현대 거리와는 조금 다르다). 브룩의 공항 장면은 가까이 있는 유형의 역할을 강조하는 것 같다. 팝 엔터테이너와 항공사 직원의 역할은 모두 격식을 갖춰 과장되고, 철저하게 근무 중인 사람들과 관련하여 파악된다. 그러나 출발게이트가 (탈)근대적인 생활의 "소우주"가 되었다면, 이 시 역시 공항의 텍스트적 역할을 배가함으로써 그 소우주를 복잡하게 만든다. 이는 사회적 텍스트가 그 자체로서가 아니라 (하나의) 문학 작품에 의해 명료해진다는 것을 암시한다.

이 장에서 나는 여흥(또는 여흥의 주체)을 위한 무대로 공항과 항공사와 관련된 노동의 연결고리나 중첩되는 부분을 살펴보려 했다. 그것은 결국 공항의 일을 인식하고 수행하는 방법에 관한 문제이다. 또 이런 인식과 수행이 항공문화의 관습과 일상을 반영하는 방식에 관한 문제다. 줄리 브룩에게, 공항에서의 시적 설명은 탈근대적인 생활의 공항 일과 여흥과 관련하여 어떤 중요한 것을 더듬어 찾는 수단이다. 공항의 일과 여흥의 연관이 약간 모호해 보인다면(그리고 지나치게 결정적으로 보인다면), 나는 이런 미스터리한 특징이 공항 읽기를 계속하기 위한 생산적인 측면이라고 주장하고 싶다. 제3장에서는 청춘기의 공항이 갖는 미스터리를 하나 골라 이 문제를 본격적으로 다뤄 보자.

주

제2장

1 Chuck Palahniuk, *Fight Club*(New York : Owl Books, 1996), 42-3.

2 데이비드 핀처가 각색한 〈파이트 클럽(20세기 폭스, 1999)〉도 이 장면을 효과적으로 재생한다. 에드워드 노튼(화자)은 공항 보안직원의 황당한 말에 어이없어 한다. 노튼도 관객도 알아듣지 못하는 말을 하고 있는 수화기를 든 채 그 직원은 딴에는 재미있는 말이라고 시시한 소리를 늘어놓은 다음 손짓으로 노튼을 내친다.

3 Pascoe, *Airspaces*, 253.

4 Mark B. Salter(ed.), *Politics at the Airport*(Minneapolis : University of Minnesota Press, 2008), xiii.

5 Foucault, *Discipline and Punish*, 228.

6 Robert Sommer, *Tight Spaces : Hard Architecture and How to Humanize It*(Englewood Cliffs, NJ : Spectrum, 1974), v.

7 이 책은 나중에 『마지막 거물의 사랑 : 매튜 브러컬리가 편집한 웨스턴(*The Love of the Last Tycoon : A Western*, under the editorial direction of Matthew Bruccoli, 1994))』으로 제목이 길어졌다. 내가 인용을 위해 참고한 것은 브러컬리의 편집본이지만, 개인적으로 나는 에드먼드 윌슨(Edmund Wilson)이 초판에 붙인 『마지막 거물 : 미완성의 소설[*The Last Tycoon : An Unfinished Novel*(New York, Scribner, 1941)]』이라는 유연한 제목을 더 즐겨 사용한다. 내가 보기에 윌슨의 제목이 텍스트의 단편적인 미완의 성격을 더 정확하게 반영하는 것 같다.

8 F. Scott Fitzgerald, *The Love of the Last Tycoon : A Western*, ed. Matthew Bruccoli(New York : Scribner,

1994), 3.

9 결국 피츠제럴드는 하이 모더니즘(high Modernism)의 흐름의 한복판에 잔류한 낭만주의자였던 것으로 여겨진다. 하긴 그도 집필 중이었던 이 소설을 "로망스(Romance)"라고 말했다. 공항 읽기도 사실 어떤 낭만적 비유와 미적 이상에서 비롯된다.

10 폴 비릴리오가 『전쟁과 영화(*War and Cinema*)』의 "봤노라, 날았노라(I See, I Fly)"에서 주장했던 것처럼, 전략 지식과 공수 비전은 1930년대 중반에 문화적으로 기술적으로 연결되었다. 그는 이렇게 말한다.

"1919년에 재개된 상업용 민간비행에서 브레게(Bréguet) 14처럼 개조한 폭격기를 사용하는 경우가 종종 있기는 했어도, 비행의 꿈은 항공기를 이용하는 대중들이 많아지며 그 크기를 키워갔다."

Paul Virilio, *War and Cinema*(New York and London : Verso, 1989), 19.

11 Fitzgerald, *The Last Tycoon*, 6.

12 Ibid., 7-8.

13 플레셔 스튜디오(Fleischer Studios)가 1937년에 만든 애니메이션 〈뱃사람 뽀빠이, 알리바바와 40인의 도적을 만나다(Popeye the Sailor Meets Ali Baba's Forty Thieves)〉를 참조할 것. 뱃사람 뭠피는 사막의 오아시스 야자수 아래에 놓인 식탁에 진수성찬이 차려져 있는 장면을 본다. 윔피는 달려들어 음식을 먹으려 하지만, 식탁은 온데간데없이 사라지고 장면은 모래뿐인 사막으로 변한다. 피츠제럴드가 공항을 오아시스로 묘사한 시기에 이처럼 오아시스와 신기루를 영화적으로 묘사한 변증법은 인기 있는 표현기법이었다.

14 Hailey, *Airport*, 75, 88, 79.

15 Gordon, *Naked Airport*, 56.

16 Ibid., 56.

17 Ibid.

18 로버트 A. 마틴의 에세이 『마지막 거물에서 보여준 피츠제럴드의 역사의 활용법(Fitzgerald's Use of History in *The Last Tycoon*)』에서도 짤막하게나마 이런 텍스트의 순간을 언급한다.

"'미국 중서부의 우리의 구름에서 우연히 착륙한 …… 캘리포니아 해변의 부자들에게도 …… 공항은 우울하고 삭막한 것 같다."

F. Scott Fitzgerald. New Perspectives, ed. Jackson R. Bryer, Alan Margolies, and Ruth Prigozy(Athens, University of Georgia Press, 2000), 150.

이런 설명은 두 존재론적 언급, 즉 비행 중인(또는 비행에서 오는) 존재의 매력 그리고 지상에 있는 존재의 정적 권태 사이를 어색하게 오간다. 유명인사가 있어 구경거리도 되지만 맥이 풀리거나 심지어 우울한 모습을 드러내는 승객들의 행위는 공항에서 문제가 된다.

19 마틴의 에세이는 또한 할리우드의 이슈를 과도 현실 지대(hyper-real site)로 언급한다. "…… 역사는 왜곡되어 근거 없는 통념, 환영, 은유가 된다. 그것은 아메리칸 드림과 역사를 할리우드의 꿈 공장, 즉 현실에 대한 대중오락의 승리로 바꾸어놓는 행위다 …… 피츠제럴드는 그가 시대의 개척의 선봉에 섰을 뿐 아니라 지리적으로 개척 중인 장소의 끝에 있다는 사실을 깨달았을 것이다. 그곳은 거물들과 초기 정착민들의 현실이라기보다 할리우드의 환상이 지배하는 캘리포니아다……."

Martin, *F. Scott Fitzgerald*, 144-5.

20 Fitzgerald, *The Last Tycoon*, 14.

21 공항에 앉아 있는 문제는 제9장에서 자세히 다룰 것이다.

22 Fitzgerald, *The Last Tycoon*, 7.

23 다음 자료를 참조할 것. Wallace Stevens, "Anecdote of the Jar," *The Palm at the End of the Mind*, ed. Holly Stevens(New York : Vintage, 1967), 46. 모더니즘 미술의

이런 평범한 특수성은 재귀적인 방식으로 자주 만들어진다. 그리고 그것들은 종종 잡석처럼 처분 가능한 그 지위를 미리 예시하거나 직접 지적한다.

24 Fitzgerald, *The Last Tycoon*, 4.

25 Ibid.

26 브루노 바레토(Bruno Barreto)의 2003년 영화 〈뷰 프롬 더 탑(*View from the Top*)〉은 이런 주제의 현대적 사례다. 멋지게 차려입은 승무원들은 이런 일을 재미와 모험이 가득한 것으로 표현한다.

27 Don DeLillo, *Valparaiso*(New York : Scribner, 2003), 27, 28, 31, 32.

28 Ibid., 86.

29 Jean-Françios Lyotard, "Answer to the Question : What is the Postmodern?" *The Postmodernism Reader : Foundational Texts*, ed. Michael Drolet(New York : Routledge, 2004), 236, 237.

30 DeLillo, Valparaiso, 68.

31 Jean Baudrillard, *Simulacra and Simulation*, trans. Sheila Faria Glaser(Ann Arbor, University of Michigan Press, 1994), 125. 보드리야르가 J. G. 발라드(J. G. Ballard)의 소설 『크래쉬(*Crash*)』에서 하이퍼리얼리티의 전형을 보았다는 사실은 주목할 만하다. 『크래쉬』는 런던 공항의 지속적인 비행 패턴과 중요한 관계를 맺는다.(실제로 이 소설에서 공항은 76회나 나타난다.)

32 Ibid., 84.

33 Julie Bruck, "Men at Work," *Monkey Ranch*(Brick Books : London, Ontario), forthcoming 2012.

34 Ibid.

35 Ibid.

36 Ibid.

37 Ibid.

38 "The Social Text," *Henri Lefebvre : Key Writings*, ed. Stuart Elden, Elizabeth Lebas, and Elonore Kofman(New York : Continuum, 2003), 91.

Reading the Culture of Flight

nland

10 10 09 6 1
NUIJAMAA
M 092

IMMIGRATION
SUVARNABHUMI AIRPORT THAILAND
VISACLASS
12 SEP 2009
ADMITTED UNTIL 11 OCT 2009
SIGNED

DEPARTED
20 SEP 2009

rkey

Thailand

Russia

ANTALYA
GIRIS
01 OC 11

Россия КПП
29 04 10
Брусничное

РОССИЯ КПП
ШЕРЕМЕТЬЕВО

VIETNAM - IMMIGRATION
234A
30 AUG 2011
NỘI BÀI

Vietnam

Brazil

SELO CONSULAR
50
REAIS-OURO
MOSCOU

VIETNAM - IMMIGRATION
141A
13 SEP 2011
NỘI BÀI

Belor

DPMAF - DPF
10 10 05 554 1

3. 공항 미스터리

The Textual Life of Airports

Reading the Culture of Flight

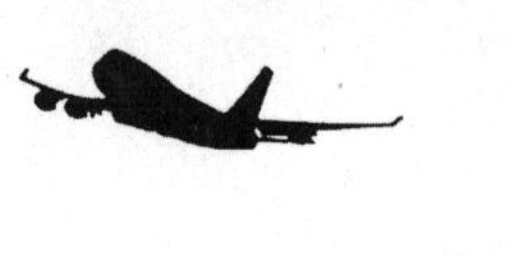

항공문화에 스며드는 또 다른 스토리 라인

내가 공항에서 일을 할 당시, 권총을 지닌 연방요원 승객들을 위한 특별한 탑승 수속 절차가 있었다. 그들이 분홍색 양식을 작성하여 제출하고, 항공사 직원이 확인서명을 한 다음 조종사에게 그 양식을 보낸다. 그러면 조종사가 그들의 요청을 허락하곤 했던 것으로 기억한다. 내가 알기로 이런 요청이 거부당하는 경우는 없었다.

분명히 말하지만 권총 휴대는 연방항공요원만의 특권이 아니었다. 내가 듣기로 '어떤 연방요원도' 원하기만 하면 무기를 감추고 여행할 수 있었다. 내가 일했던 공항이 몬태나에 있었기 때문에, 우리 항로에는 연방수렵감시관이 탑승하는 경우가 훨씬 많았다. 출발게이트에서 탑승 준비를 할 때면 간혹 반자동 권총으로 엉덩이나 재킷이 유별나게 불룩한 승객들이 분홍색 양식을 작성하는 경우를 보았던 기억이 난다.

직업윤리적으로 말해 다른 민간인 승객들 몰래 총을 가지고 기내에 탑승해도 되는 것인지 궁금하기는 했다. 하지만 총을 소지하는 것의 효율성이나 현명함에 대해 나는 그다지 관심을 갖지 않는 편이었다. 무장한 연방요원을 보며 정작 내가 관심을 가졌던 부분은 이런 용납된 관행에 따르는 비행 도중 일어날 수 있다고 추정되는 미스터리다. 몬태나의 보즈먼에서 콜로라도의 덴버까지 가는 민간여객기에 총을 지니고 탄 요원에게는, '적어도' 기내에서 일어날지도 모르는 어떤 알 수 없는 음모나 술수가 '있을 수 있다'는 생각을 떨치기 어려울 것이다. 그리고 이런 음모의 낌새가 있으면 무장한 연방요원으로서는 반사적으로 '탐색'할 필요성이 생기고, 또한 구체적인 '조치'를 취할 가능성도 생긴다.

물론 911 이후의 상황을 종합해 볼 때 독자들로서는 그런 분석이 너무 순진하다는 인상을 받을지 모른다. 그러나 내가 지적하려는 것은 항공문화에 스며드는 또 다른 스토리 라인이다. 그것은 두 갈래 길로 달리는 꾸준한 미스터리의 존재이다. 하나는 나쁜 의도를 가진 주체를 향한 것이고, 또 하나는 그런 사고에 대비하는 비밀 요원을 향한 것이다.(그리고 유나이티드항공 93편의 경우에서 보듯, 적절한 상황이 주어지면 승객들도 얼마든지 그런 요원이 될 수 있다.)

질리언 풀러와 로스 할리(Ross Harley)는 그들이 쓴 『에이비오폴리스(Aviopolis)』에서 그런 역설적 배치를 이렇게 묘사한다.

"공항은 언제나 비상상황에 놓여 있다. 공항의 구조는 한결같이 재앙에 대비한다."[1]

연방요원들은 무기를 감추고 항공기에 탑승함으로써 항공기를 보호하기 위한 것이라고 주장하는 비상사태를 '만들어낸다'.

공항 미스터리의 불확실한 주체

처음부터 공항은 국가적 심상에서 경쟁적이지만 실험적인 장소가 되어 왔다. 기술적 발전을 상징하는 공항이라는 아이콘은 안전하면서도 매순간 유행에 뒤처지는 것으로 여겨졌다. 이런 진보의 역설은 공항의 문화적 표상에서 발생한다. 가령 스티븐 스필버그(Steven Spielberg)의 2004년 작품 〈터미널(The Terminal)〉에서 JFK 국제공항은 유토피아가 되었다가 디스토피아로 바뀌기도 하고, 열리는 듯 닫히는가 하면, 민주적이었다가 파시스트적이 되기도 하는 회전 장치로 존재한다.

공항의 이런 회전 활동은 내가 말하는 '불확실한 주체(the uncertain subject)'에 따라 결정된다. 우선 공항 안팎을 무대로 삼은 세 편의 『하디 보이즈(Hardy Boys)』 탐정소설을 분석하여 이 용어를 정의해 보자.

'불확실한 주체'라는 구절을 구역 그 자체의 공간성(하나의 주체로서 공항)뿐 아니라 그 구역이 존재하는 목적이 되는 개인들의 개념을 언급하는 이중적 의미로 등록시키려는 것이 나의 의도이다. 그 개인은 여행하며 지나치고 그 안에서 일하는 기동적이고 자유로운 "자아"이고, 때로 공항 때문에 일정이 지체되는 "자아"다.

간단히 말해 공항은 이런 미스터리 속에서 수상한 주체들을 생산하는 모호한 장소로 기능한다. 하디 보이즈(프랭크 하디와 조 하디 형제)가 공항 주변에서 일어나는 미스터리를 풀려고 할 때, 이야기는 음모와 그 지역의 가장무도복 등 엉뚱한 쪽으로 흘러가버린다. 그리고 그들이 지나치는 장소들은 갈수록 대수롭지 않게 된다. 나는 『하디 보이즈』라는 공항 미스터리의 불확실한 주체가 어떻게 미스터리의 아우라를 활성화시키고 유지하는지 밝힐 것이다. 주제에서 멀찌감치 물러나면, 이런 소년탐정소설은 공항 읽기에 참여하고 기여하는 것으로 이해할 수 있다. 더 나아가 폭넓은 문예비평적 맥락에 이를 수 있다.

시작부터 우리는 『하디 보이즈』가 저자도 주제도 불확실한 시리즈라는 사실을 알아차렸을 것이다. 즉 저자로 되어 있는 "프랭클린 W. 딕슨(Franklin W. Dixon)"이란 가명은 1927년 이후로 『하디 보이즈』를 써왔던 수많은 유 · 무명의 작가 대열에 참가한 사람들을 대표하는 이름이다. 프랭크 하디(Frank Hardy)와 조 하디(Joe Hardy) 형제는 미스터리를 풀기 위해 자주 공항을 찾는다. 시리즈 중 세 권은 특별히 공항 안팎을 무대로 한다.

1930년부터 쓴 『그레이트 공항 미스터리(The Great Airport Mystery)』, 그리고 1987년부터 쓴 『증오의 인질(Hostages of Hate)』, 1993년부터 쓴 『태그드 포 테러(Tagged for Terror)』가 그것이다. 이들 공항 모험담에서 공항을 찾을 때 주로 발견하는 것은 텅 빈 또는 포괄적인 공간이다. 공항 안팎에 담긴 주체를 볼 때 우리는 전개되는 이야기의 활약에 담긴 많은 주체들의 위치를 유지해주는 융통성 있고 불확정적인 인물을 발견한다. 이것이 공항의 불확실한 주체다.

터미널은 비물질적이다

1993년에 발표된 "케이스파일(Casefiles)" 미스터리 『태그드 포 테러(Tagged for Terror)』에서 프랭크와 조는 항공사 "에딩스에어"를 괴롭히는 수하물 절도 문제를 조사하기 위해 조지아의 애틀랜타로 급파된다. 하디 보이즈는 애틀랜타로 가는 도중 항공사 이름과 동일한 항공사 소유주 마이클 에딩스의 사설 제트기 내에서 상황을 보고 받는다.

"도둑들은 약 6개월 전부터 본격적으로 규모를 키웠네. …… 도난당한 수하물에는 보통 보석이나 카메라 같은 고가품들이 담겨 있지. 왜 다른 항공사보다 우리가 더 많이 당하는지 알 수 없단 말이야. 이 업계에 있는 어느 누구도 우리 같은 손실을 보고한 적이 없다네."[2]

임의로 에딩스에어를 타깃으로 삼은 것은 이야기가 끝날 때까지도 여전히 수수께끼로 남는다. 실제로 『태그드 포 테러』는 미스터리에 관한 미스터리 같은 면이 있다. 여기서 이유 없이 개인의 소유물을 훔치는 행위는 임금이 적은 수하물 담당자를 공범으로 끌어들이는(그러나 직접적인 연관은 없는) 것 같은 알쏭달쏭한 테러 음모로 변질된다. 이런 메타 미스터리를 풀기 위해 하디 보이즈는 에딩스에어의 수하물 담당자로 변신하여 잠입한다. 조가 수하물을 다루는 사람들을 만나 처음 알게 된 것도 임금에 관한 것이었다.

"환영하네. 근무 시간은 안 좋고, 보수는 낮고, 일은 따분하지. 무엇보다도 일하기에는 대단한 곳이라네."[3]

이런 비꼬는 듯한 소개말부터 공항 일의 구체적 현실에 이르기까지, 지문은 범행 범위가 뚜렷하게 드러나지 않은 테러 음모를 파헤친다. 마치 저임금 노동자와 악질 테러리스트 사이에 본래적인 (감추어져 있기는 해도) 연결고리가 있다는 것을 암시하는 듯하다. 테러리스트와 공항 일용직 근로자의 이런 연관은 2001년 911 사건 직후에 거론되었던 항공기 납치범과 음식서비스 출장업자들 간의 수상쩍은 유대 관계를 염두에 둔 것이다. 그 사건에서 사람들은 알카에다와 아무런 관련이 없을 것 같은 공항 램프 일꾼들이 항공기에 무기를 몰래 감추어두는 것을 도왔을 것이라고 추측했다.[4]

더욱이 『태그드 포 테러』의 속편 도입부는 이것이 『악의 고리(Ring of Evil)』라는 제목으로 된 세 개의 미스터리 시리즈 중 첫 번째 작품이라는 사실을 알려준다. 거기에는 테러 단체 "암살자들(Assassins)이 극비 정부 기관인 네트워크(Network)를 공격할 준비를 하는" 더 긴 스토리 라인이 실려 있다.[5] 마치 공항의 평범한 작업장이 그 장소와 아무런 연관이 없는(그러나 구조적으로는 연관이 있는) 특정 정치 세력의 음모를 꾸미기 위한 장소로서 기여하는 것 같다.

다른 한편으로 볼 때 『태그드 포 테러』의 공항은 전혀 특별한 장소가 아니다. 어느 순간, 프랭크는 "웬만큼 크다 싶은 공항이라면 죄다 쇼핑몰로 바꾸어 놓는 기념품가게와 패스트푸드 식당과 잡지판매대를 흘끗 둘러보았다."[6] 애틀랜타의 하츠필드 공항은 소비문화의 전형적인 장소로 그려진다. 그곳은 또 다른 원스톱 쇼핑센터일 뿐이다. 조는 심지어 비행기의 불시착으로 프랭크와 자기가 죽을 뻔했을 때에도, 공항의 비상 프로토콜을 가공된 음식에 비유했다.

긴급의료원 한 명이 기능을 잃은 제트기에서 하디 보이즈를 몰아내고 소방대원들이 기체의 연소를 막는 거품을 뿌렸을 때, 조는 그 거품을 보고 스프레이 캔에서 발사되는 크림을 떠올렸다. 지면과 충돌하면서 오른쪽 날개는 거의 떨어져 나갔다. 길게 이어진 모빌유와 금속 파편들이 활주로를 따라 제트엔진으로 다시 이어졌다. 엔진은 날개 아래쪽에서 뜯겨나간 터였다.[7]

공항에서나 일어날 이런 심각한 사고 장면 속에서 소비문화는 언뜻 보기에 자연스러운 소재로 활용되는 것 같다. 따라서 공항은 온갖 종류의 음모가 판치는 매우 위험한 범행 장소로 각색된다. 하지만 공항은 또한 그것이 단지 한 부분이 되는 넓은 환유적 풍경을 배경으로 하기 때문에 웬만해선 두드러지지 않는다. 공항은 이 미스터리 작품을 구성하는데 필요한 기본적인 요소이다. 그렇지만 그래도 너무 평범한 포괄적 개념이기 때문에 비물질적인 터미널 같은 '어떤 장소'

로 잘못 인식될 수 있다.

『태그드 포 테러』의 성패는 두 소년이 공항 문화에 얼마나 자연스레 동화되는지 여부에 달려 있다. 경우에 따라 공항 노동자들이 수하물 절도에 연루되는 경우도 분명 있을 수 있다.

"보안은 빈틈이 없어. 수하물을 빼내는 일이 그렇게 쉽지는 않아."

프랭크가 지적했다.

"신임을 받을 만큼 여기서 오래 일한 사람에게는 그다지 어려운 일이 아닐 수도 있어. 아마도 에딩스 유니폼을 입고 적당히 뒤섞여 있으면 아무도 알아보지 못할 거야."

조가 대답했다.[8]

신뢰를 받고 있는 공항의 근무 기반은 늘 그랬듯이 이미 의심의 대상이다. 이런 편집증은 자유 주체라는 논리 자체를 훼손하겠다고 위협한다. 하지만 자유 주체는 '일'에 관한 한 본래적인 신뢰 가치를 간직하고 있는 것처럼 보인다. 다시 말해 규제 받지 않는 공항의 흐름을 만들어내는 여행객과 근로자들은 이동 중인 사적 소유물이라는 개념에 개인의 노동관을 접착시키는 근본적인 신뢰의 논리를 믿는다.

그러나 하디 보이즈는 이런 기본적인 신뢰에 대한 현실적 회의론(따라서 정식 유니폼을 입은 사람들도 '불'신을 받을 수 있다)에서 자유로운 여행을 감싸는 바로 그 구조를 해체한다. 그래서 개인 소유물은 도난품이 되고, 유니폼은 역설적으로 기만적이다. 근로자들은 테러리스트이거나 (하디 보이즈처럼) 잠복근무 중인 탐정일 수 있다. 실제로 이야기 막바지에서 조는 '나일론 재킷'을 입은 두 남자를 일반 여행객으로 착각하는데, 사실 '그들'은 총으로 무장한 정부 요원이다.[9]

『태그드 포 테러』의 끝부분에서는 신분이 뒤집히고 공항은 모든 사람이 숨기는 무언가를 가지고 있다. 그리고 아무도 분명한 목적지가 없는, 은근히 희극적인 무대로 바뀐다. 없어지는 수하물의 문제는 뒷전으로 물러나고 막연한 테러의 공포와 헷갈리는 정체가 언제 끝날지 모르는 결말로 침투한다. 프랭크는 이 공항 미스터리를 이렇게 말한다.

"…… 끝났어. 하지만 우리에게는 끝이 아니야."[10]

문학 속에 나타난 공항 읽기

어떤 면에서 〈태그드 포 테러〉라는 드라마는 그보다 앞서 1987년에 발표된 또 다른 페이퍼백 "케이스파일"인 『증오의 인질(Hostages of Hate)』에 의해 예견되고 또 손상된다. 이 이야기는 첫 부분에서 연출된 민간여객기 하이재킹이 갑자기 실제 하이재킹이 되면서 다시 911의 레토릭을 예고한다.

프랭크와 조는 영화를 보듯 뚫어지게 바라보았다. 법을 집행하는 경찰들은 이리저리 뛰어다녔다. 몇몇은 마치 항공기를 공격하려는 듯 앞으로 내달렸다. 기관총이 다시 요란한 소리를 내며 일그러진 활주로 선을 경찰 바로 앞에서 촘촘히 끊어냈다. 그들은 장애물에 걸려 넘어졌고, 키스톤 캅스(Keystone Kops. 키스톤 영화사가 제작한 무성영화 시대의 코미디 - 옮긴이)처럼 자빠졌다.[11]

9월 11일의 세계무역센터 테러를 지켜보았던 사람들의 소름끼치는 공통적인 반응을 생각해 보면 알 수 있는 일이다. '마치 영화를 보는 것 같았다.' 하지만 이 대목에서 이야기는 어울리지 않는 어조로 우회로를 택해 익살맞은 대중문화로 들어간다. 난사되는 실제 기관총을 피해 달리는 실제의 경찰관들은 모의훈련이란 생각을 무색하게 만들면서 우스꽝스런 달 표면의 어두운 쪽에 서 있는 시대착오적인 인물이 되고 만다. 그렇게 실제의 요란스러운 테러공격은 우스꽝스러운 무성영화로 변질된다.

『증오의 인질』의 첫 부분에서 공항의 활주로는 테러리스트의 공격을 가장한 훈련에 사용된다. 소설은 테러 방지대책에 관한 전국 세미나를 중심으로 진행된다. 그러나 활주로는 '실제의' 하이재킹 장소로 바뀌고, 이런 전환은 이야기 내내 계속된다. 끝에서 두 번째 장면에서 하디 보이즈는 납치당한 항공기를 장악한 "실제" 테러리스트를 물리치기 위해 테러리스트를 가장해 잠입한다.

충성심과 장르의 이런 불확실성을 강조하듯, 하디 보이즈와 처음으로 마주친 수상한 테러리스트는 자신이 미 해군이었다고 밝힌다.

"명분만 있다면 지금도 해군에 있는 옛 동료를 통해 총을 얻을 수 있지."

로니는 탁자 뒤에 거구를 놓으면서 말했다.

"지금도 친구들이 좀 있어. 해군병기창 옆의 막사에도 있지. 그리고 물론 내게는 폭파 기술이 있어. 그 항공기에 있는 폭탄을 만든 것도 나야."[12]

이렇게 선이 굵게 윤곽을 잡으면, 미군 병사는 쉽게 테러 공작원이 되고, 국가적 "명분"과 테러리스트의 "명분"을 놓고 벌어지는 무기 교환도 유동적이다. 임무 수행을 위해 이미 테러리스트 세포로 잠입한 프랭크와 조는 갈수록 법과 격한 대립을 겪으며 이미 미끄러운 경사로를 더 미끄럽게 만든다. 프랭크는 언쟁을 하다가 어느 순간 난폭하게 대장격인 정부 요원을 두들겨 쓰러뜨린다. 그리고 수갑을 채운 다음 경찰 순찰차 뒷좌석에 내버려둔 채, 조와 함께 그들을 주모자에게로 안내해 줄(그들의 희망이지만) 테러리스트 한 명과 탈출한다.

이런 접선이 있은 후 화자는 곤경을 반추한다.

"시간이 지나도 인질들을 풀어줄 수 없다면, 그는 아마도 납치범들과 더 잘 어울릴 수 있을 것이다."[13]

영웅주의로 들어가는 문턱은 성공이다. 그렇지 않으면 영웅은 테러리스트의 또 다른 이름일 뿐이다. 어느 순간 프랭크와 조가 법을 등지는 것처럼, 평소 『하디 보이즈』 시리즈의 단조로운 산문은 기묘하게 문학적인 행로를 밟는다. 연방요원에게 쫓기는 프랭크와 조는 거의 잡히기 일보 직전이다. 프랭크는 탈출 계획을 세우려 한다.

그때 갑자기,

그의 바로 앞에서, 조가 돌아서서 팔을 흔들었다.

"이쪽이야!"

조는 입구를 지나쳐 내려가는 에스컬레이터에 몸을 던졌다. 프랭크는 상대방 뒤쪽에 있는 동생을 따라 움직이는 계단 아래로 뛰었다. 프랭크는 그들이 어디로 가는지 알고 있었다. 워싱턴의 지하철 시스템인 '메트로의 역으로' 들어가는 것이었다.[14]

이 대목에는 고전적 모더니즘의 시 작법이 끼어 있다. 보티시즘(vorticism)에서 에즈라 파운드(Ezra Pound)가 보여준 원형적 실험인 〈지하철역에서(In a Station of the Metro)〉가 그것이다.

이때 '하디 보이즈' 이야기는 가락이 전혀 맞지 않는 감수성을 향해 미묘한 몸짓을 하는 것 같다. 믿어지지 않을 정도로 아슬아슬한(매우 진부하긴 하지만) 추격 장면이 한창인 가운데, 지문은 대중교통에 대한 시적 명상으로 (썩 잘 어울리게) 빗나간다. 하디 보이즈는 이 공간에서 그리 오래 꾸물거리지 않는다. 그런데도 이 대목은 가까이 있는 '설명' 자료를 예고라도 하듯 그 어투가 완곡하게 상호텍스트적(intertextual)이다. 이것은 '말'로 만든 추적이고, 공항은 텍스트적인 풍경의 지평에 계속 존재한다.

『증오의 인질』이 보티시스트의 표현에서 별스럽게 오래 가는 실험으로 읽힌다면(재담을 잘하는 영국 소령이 하디 보이즈 미스터리를 쓰는 신세가 됐으니 알 만하지 않은가), 공항은 관련이 없는 많은 것들이 몰려오는 공허한 깔때기가 된다.

하디 보이즈가 공항으로 되돌아와 동료 테러리스트 지원군으로 위장하여 납치된 항공기로 숨어들 때쯤에서야 이야기는 풀리기 시작한다. 냉정할 정도로 작전에 따라 움직이던 테러리스트들은 막무가내로 기관총을 무모하게 발사하면서 엇나갈 뿐 아니라, 하디 보이즈가 도무지 납치범들을 제압할 수 있을 것 같지 않게 보이자 인질들도 프랭크와 조에 '맞서는' 지경이 된다. 납치범들은 객실에 한 발을 쏜 후에 1등석으로 달아나 결국 조종실로 들어간다. 알고 보니 공범 중 한 명은 항공기를 조종할 수 있는 실력이었다.

제트 엔진이 굉음을 내며 가동되고 항공기가 활주로를 향해 움직이기 시작하자, 인질들은 공포에 질려 항공기에서 뛰어내리려 한다. 하디 보이즈는 그들에게 경고하면서 비행기에서 뛰어내리면 다치거나 죽을 것이라고 말린다.

"'움직이는 항공기에서는 뛰어내릴 수 없어요.' 프랭크는 그렇게 말한다. '2층 창문에서 뛰어내리는 거나 마찬가지에요.'"

그러자 인질들은 입을 모아 하디 보이즈를 가리키며 말한다.

"저놈들 던져버려! 던져버려!"

포로들은 그들의 해방군에게 대든다.[16] 135쪽까지 오는 동안 프랭크와 조는 풋내기 고등학교 소년에서 노련한 탐정으로 변신한다. 이어 가짜 테러리스트로 바뀐 다음 영웅적인 구출자가 되었다가 마지막으로 인질로 잡힌 폭도들 때문에 약점을 드러내고 만다. 소리 지르는 사람들의 입을 잠재우기 위해, 프랭크는 기관총을 항공기 천정에 대고 "연사"하는 방법을 쓴다. 결국 테러리스트의 수법으로 돌아간 것이다. 그러나 이 장면은 공항이 믿을 수 없을 만큼 모호한 공간으로 기능하는 방식을 다시 한 번 보여준다. 그런 공간에서 주체들의 위치는 터무니없을 정도로 다이내믹하게 탈바꿈한다.

많은 반발이 있었지만 결국 하디 보이즈는 인질들을 설득하여 개인 소지품과 함께 항공기의 선실에서 뗄 수 있는 물건이란 물건은 죄다 떼어내 제트 엔진의 공기 흡입구 속으로 던지게 한다. 결국 엔진 고장으로 "항공기는 미끄러지다 활주로의 3분의 2쯤 되는 곳에 멈춰 선다." 인질 한 명이 우그러진 항공기 창으로 밖을 내다보다 말한다.

"…… 믿어지지 않는군. 우리 뒤로 저런 엄청난 쓰레기더미가 길게 뻗어 있다니."[17]

이 부분을 보고 셸리의 "오지만디어스(Ozymandias)"의 마지막 구절을 1980년대식으로 비틀었다고 여기는 사람도 있을 것이다. 그 시에서 화자는 선언한다.

“거대한 잔해 더미 둘레에는, 끝없이 황량한 적막하고 평평한 사막만이 저 멀리 뻗어 있을 뿐.”[18]

마틴 하이데거(Martin Heidegger)는 그의 에세이 『기술에 관한 논구(The Question Concerning Technology)』에서 “활주로에 서 있는 여객기”를 “수송의 가능성을 보증하도록 지시받은 만큼, 상비적 준비물인…… 그런 대상”으로 묘사한다.[19] 결국 이 에세이에서 하이데거에게 문제가 되는 것은 진리의 비은폐성(revelation of truth)과 기술 간의 관계다. 그러나 하이데거에게 기술의 본질은 여전히 “명료하지 않는 고귀한 인식에” 있다.[20]

『하디 보이즈』의 공항 미스터리에서, 활주로에 있는 여객기는 다름 아닌 자아의 불확실성을 보장하는 것처럼 보인다. 그런 자아에서 정체성의 틀은 응집력을 잃고, 하이데거의 용어로 말해 완전히 “비자발적(nonautonomous)”이 된다. 이런 공항이 드러내는 자아는 친구에서 적으로, 권한을 부여받은 자에게서 권한이 없는 자에게로, 움직이는 것에서 ‘가만히’ 서 있는 것으로 걷잡을 수 없이 요동친다. 『증오의 인질』과 『태그드 포 테러』에서는 결국 항공기들만 파손된다. 공항은 여행하는 몸의 ‘비물질화’를 수용하여, 단단한 모든 것은 공기로 녹아들거나 아니면 활주로 끝에서 폐물더미가 되고 만다.

비물질적인 공항의 원형

여러 면에서 초기의 『하디 보이즈』 공항 미스터리는 비물질적인 공항의 원형을 제시하고 있다. 역시 대형 항공기 파손 사고로 시작하는 『대 공항 미스터리(The Great Airport Mystery, 1930)』에서 프랭키와 조는 일확천금을 꿈꾸며 지역 공항에서 음모를 꾸미는 우편물 도둑 일당과 우연히 마주친다. 펜턴 하디는 아들들에게 불순한 무리들에 대한 얘기를 하며 공항의 우편물은 "신중하게 관리되고" 있지만 "감시받지 않고 방치되어 있을" 가능성은 언제나 있다고 일러준다.[21]

이런 역설적인 설정은 끊임없이 한계를 정해놓지만 본래적으로 경계가 없는 곳으로서 공항의 지엽적 경험과 양립한다. 이와 같은 이중 규범은 또한 "자가 면역"에 관한 자크 데리다의 후기의 저술들을 염두에 둔 것이다. 후기 저술들 속에서 데리다는 공항처럼 취약한 공간은 '바로 그 취약성 때문에' 민주주의의 존재에 필수적이라고 강조한다.[22] 간단히 말해 납치와 재난의 가능성에 늘 개방되어 있음으로써 공항은 살아있는 민주주의를 보장한다. 즉, 협상의 원칙을 기본으로 하는 상황은 반드시 대립의 변증법을 야기한다. 따라서 절대 보안은 이룰 수 없을 뿐 아니라 바람직하지도 않은 개념이 된다. 국가로서는 경비가 허술한 부분이 있을 수 있으면서도 경비가 잘되는 공항이 무엇보다 중요하다.

공간에 대한 이런 아포레틱(aporetic)한 의식은 『태그드 포 테러』

에서 활주로에 흩어져 있는 개인 소지품 더미에서처럼 물리적 평준화나 비워내기를 통해 반영된다. 그러나 또한 펜턴 하디가 프랭크와 조에게 "대단한 공항 미스터리"를 설명하는 장소가 '공항이 아니라는' 사실을 상기할 필요가 있다. 실제로 『대 공항 미스터리』에는 공항 그 자체와 관계있는 부분이 거의 없다. 오히려 공항은 표면이나 매체의 질감에 별다른 관심을 보이지 않고 대담하게 붓질을 휘두르는 빈 캔버스 같은 어떤 것이다.

사실, 이야기 중간에 하디 보이즈는 함정에 빠져 또 다른 공항 절도사건 혐의로 체포되었을 때 솔직하게 털어놓는다.

"아빠, 우리는 그 공항에 간 적도 없어요."[23]

『대 공항 미스터리』 이야기가 한창 무르익으면, '아직 공항에 이르지 못하고 있는' 이유가 진짜 미스터리인 것처럼 보인다. 공항은 여전히 실질적으로 전체 이야기를 미스터리로 만드는 생략적이고 주변적인 장소다. 이 이야기에서 공항이란 공간은 '여백'이 되고 만다.

여백이 된 공항의 공간성은 『대 공항 미스터리』에서 그 결정체를 볼 수 있다. 그리고 그것은 일종의 문학의 미래를 보여주는 형식이다. 프랭크와 조는 새로 지어진 과분한 이름의 베이포트 공항으로 처음 드라이브를 나가면서(하지만 결코 그곳에 가지는 않는다) 그 지역의 지리적 넓이를 두고 이러니저러니 한다.

"공항을 왜 이렇게 멀리 만들어 놨는지 알 수 없네."

조가 말했다.

"땅이 넓어야 하니까. 여기가 쓸 수 있는 유일한 곳이고……."

프랭크가 설명했다.

차는 울퉁불퉁한 길을 덜컹거리며 공항으로 달렸다. 근처의 이정표가 비행장이 5킬로미터 남았음을 알려주었다. 잠시 후 차가 고갯마루를 넘자, 저 아래 계곡으로 넓고 평탄한 들판이 보였다. 현수교 앞에서 그들은 은빛 날개의 비행기 한 대를 볼 수 있었다.[24]

땅이 "넓어야" 한다거나 "유일한" 곳이라는 프랭크의 언급은 과잉과 부족의 이중 구속을 만든다. 한편 독자는 공항을 광활하고 웅대한 경관을 가진 곳으로 이해하게 된다. 그것은 "넓은" 땅의 환유다. 또 한편으로, 그런 적당한 땅은 찾아내기가 어려울 "뿐" 아니라, 시민들은 또한 공항에서 그들이 감수할 "뿐"인 제약과 한계와 상투적인 일을 받아들인다. 또한 이 대목에서는 폭포처럼 쏟아져 나오는 공간에 관한 기술어(記述語)들을 눈여겨 볼 필요가 있다.

그런 기술어를 통해 하디 보이즈의 여행은 한층 현란하게 묘사된다. 소년들은 차를 몰고 언덕을 넘어 저 아래 계곡의 평평한 들판을 본다. 그곳에는 현수교 하나가 은빛 날개의 비행기 뒤에 놓여 있다. 이는 인식 대상인 들판을 펼쳐 놓고 평탄화하는 상황에서 일어나는 거의 입체적인 묘사여서 오히려 인식의 어려움을 암시하고 있다. 결국 공항은 전체로 인식하기가 어렵다. 그 영역은 물질적이면서도 천상적이고, 식별할 수 있으면서도 환각적이고, 가상적이면서도 치안이 유지되는 곳이다.

공항 지지학(地誌學)에 대한 이런 식의 접근은 현대 대중문화와 대중문학에서 흔히 찾아볼 수 있다. 예를 들어 2000년에 발표된 배리 로페즈(Barry Lopez)의 단편 「카리브의 현란한 빛(Light Action in the Caribbean)」에서는 공항이 야기하는 특별한 공간적 인식을 에둘러 설명한다. 로페즈의 이야기는 운 나쁜 여행에 오른 주인공으로 시작한다.

"아바다를 출발하여 새로 지은 덴버 공항으로 쉬지도 않고 차를 모는 일은 비행기를 타지도 않았는데 다른 나라에서 운전하는 기분이라고 리비는 생각했다. 집도 개발 구역도 없고 길도 나무도 없는 황무지가 수 킬로미터 이어졌다."[25]

지세가 자아내는 공허함은 공항이 주변의 (설화적) 풍경을 끌어들이는 (그리고 해체하는) 방식을 눈여겨보게 만든다. 공항의 경계는 정확히 보이지 않지만, 그 공간은 부정적 인식을 거치며 분명해진다. 즉 리비가 '볼 수 없는' 것, 그것이 중요한 것이다.

미디어 학자 질리언 풀러는 그녀의 에세이 『과도적 자본주의와 에이비오폴리스의 복합적 생태학(Transcapitalism and the Multiple Ecologies of an Aviopolis)』에서 이런 인식을 분명히 밝힌다. 그녀는 주장한다.

공항은 "테라포머(terraformer. 사람이 살 수 없는 곳을 살 수 있는 곳으로 바꾸는 것 – 옮긴이)"이다. 테라포머는 문자 그대로 땅을 만든다. 테라포머는 지역 간의 차별을 없애 관리할 수 있는 윤곽으로 만들면서, 글로벌 자본의 교차양식적 기준과 시·공간의 리듬에 따라 지리를 변형시킨다. 공항은 수평선을 둥글게 잇는 세계다. 공항은 도시로 뻗어나가, 흩어지는 세계의 일상적 활동으로 스며든다. 끊임없이 환경을 이해하는 과정에서, 낡은 미래는 버려지고 새로운 미래가 나타난다.[26]

풀러는 공항이 열린 공간을 만들어내고 아울러 도시성과 현대성의 과도한 통합에 맞서는 방식을 설명한다. 하디 보이즈나 리비가 설명하는 공항에서 우리는 열린 공간에 대한 정신적 인식의 선결조건("수평선을 둥글게 잇는" 경험)인 "끊임없이 환경을 이해하는 과정"을 본다. 이런 공간적 열림도 역시 악의 없는 과정은 아니다. 『대 공항 미스터리』와 『카리브의 현란한 빛』은 풀러가 말하는 "글로벌 자본의 교차양식적 기준"의 과격한 예로 볼 수 있다.

하디 보이즈는 수하물 운반기사가 공항 정비소에서 현금이 가득 든 우편가방을 훔쳤다는 사실을 알아낸다. 공항은 미스터리를 핑계로 프랭크와 조와 쳇과 비프와 그 밖의 『하디 보이즈』에서 고정인물들의 유별났던 고등학교 생활을 "넌지시 암시"한다. 배리 로페즈의 으스스한 이야기에서, 평범한 두 미국인 관광객은 스쿠버다이빙 휴가를 떠난다. 하지만 대형보트를 타고 다가와 말을 건네는 현대판 해적들에 의해 소지품을 강탈당하고 몸이 더럽혀진 다음 살해되어 바다로 던져진다.

공항 주변이 지리적으로 비어 있다는 사실은 충분히 예상할 수 있는 것이어서 이야기의 끝 무렵에 일어나는 살인사건의 에피소드를 예감하게 한다. 여기에 나오는 지문들은 취약한 주체성과 늘어난 공간 지각성이 교차하는 곳에서 하나의 역설을 암시한다. 말하자면 공항 주변에 열리는 인식적 공간은 또한 상황을 '예견할 수 없게 될' 가능성을 열어놓는다.

이런 공항 특유의 문제는 비평가 패트리시아 예거(Patricia Yaeger)가 그녀의 최근 칼럼 "자연의 죽음과 쓰레기 숭배 ; 또는 쓰레기 생태학(The Death of Nature and the Apotheosis of Trash ; or, Rubbish Ecology)"에서 설명한 것과 비슷하다. 예거는 쓰레기의 정치적 미감을 주장하면서 돈 들릴로의 『언더월드』의 한 장면을 언급한다. 거기서 한 등장인물은 뉴욕시를 찾기 위해 차를 타고 뉴저지 곳곳을 헤매지만 뉴욕시 대신 뉴어크 공항을 막 지난 곳에서 쓰레기하치장을 발견한다.[27]

그러나 예거가 쓰레기하치장에 초점을 맞추는 부분에서 독자들은 한 발 물러나 쓰레기하치장을 찾게 만드는 공항을 생각할지 모른다. 들릴로의 공간 도식에서, 공항은 쓰레기매립지를 '보는데' 필요한 빈 공간이라는 인식의 장(場)을 '만들어낸다.' 『언더월드』의 한 장면을 들여다보자.

뉴어크 공항을 지나면서, 그는 모든 나들목은 물론이고 그것과 관련된 선택을 지나쳤다는 사실을 깨달았다. 그는 마음에 드는 출구를 찾았다. 한 쪽이 기운(untrucked), 한적한 시골길이었다. 어느 틈엔가 그는 부들이 무성한 늪을 어설프게 굽이치며 관통하는 2차선 아스팔트길을 달리고 있었다. 대기에서 소금물 맛이 얼핏 났고 길이 휘어지더니 자갈과 잡초밭에서 끝났다.[28]

들릴로의 산문은 프랭크와 조가 베이포트 공항으로 가는 첫 번째 여정에 다시 한 번 주목한다. 공항으로 가는 길(또는 공항 주변의 길)과 관련된 시간적 불확실성을 파악하는 면에서 특히 그렇다. 즉 들릴로는 "어느 틈엔가"였고 하디 보이즈에게는 "잠시 후"였다. 이런 불분명한 시간은 평탄해진 공간이나 아주 많은 감각적 인지와 짝을 이룬다.

『대 공항 미스터리』의 시작 장면에서 길을 잃은 비행기 한 대가 프랭크와 조 위로 급강하하고, 두 사람은 동체의 진동 소리로 비행기가 다가온다는 사실을 눈치 챈다. 들릴로의 인물은 결국 습한 공감각적 이행대(移行帶. 가까운 식물군이 접하는 부분 – 옮긴이)에 이르고 공기를 맛보고 자동차 바퀴 아래에서 "자갈과 잡초"가 저벅거리는 소리를 듣는다.

"한 쪽이 기운(untrucked)"이라는 이상한 신조어는 일종의 역언법(逆言法 : 중요한 내용을 생략하여 주의를 환기시키는 수사법 – 옮긴이) 기능을 한다. 그리하여 옆을 받힌 있지도 않은 차량을 떠올리게 해서 마음의 눈을 위한 공간을 만든다. 들릴로의 철저함이 뒷받침하는 공간의 개활성은 적극적 의미에서 하디 보이즈가 반복해서 만나는 비물질적인 터미널과 대상을 취급하는 방식이 같다. 즉 공항은 '감각'을 위한 공간을 만든다.

『대 공항 미스터리』에서 프랭크와 조가 공항에 도착할 때쯤, "구내로 들어가는 길은 경비병들이 지키고 있었고, 커다란 정비격납고들도 철저한 경계가 이루어지고 있었다. 약탈행위의 재발을 묵과하지 않겠다는 공항 당국의 의지가 분명했다."[29] 하지만 약탈 행위는 '이미 재발되었기' 때문에 이런 설명은 기이할 수밖에 없다. 이 장면은 '두 번째 약탈 행위가 벌어진 이후에' 일어난다. 이런 설명의 건망증은 『하디 보이즈』 시리즈 전체에 일관되게 나타난다.

『하디 보이즈』 시리즈는 수많은 에피소드 곳곳에서 주제와 수식어구를 반복하는 경향이 있다. 그러나 이런 반복은 공항이라는 공간 주변에서 한층 더 적절해진다. 공항이라는 공간은 일종의 건축학적으로 구체화된 반복 충동으로 기능하기 때문이다. 일을 진행시키기 위해 공항 이용자들은 스스로를 드러내는 믿기 힘든 반복적 행동을 기꺼이 감수해야 한다.

그러나 이런 반복 행위야말로 공항의 보안과 안정성을 보장한다. 안정적 주체는 예측 가능한 반복적 공간을 필요로 한다. 그러나 테마와 도식을 아무리 반복해도, 『하디 보이즈』 공항 이야기의 주체는 여전히 불확실하다. 왜냐하면 미스터리가 공간을 확보하는 문제인지

인물을 안정시키는 문제인지 공간과 자아 간의 생략에서 일어나는 어떤 착잡함의 문제인지 독자들은 확신할 수 없기 때문이다.

공항은 이론에 구애받지 않는다

『꿈의 해석(Die Traumdeutung)』에서 프로이트(S. Freud)는 꿈속에서 확실했던 내용(깨어났을 때 기억하는 것)을 다룰 때는 꿈보다 해몽이 좋을 수 있다는 생각을 버려야 한다고 주장한다. 프로이트는 "꿈을 제대로 해석했는지는 사실 확신하기 어렵다"고 지적한다.[30] 따라서 꿈속에 잠복해 있는 내용에서 일어난 헤아리기 어려울 정도로 많은 "응축"을 이해하려면 해석적 수수께끼를 놓고 말 그대로(또한 지나칠 정도로) 오래 꾸물거려야 한다.

환경은 전혀 다르지만 여기서 나는 프로이트의 방법론을 빌렸다. 물론 내가 분석하려는 주제는 꿈이라는 성운(星雲)이 아니다. 내 관심은 『하디 보이즈』 미스터리에 나오는 공항이라는 장소이고, 지대한 영향을 끼칠 목적지에서 비롯되는 주제적 소재를 응축시키는 수사적 중추다. 이들 이야기에서 그리고 이런 '장소' 곳곳에서, 사람들은 억눌린 공간적 모호성과 불확실한 주관성을 발견한다. 잠시 프로이트와의 여행을 지속하기 위해서는 공항 읽기를 가볍게 즐기는 것이 어떤 불확실한 주체뿐 아니라 '무의식적인' 주체까지 포함한다고 말해야 할지 모른다.

『하디 보이즈』 미스터리 시리즈 곳곳에서 프랭크와 조는 대학에 가기 싫어 넋두리를 늘어놓는다. 그들은 공부를 더 이상 계속할 생각이 전혀 없다. 프랭크와 조가 고등학교를 졸업할 때쯤 시작되는 『대공항 미스터리』에서 프랭크는 설의법을 써서 어머니에게 볼멘소리를 한다.

"대학엘 꼭 가야 돼요?"[31]

프랭크와 조는 대학생이 되기보다 아버지 펜턴 하디처럼 유명한 사설탐정이 되고 싶어 한다. 『하디 보이즈』 시리즈는 대학 교육의 끝없는 연기를 상징한다. 이 "소년들"은 결코 철이 들지 않고 철이 들고 싶지도 않은 녀석들이다. 몇 십 년이 지나도 줄거리는 프랭크와 조를 모험 행각(빤할 정도로 유아적이지만)에 묶어둔다.

이런 특징은 『증오의 인질』에서 반복된다. 어느 순간 프랭크와 조는 파이아라는 급진파 학생을 찾아 조지타운 대학을 뒤진다. 파이아는 국제 테러리스트들이 자신들의 목적을 대학 캠퍼스에 선전하기 위해 모집한 학생이다.

마지막으로 『태그드 포 테러』에서 수하물 절도단과 연루되었다는(딱 집어 말할 수는 없지만 테러리스트 세포와 연결되었다는) 혐의를 받는 어떤 수하물 책임자는 대학 등록금을 벌려 하고, 그로 미루어 현금이 쪼들리는 것으로 짐작된다. 계속해서 대학 캠퍼스는 테러리스트와 절도범의 온상으로 암시되는데, 이들이야말로 특히나 불확실한 주체다. 하디 보이즈는 세상물정에 밝고 연역적 추리에 능하다는 실질적이고 실천적인 목적을 가진 존재로 그려진다. 이 때문에 프랭크와 조에게 대학은 이론과 실제의 스펙트럼에서 반대편 끝에 있다.

그러나 공항이라는 주체는 단순히 '비물질적인 터미널'로 작동하며 이 스펙트럼을 매혹적으로 왜곡시킨다. 그 터미널은 끝까지 불확정적인 시나리오가 이어지고 충성심이 흔들리고 정체성이 바뀔 수 있는 열린 공간이다. 공항은 개별적 주체의 "주체"라는 바로 그 개념에 압력을 가하고, 수사를 위한 주체로서 자신을 바친다. 심지어 공항은 '이론'에 구애받지 않는다고 말할 수 있다.

'하디 보이즈'의 반지성적 충동 속에서, 프랭크와 조는 공항을 통해 필요한 지식을 배운다. 다시 말해, 하나의 '주체로서의' 공항은 미스터리의 현장일 뿐 아니라 교육적인 장소, 일상생활의 불확실한 주체 속에서 생각하고 또한 그런 주체를 생각할 공간이 된다. 『하디 보이즈』 탐정소설이라는 가벼운 읽을거리는 미스터리와 미진한 설명이 소용돌이치는 공항 읽기로 더욱 무겁게 여겨진다.

현대의 미스터리 또는 낭만적 공항

소설 『하디 보이즈』의 불확실한 주체성에 이어 한 대학생을 통해 실제로 있었던 우리 시대의 공항 미스터리를 설명하는 것으로 이 장

을 마무리해야겠다. 다름 아닌 하이송 지앙(Haisong Jiang)이라는 28세의 럿거스 대학 대학원생의 이야기이다. 2010년 1월 3일에, 지앙은 로스앤젤레스로 가는 여자 친구와 잠깐이라도 더 같이 있고 싶어졌다. 그래서 그는 뉴어크 공항의 출국장을 지키는 연방교통안전청(Transportation Security Administration) 요원의 눈을 피해 출입이 금지된 보안구역으로 들어간다.

곧이어 공항 보안이 뚫렸다는 보고가 들어가고, 현장은 여행객들에게 악몽으로 바뀐다. 중앙홀에서 사람들을 대피시키고, 비행기를 기다리던 모든 승객들은 터미널로 돌아가 검색을 전부 다시 받게 된다. 이 사건으로 공항은 6시간 동안 마비되고 약 200대의 항공기가 지연되거나 취소된다.

이 사건을 선동적으로 다룬 사진들은 끝도 없이 줄을 선 수천 명의 승객들로 북새통을 이룬 터미널을 보여주었다. 움직이지 않는 에스컬레이터를 꿈틀거리며 오르내리는 일부 승객들의 모습은 바로 복마전이고, 동시에 현대의 복합적 목적론이 붕괴되는 현장이었다.

며칠 안 가 콘티넨털항공사(Continental Airlines)가 소유한 폐쇄회로 카메라 필름을 확보한 당국은 곧 분석에 들어갔다. 클립에는 "밝은 색 바지와 가죽 재킷을 입은" 한 남자가 터미널의 보안 구역인 "출입금지" 구역 밖에서 서성이는 모습이 담겨 있었다. 근처에는 도착 라운지 게이트를 떠나는 승객들을 감시하는 연방교통안전청 요원이 책상에 앉아 있다.[32] 어느 순간, 그 요원은 일어서서 위치를 이

탈했다. 아마도 스트레칭도 할 겸, 도착 라운지 게이트 주변을 더 넓게 감시하려는 것 같았다. 그 순간 밝은 색 바지에 가죽 재킷을 입은 그 남자는 경계선을 넘어 쏜살같이 달려갔다. 그는 누군가와 잠깐 포옹했고, 두 사람은 팔짱을 끼고 카메라 시야를 벗어났다가 다시 중앙 홀로 돌아왔다.

지앙이 서성거리다 출입금지구역 경계선을 갑자기 넘어가는 6분 22초짜리 동영상에는 아주 흥미롭고 매혹적인 구석이 있다. 물론 앞뒤 상황을 알고 나면 손에 진땀이 난다. 이런 것이 "보안 위반"이라고 말하는 이 동영상의 메시지도 저절로 사람을 긴장하게 만든다. 그러나 이 비디오 클립은 대부분 항공기에서 내려 게이트 구역을 떠나는 승객들의 단조로운 모습만을 보여줄 뿐이다. 아마도 차를 타러 인도 쪽으로 가거나 수하물을 찾으러 가는 사람들일 것이다. 그것은 사건이랄 것도 없는 조용한, 그러나 번잡한 스타일과 단조로운 디자인으로 가득 찬, 분위기가 고정된 차분한 동영상이다. 즉 이것은 약삭빠른 지앙과 뒤통수를 치는 그의 수법으로 구체화된 "은밀한" 동기가 담겨 있고, 평범한 장소에서 공개되었을 뿐 아니라 보안 카메라가 텍스트로도 다시 확인한 공항의 "사회적 텍스트"이다.[33]

지앙이라는 실존 인물을 고발하는 것은 이 글의 의도가 아니다. 나는 단지 공항이 '자신의 미스터리가 전개되는 상황에 이미 대비가 되어 있었다'는 사실을 지적하려는 것뿐이다. 감추어진 카메라, 비물질적이지만 민감한 출국장의 장벽, 딱히 하는 일은 없이 몇 시간이고 앉아서 줄곧 '이런 종류의 사람들만' 감시하는 경비요원들, 이런 모든 수단과 방법을 통해 공항은 사건에 대비한다. 그 사건은 언제라도 당장 볼 만한 광경이 되는 미스터리다.

지앙의 의도를 알아내려는 과정에서는 무엇보다 사건 하나를 놓고 법석을 떨었던 탐색 작업과 온갖 미디어를 동원한 떠들썩한 과장 보도가 돋보였다. 그러나 지앙의 행각이 공항에서 흔히 볼 수 있는 "로맨스"에 지나지 않았다는 뉴스에도 불구하고, 공항은 심지어 이런 분위기의 반전을 흡수하고 재활용하여 미스터리의 아우라와 불확실한 주체성을 유지할 수 있었다. 이런 분위기의 전환을 알기 위해서는, 〈뉴욕타임스(New York Times)〉에서 일주일 내내 지속되었던 헤드라인과 보안침해의 최초 보도부터 지앙의 최종적 유죄 판결과 그 이후의 일까지 이어지는 관련 기사들을 검토할 필요가 있다.

1월 3일 : 뉴어크 공항에서 나오는 항공기들, 보안침해 가능성으로 운항 중지

1월 3일 : 뉴어크 공항 보안 침해에 뒤이은 혼란과 수사

1월 7일 : 동영상, 뉴어크 공항침해 사실 입증. 출발 전의 키스

1월 8일 : 뉴어크 공항 보안침해로 체포된 남성

1월 9일 : 공항 키스를 둘러싼 문제의 '로맨스'

3월 9일 : 공항 키스의 결말

3월 13일 : 공항 경비원 처벌

보안침해 "가능성"이라는 최초 보도에서, 우리는 공항의 "혼란"에서 체계적 "조사"로 바뀌는 수사의 전환을 본다. 이것은 동영상으로 수집된 증거가 제시되면서 지지 기반을 마련한다. 묘하게도 그때의 어조는 공항 보안 문제와 멀고도 가까운 연인들의 로맨스 사이에서 더듬거린다. 하지만 엉뚱하게 공항 경비원의 징계로 마무리하면서 공항으로 돌아와 안주하고 만다.

온라인 기사에 붙은 댓글들의 화살촉은 일제히 문제의 보안요원으로 향했다. 독자들은 출국장 감시가 무얼 그리 어려운 일인가 반문하면서 경비 근무자를 당장 해고하라고 촉구했다. 공항 근로자들은 갑자기 수상한 인물이 되었다. 정확히 말해 모든 것이 기계화되어 있는 항공 시스템에서 그들은 허약한 (인간의) 연결 고리로 직무를 수행하기 때문에 믿을 수 없는 존재가 된다. 다시 말해, 가장성을 띤 공항의 보안시스템은 상상 속의 (따라서 실제로는 없는) 악당들에 의해서가 '아니라' 감시원의 느슨한 존재 때문에 침해당한다.

이 사건을 통해 분명하게 드러나는 것은 그 동안 늘 있었던 폐쇄회로 카메라부터 탈 비행기도 없는 사람들까지 기꺼이 수용하는 넓은 복도에 이르기까지 공항이 자체의 미스터리를 준비하는 방식이다. 공항은 탐지에 개방되어 있는 지역이다. 공항은 승객과 근로자 모두의 다채로운 움직임과 기록과 행동을 해석에 열어놓은 장소다. 이 경우에 공항 미스터리는 세 번 바뀐다. 첫 번째는 상상 속의 보안 침해범, 그 다음은 공부하는 대학원생이지만 "상사병에 걸린" 청년으로, 마지막으로 따분한 일을 하면서도 실제로는 순식간에 큰일이 날 수도 있는 모험에 노출된 공항 근로자로 변신한다.

『하디 보이즈』라는 탐정소설에서 보듯, 공항 보안은 손에 땀을 쥐게 하면서도 진부하고, 심각할 대로 심각하면서도 매우 유쾌한 동물원 쇼다. 사실 이들 세 편의 청소년소설에는 우리가 앞으로 계속 추적할 공항의 이론적 문제의 핵심이 있다. 뉴어크 공항의 보안 침해 사례에서 보았듯이, 일상의 공항 시나리오에 담긴 탐지와 예상과 미스터리의 설화는 언제든 자진해서 자신의 꾸민 모습을 펼쳐 보일 준비가 되어 있다. 제4장에서 나는 특히 공항 읽기에서 하나의 중요한 역사적 매듭이 되는 911 사건을 통해 피격 주체를 둘러싼 보안과 여흥의 불확실한 교차점을 탐방할 것이다.

주

제3장

1 Gillian Fuller and Ross Harley, *Aviopolis*(London : Black Dog, 2004), 46.

2 Franklin W. Dixon, *The Hardy Boys Casefi les : Tagged for Terror*(New York : Archway Paperbacks, 1993), 4.

3 Ibid., 23.

4 Susan Trento and Joseph Trento, *Unsafe at any Altitude : Exposing the Illusion of Aviation Security*(Hanover : Steerforth, 2006), 47-8.

5 Dixon, *Tagged for Terror*, 155.

6 Ibid., 17.

7 Ibid., 13.

8 Ibid., 54.

9 Ibid., 126-7.

10 Ibid., 154.

11 Franklin W. Dixon, *The Hardy Boys Casefiles : Hostages of Hate*(New York : Archway Paperbacks, 1987), 9.

12 Ibid., 45.

13 Ibid., 92.

14 Ibid., 58(my emphasis).

15 Ibid., 135.

16 Ibid.

17 Ibid., 139.

18 Percy Bysshe Shelley, "Ozymandias," *The Cambridge*

Companion to Shelley, ed. Timothy Morton(Cambridge : Cambridge University Press, 2006), 202-3.

19 Martin Heidegger, "The Question Concerning Technology," *Basic Writings*, ed. David Farrell Krell, 2nd edn(New York : Harper Collins, 1993), 322.

20 Ibid., 338.

21 Franklin W. Dixon, *The Hardy Boys : The Great Airport Mystery*(New York : Grosset & Dunlap, 1930), 74.

22 See Derrida, "Autoimmunity. See also Jacques Derrida, *Rogues*(Stanford : Stanford University Press, 2005).

23 Dixon, *The Great Airport Mystery*, 110.

24 Ibid., 3.

25 Barry Lopez, *Light Action in the Caribbean*(New York : Alfred A. Knopf, 2000), 127-8.

26 Fuller and Harley, *Aviopolis*, 105-6.

27 Patricia Yaeger, "The Death of Nature and the Apotheosis of Trash ; or, Rubbish Ecology." PMLA Vol. 123, 2(New York : MLA, March 2008), 331.

28 DeLillo, *Underworld*, 183.

29 Dixon, *The Great Airport Mystery*, 115.

30 Sigmund Freud, *The Interpretation of Dreams*, trans. James Strachey, 1955(New York : Basic Books, 2010), 296-7.

31 Dixon, *The Great Airport Mystery*, 71.

32 "Video Shows Newark Security Breach : A Kiss Before Flying," *The New York Times* online, January 7, 2010, http://cityroom.blogs.nytimes.com/2010/01/07/video-showsnewark-security-breach-a-kiss-before-flying/(accessed January 17, 2011).

33 See Henri Lefebvre, "The Social Text," *Henri Lefebvre : Key Writings*, ed. Stuart Elden, Elizabeth Lebas, and Eleonore Kofman(New York : Continuum, 2006), 88.

34 Haisong Jiang Guilty : Newark Breach Security Breach Suspect Pleads Guilty" *The Huffington Post* http://www.huffi ngtonpost.com/2010/03/09/haisong-jiang-guilty-newa_n_491569.html.

Reading the Culture of Flight

nland

10.10.09 6 1

NUIJAMAA

M 092

IMMIGRATION

SUVARNABHUMI AIRPORT THAILAND

VISACLASS.........

12 SEP 2009

ADMITTED

UNTIL 11 OCT 2009

SIGNED.........

DEPARTED

20 SEP 2009

rkey

Thailand

Russia

MALAYSIA

K.L. IN

Россия КПП

29 04 10

Брусничное

РОССИЯ КПП

812

ШЕРЕМЕТЬЕВО

VIETNAM - IMMIGRATION

234A

30 AUG 2011

NỘI BÀI

Vietnam

Brazil

SELO CONSULAR

50

REAIS-OURO

MOSCOU

DPMAF - DPF

VIETNAM - IMMIGRATION

141A

13 SEP 2011

NỘI BÀI

Beloz

DPMAF - DPF

10 10 05 554 1

1093

4. 9월 11일 그리고 출발점

The Textual Life of Airports

Reading the Culture of Flight

여유를 가지고 앞으로

제3장에서는 『하디 보이즈』 공항 미스터리의 불확실한 주체를 살펴보았다. 이것은 청소년소설의 영역에 안주한, 얼핏 위험률이 적어 보이는 주제다. 하지만 앞서도 지적했듯이 구경거리로서 911 사건의 가치는 이런 가벼운 여흥을 위한 작품을 통해 처음 선을 보이기 시작했다. 제4장은 공항이 911 사건 이후의 소설에서 확연하게 재귀적 인터텍스트(intertexts)로 기여하는 과정을 분명히 보여준다.

911 사건을 두고 장 보드리야르는 이렇게 주장했다. 그날 일어났던 일의 복잡성을 생각할 만한 "시간적 여유를 가져야 한다."[1] 데이비드 심슨(David Simpson)도 이런 특성을 강조하면서 〈9/11 : 추도 문화(9/11 : The Culture of Commemoration)〉에 붙인 그의 서문을 "시간적 여유를 확보하는 일(Taking Time)"이라고 부른다. 심슨은 이렇게 쓴다.

"911 사건은 문화를 재생산하고 동시에 재해석했다. 그것은 그 사건이 어떻게 그리고 무엇으로 끝났는지 밝혀내려면 평소보다 더 많은 시간을 들여야 한다는 것을 의미한다."[2]

물량적 의미에서 볼 때, 나는 심슨이 말하고자 했던 의도를 UC 데이비스 도서관에서 똑똑히 확인할 수 있었다. 911을 소재로 하는 책들을 찾아보기 위해 도서관에 간 나는 해당 자료들이 전에 가본 적이 없는 구역에 따로 분류되어 있다는 사실을 알고 그리로 향했다.

도서정리번호를 더듬어 그곳을 찾아냈지만 주변 서가를 둘러본 나는 벌어진 입을 다물 수가 없었다. 사방이 온통 911 관련 서적이었다. 도서관에 단일 항목으로 그 정도 공간을 차지하는 주제가 또 있는지 궁금할 정도였다.

실제로 911은 새로운 사실은 놔두고 있었던 일만 가지고 연구를 한다 해도 너무 범위가 넓다. 섣불리 엄두를 낼 수 없는 주제이다. 그래서 갖가지 정치적 연구 조사, 음모론, 중요한 대화 내용, 그리고 개인적인 설명 등을 양산했다. 온라인 백과사전 위키피디아(Wikipedia)에 실린 "9월 11일 공격(September 11 attacks)" 항목만 보아도 알 수 있는 일이다. 이 항목에는 장황한 설명과 함께 복잡한 관련 글들이 포함되어 있고, 278개(2011년 2월 현재)라는 인상적이고도 방대한 참고문헌 목록이 달려 있다. 다시 말해, 911의 요약판이라는 사전 설명조차 (말 그대로) 묵직한 가상 서적이다.[3]

물론 911이 어떻게 "문화를 재생산하고 동시에 재해석했는지" 알아보기 위해서라면 굳이 연구라는 것을 할 것까지도 없다. 그저 국내선 여객기를 타기만 하면 된다. 그리고 공항의 "통행 허용" 구역을 지나 "통제" 구역으로 가다보면 필요한 보안 절차를 거치게 된다. 그러는 사이에 911 망령이 튀어나와 공간과 공간을 통과하는 요즘의 고초를 실감나게 일러줄 것이다.

보드리야르의 충고를 따르는 심슨의 말을 따라, 나도 공항을 다루는 이 책에서 주제를 다소 에둘러 다룸으로써, 911 사태와 관련하여 시간적 여유를 가지려고 노력하고 있다. 특히 이 장에서 나는 소설 작품들이 공항 장면을 통해 911을 기억하는 방식에 관심을 기울일 것이다. 언뜻 보기에 이런 종류의 텍스트들은 별다른 주목을 받지 못한다. 여러 면에서 그런 경향은 충분히 예상할 수 있는 일이다.

공항 보안 체크포인트는 미국을 여행하는 사람들의 집단적 기억 속에 911을 가장 생생하게 기억하게 해주는 구역이기 때문이다. 그러나 내가 보기에 공항은 911 사건 이후의 소설 작품 속에서 911을 기억하기 위한 편리한 무대장치로 기능을 한다. 뿐만 아니라, 이 사건을 전달하고 기억하는 일을 어렵게 만드는 핵심 지역으로 그 역할을 하는 것 같다. 우선 셔먼 알렉시(Sherman Alexie)의 『비행 패턴(Flight Patterns, (2004)』과 마틴 에이미스(Martin Amis)의 『무함마드 아타의 마지막 날(The Last Days of Muhammad Atta, 2006)』이라는 짧은 작품들을 통해 그런 기능이 어떻게 작동하는지 살펴보자.

두 이야기는 모두 공항 장면을 상당히 길게 묘사하고 있다. 나는 그런 장면들을 통해 화자가 어떻게 911의 불편한 기억과 싸우는지 보여줄 것이다. 그런 다음 공항 장면이 돈 들릴로의 소설 『떨어지는 남자(Falling Man, 2007)』의 주제를 어떻게 돋보이게 하는지 입증해 보일 것이다. 『떨어지는 남자』는 공항을 세 번, 그것도 다소 짧게 언급한다. 그럼에도 불구하고 그렇게 스치듯 지나가는 공항의 표상은 911 사건을 다루려는 화자의 시도에 매우 중요한 의미를 갖는다. 나는 이어서 911 위원회의 보고 내용과 공항의 모습에 대한 그 보고서의 의존도를 짧게 다룬 다음 이 장을 끝맺을 것이다.

공항으로 가는 길, 『비행 패턴』

셔먼 알렉시의 이야기 『비행 패턴(Flight Patterns)』은 시애틀에 본사가 있는 외판원인 스포캔이라는 인디언에 관한 이야기이다. 첫 문단에서 주인공이 인정하는 것처럼 그는 "얼떨떨하고 약간 혼란스러운 21세기 미국 정신의 소유자"이다.[4] 윌리엄(그의 아내는 그를 윌리 로먼이라고 부른다)은 집을 떠나 시카고 출장길에 오른다. 이른 아침에 택시를 타고 시애틀 — 터코마 공항으로 가면서 펼쳐지는 이야기에서 화자는 이번 여행이 오래 동안 계속 미루어졌던 사연을 전해준다. 그것이 전부다. 이야기는 윌리엄이 비행기를 타기 전에 공항'에서' 끝나기 때문이다.

이 이야기에서 공항은 상식에 맞지 않는 목적지로 떠오른다. 공항의 사회적 역학도 일종의 특권적 아우라를 발산한다. 윌리엄은 이른 아침 집을 나설 준비를 하면서, 911 사건 이후로 아빠의 여행을 걱정하는 어린 딸을 생각한다. 딸의 걱정은 미술시간에 그린 불타는 비행기와 무너지는 건물에서 또렷이 드러난다.

윌리엄은 아빠가 비행기를 타고 간다는 사실을 무서워하는 딸을 이해

했다. 그 역시 비행기를 타는 것이 무서웠다. 오히려 테러리스트는 무섭지 않았다. 9월 11일의 끔찍한 참사 이후로, 비행기 납치가 더 이상 통하지 않는다고 그는 생각했다. 그때처럼 테러리스트가 커터칼 하나만 믿고 쓸데없는 짓을 벌였다가는 일반석 승객들에게 찢겨져 일등석 승객들에게 먹잇감으로 던져질 것이다.[5]

윌리엄은 911을 재치 있게 설명하면서 사람들이 잘 모르는 사실을 밝혀낸다. 다름 아니라 민간여객기를 납치한 911 사건이 무엇보다 기습에 전격 의존했다는 사실이다. 911 이후로 공항의 보안 프로토콜은 과도할 정도로 이런 문제를 해결하기 위해 고심했다. 그렇기 때문에 이런 특별한 기습 전술은 이젠 더 이상 통하지 않을 것이다. 윌리엄은 그동안 지켜본 소감을 과장된 농담을 섞어 그럴 듯하게 설명한다. 예전과 같은 방식으로 비행기를 탈취하려다가는 일반석 승객에게 찢겨져 일등석 승객의 먹잇감이 될 것이라고.

이런 이미지는 소름끼치도록 유쾌하지만 또한 심각하고 복잡한 계급차별 문제를 끄집어낸다. 윌리엄의 이런 역설적인 발언은 미국인들이 날마다 너무 쉽게 서로 잡아먹는 만행을 저지르고 있다는 사실을 빗댄다. 911이 재귀적으로 생산한 "충격과 공포(shock and awe)"의 효과와 수사법을 생각하면 그렇게 터무니없는 주장이라고 내칠 수만은 없을 것 같다. 동트기 전의 어둠 속에서 머뭇거리지 않고 공항을 향해 달려갈 때도, 윌리엄은 911 이후의 민간항공과 연관된 순진한 애국심에 대해 미묘한 비판을 흘린다.

위의 대목은 윌리엄이 하늘을 나는 것을 무서워하지만, 테러리스트 때문은 '아니라고' 말한다. 독자들은 윌리엄의 두려움이 하늘을 나는 것 그 자체에 대한 것인지, 아니면 일반적인 죽음이나 21세기 지정학과 연관되어 있는 두려움인지 전혀 알아낼 도리가 없다. 화자의 주변을 서성이는 공항처럼, 알렉시는 이런 주변적 두려움을 어정쩡한 상태로 내버려둔다.

줄거리의 대부분은 윌리엄과 페카두라는 이디오피아 출신의 택시 운전사와의 대화에 집중되어 있다. 그들은 공항을 향해 달린다. 페카두가 먼저 입을 연다. 별 뜻 없이 시작된 대화를 통해 윌리엄은 페카두의 인생 역정을 엿보게 된다. 택시가 보잉필드를 지나갈 때 페카두는 우울한 표정으로 말한다.

"셀라시에의 군대에서 제트기를 조종했죠. 결국 동족에게 폭탄을 떨어뜨렸어요."[6]

이런 고백을 듣는 동안, 화자의 눈은 다른 비행기를 쫓는다.

"윌리엄은 머리 위 하늘에서 착륙허가를 받기 위해 대기하면서 대형을 유지한 채 날고 있는 제트기를 넷, 다섯, 여섯 대 세었다."[7]

민간항공과 군용 항공기의 연결 고리가 문자 그대로 공중에 떠돌고 있다.

윌리엄은 페카도가 프랑스로 탈출하여 그곳에서 망명했다가 결국에는 미국행 비행기를 타게 되었다는 사실을 알게 된다. 페카두는 고향으로 돌아갈 수 없다고 말한다. 그곳은 "너무 많은 과거와 고통을 간직한 곳이라 너무 두려워요."[8] 이런 느닷없는 사연에 윌리엄은 어리둥절하지만, 어느새 택시는 공항에 도착하고 페카두는 재빨리 이야기를 끝맺으며 한 마디를 던진다.

"안녕히 가세요, 윌리엄 아메리칸."

택시기사의 공손한 유머와 함께 윌리엄은 보도에 내리고 이어 습관처럼 항공 여행의 소용돌이 속으로 밀려들어간다.[9]

다음 대목은 이야기의 끝부분이다.

윌리엄은 길 위에 섰지만 숨을 제대로 쉴 수 없었다. 이렇게 죽는가 보다 하고 그는 생각했다. 물론 그는 죽어가고 있었다. 매일매일 죽어가는 결함투성이의 목숨이었다. 그러나 그는 길거리에서 심장마비나 뇌졸중으로 쓰러질 것 같은 느낌이 들었다. 그는 가방들을 놔두고 터미널 안으로 뛰어갔다.

수하물 옮기는 사람이 그 가방에 위험한 물건이 들었다고 생각하라지! 보안요원이 X-레이 촬영으로 가방에서 수상한 물건을 찾아보라지! 폭탄처리반 카우보이들이 예방 차원에서 가방들을 폭파시키라지! 공항 총감독이 공항을 폐쇄시키고 가능한 모든 여행객을 수색하라지! 미 연방항공청장이 모든 항공기들을 강제 착륙시키도록 하라지! 미국 영공에서 날개를 단 모든 것들을 치우게 하라지! 새들도 날지 못하게 하라지! 바람도 없고 공기는 차가워지라지!

윌리엄은 아랑곳하지 않았다. 그는 터미널을 가로 질러 달리며 공중전화든 일반전화든 뭔가 확실하게 연결시켜줄 것을 찾았다. 그는 마침내 공중전화를 찾았고 동전투입구에 25센트짜리 동전 두 개를 떨어뜨린 다음 집 전화번호를 돌렸다. 신호음이 계속해서 울렸다. 아내와 딸이 해를 입지 않았을까, 죽어 바닥에 누워 있지 않을까 윌리엄은 초조했다. 그러나 그때 마리가 전화를 받았다.

"여보세요, 윌리엄."

그녀가 말했다.

"나, 여기야."

그가 말했다.[10]

사실 윌리엄은 이제 막 여행을, 그것도 출장여행을 시작하려던 참이었다. 그러나 공항은 자의식이 지나치고 군대식으로 감시를 하는 괴롭고 지옥 같은 장소로 인식된다. 윌리엄은 이런 911 이후의 터미널에서 걱정과 불안과 역설적 상황에 전전긍긍한다. 결말 부분의 몽환적인 문단은 국가적 권위의 불꽃놀이와 글로벌 테러리즘의 너울거리는 불길을 올려 보내는 한편 동시에 구식 공중전화의 세속적 단명과 동전으로 이런 비유법을 상쇄시킨다.

연방교통안전청 요원들은 카우보이에 비유된다. 항공기들은 새와 융합된다. 이것은 시애틀 — 터코마 공항의 길거리에 펼쳐진 21세기 이후 서부개척시대의 장면이다. 아메리카 원주민 여행객, 자칭

"리틀 브라운 가이(little brown guy)"[11]는 제어하기가 쉽고 피해망상이 있고 말이 없다. 게다가 시도 때도 없이 제트기의 굉음이 들리는 공항 분위기에서 존재론적 안보의 희미한 환영을 위해 50센트를 내야 한다.

이 대목에서 공항 공중전화는 안전한 중개 장치로 기여한다. 공중전화는 "확실하게 연결시켜줄" 소통 기술이다. 다른 한 편으로 윌리엄의 "여기"라는 말은 인터넷 상에서 또 다른 장소로 연결되는 특이할 것 없는 하이퍼링크에서처럼 거의 새로운 매체로서 기능한다. 윌리엄의 "여기"는 공항을 의미하지만, 정확히 말하면 그것은 아무 곳도 의미하지 않는다. 그것은 이동 중에 거쳐 가는 어떤 장소이며, 이야기의 결말에 나오는 대화의 마지막 단어다.

이 "여기"는 마크 오제의 "비장소" 개념과 비슷하다. 비장소는 고속도로 휴게소나 ATM이나 꼭 들어맞지는 않지만 공항 같은, 그 자체로는 목적지가 아닌 이동 중에 거쳐 가는 장소다. 윌리엄에게 "여기"는 공항일 뿐 아니라 보다 넓은 범위의 정보적 조건이다. 그리고 그에게 "여기"는 국제 상황과 기나긴 역사로 인해 (겉으로만) 자유롭게 여행하는 것처럼 보이는 주체가 감당하기 힘들 정도로 심한 압박을 받는 탈근대적 세계에서 존재하는 방법이다.

『비행 패턴』의 끝부분에서 윌리엄이 공항에 있다는 사실은 마틴 에이미스가 "포스트모던 시대, 즉 이미지와 지각의 시대의 극치"로 911을 묘사하는 것과 같은 맥락이다.[12] 윌리엄이 공항으로 택시를 타고 가는 과정과 인도에서의 환각상태는 국가가 주도하는 잔학행위 이야기, 조급증이 있는 보안 요원의 이미지, 언제 어디서 나타날지 모르는 적의 위협, 연방항공청의 미국 영공 통제(또는 통제의 결핍)에 대한 인식 등, 911의 문화적 생산에 초점을 맞추고 그것을 재현한다.

그러나 알렉시의 시애틀 — 터코마 공항을 테러활동이 벌어지는 장소라고 단정할 수는 '없다.' 심지어 정체를 확인하는 계기라고 할 수도 없다. 이것은 사실 택시에서 벌어진, 서로 얽혀있지만 뚜렷한 '정신적' 여행의 종착지다. 이 여행에서 화자 윌리엄은 상황이 불안한 국제화된 세계에서 힘겹고 불확실한 국가적 정체성이란 현실을 극복하려 애를 쓴다. 윌리엄이 공항에서 말하는 "여기"는 어떤 곳이든 다 될 수 있으면서도 어느 곳도 아닌, 출발 장소이면서 동시에 이야기가 끝나는 곳이다.

알렉시는 이야기의 결말을 맺는 장소로 공항을 내세움으로써 하나의 이야기에서 시작이나 중간이 되는 공항의 평범한 시간적 연속성을 거꾸로 돌려놓는다. 공항에서 이야기를 끝내는 탓에 모든 것은 이제 막 시작하려는 시점에 놓이게 된다. 윌리엄이라는 인물이 "9월 11일의 끔찍한 참사"라고 설명함으로써 효과를 발휘하는 한 가지 수단으로, 알렉시는 공항을 존재가 노출되고 조사받고 더 나아가지 못하는 위기점으로 재설정한다. 이야기는 윌리엄이 공항에서 발이 묶이는 것으로 끝난다. 보도에 내렸을 때, 윌리엄은 순전히 연상으로,

현대 테러 머신의 발사대, 즉 공항에 자신이 있다는 사실만으로 엉뚱하게 가족이 죽었을 것이라 추측하고 두려움에 몸을 떤다.

공항을 이야기의 끝에 놓음으로써, 알렉시는 독자들에게 항공 여행의 하나의 예(또는 전체적 신기원)에 앞서 일어나는 모든 여행을 보강하고 생각할 것을 요구한다. 에티오피아에서 망명한 페카두와 스포캔 인디언 외판원 윌리엄이 911 이후 몇 달 며칠간의 무척 긴장된 분위기에 관해 솔직하게 말할 때, 항공 여행과 상관적인 객체는 항공의 윤곽, 즉 911 사건을 조망하기 시작하는 글로벌 항공패턴이라는 주제를 제기한다.

윌리엄에게 공항에서 보내는 시간은 오만한 애국주의를 위한 시간도 아니고 맹목적으로 전진하기 위한 시간도 아니다. 공항은 하나의 터미널일 뿐이다. '터미널'은 개인적인 반성과 지정학적 민감성이 발생하는 모호한 매듭이다. 알렉시는 상황이 훨씬 더 미묘해졌으며, 그 상황이 공항 보안의 시간에서 설명될 수 있는 것보다 훨씬 더 장황한 역사를 가졌다는 사실을 암시하려고 한다. 그걸 위해 911 사건 이후로 지나치게 보완에 주력하는 공항의 프로토콜을 강조하는 것 같다.

『무함마드 아타의 마지막 날』의 데드 타임

셔먼 알렉시는 그의 『항공 패턴』 이야기를 911 사건 이후로 오만해진 공항 보안 프로토콜을 요란하게 거부하는 것으로 끝낸다. 공항 보안을 유지하는 방법론은 또한 마틴 에이미스가 쓴 『무함마드 아타의 마지막 날』의 주제이기도 하다. 그러나 에이미스가 이 짧은 이야기에서 줄곧 문제 삼는 것은 911 이전의 보안 관례다. 이 이야기는 에이미스가 포틀랜드 공항에서 아타의 마지막 날을 설명하는 방식 때문에 논픽션 논평처럼 되고 말았다.

공교롭게도 무함마드 아타는 컴퓨터 지원 탑승객 사전심사 시스템(CAPPS)에서 용의선상에 오른 인물이었다. 그래봐야 그가 비행기를 타고 나서 검사를 끝낸 그의 가방이 실렸다는 그 이상의 의미는 없었다. 로건에서, 뉴어크 리버티 공항과 워싱턴 덜레스 공항 같은 "카테고리 X"급 공항이자 어쩌면 그보다 더 안전할지 모르는 로건에서, 사우디아라비아 출신의 그의 보디가드 세 명도 같은 이유로 인해 CAPPS에 의해 적발되었을 것이다.[13]

에이미스는 이야기를 통해 911 이전의 공항 보안의 실태를 신랄하게 비난한다. 그러나 착잡하게도 911 사건 이후로 공항의 환경이 더 좋아질지는 분명치 않다. 앞으로 계속 설명하겠지만, 이 이야기의 구조 때문에 전과 후라는 용어가 911 사건에 걸리는 방식은 복잡해진다. 또 공항 문화의 주체는 이야기가 순서에 따른 시간적 의미를 손상시키는 중심축 역할을 한다.

에이미스의 이야기는 같은 문장으로 시작하고 같은 문장으로 끝맺는다.

"2001년 9월 11일, 그는 메인 주 포틀랜드에서 새벽 4시에 눈을 떴다. 그리고 무함마드 아타의 마지막 날이 시작되었다."[14]

이런 텍스트의 고리, 즉 이야기의 시작과 끝에 같은 문구를 글자 그대로 반복하는 것은 이야기의 시간적 논리를 작정하고 파괴한다는 신호다. 마지막 날은 반복되는 날이다. 이런 설화의 직선성은 결론에서 구멍이 나면서 방향이 바뀐다. 독자는 한 바퀴 돌아 텍스트의 시작 부분으로 보내진다. 이런 구조를 통해 아타는 지속적이고 제목이 될 만한 일련의 "마지막 나날"을 향해 간다. 그 나날은 아직도 공항에서의 단 하루, 그것도 짜증나고 불편한 하루로 전락할 수 있다.

에이미스는 이야기를 순환구조로 휘어놓아 순환선에서 일어나는 것을 니체의 영원회귀로 끌어들인다. 그래서 아타의 마지막 날의 세부적인 내용, 즉 호텔 로비에서의 기다림, 포틀랜드 공항에서의 더 많은 기다림, 그러나 보스턴 로건 공항에서의 보다 더 많은 기다림 등 평범한 사건은 반복을 통해 의미를 획득한다. 텍스트는 기다림의 장면들을 통해 독자들을 '기다리게' 한다. 목적지는 출발점이다. 전체 이야기는 독자들이 '이미' 일어난 결말을 기다리는 순환장치다.

물론 이것은 글자 그대로의 의미에서도 틀림없는 사실이다. 즉 독자들은 911 이야기를 이미 알고 있다. 여기서는 스포일러에 주의할 필요가 없다. 이런 직선적이고 알려진 설명 안에서 시간을 재활용하게 되면 사실 문화사학자 알레스테어 고든(Alaistair Gordon)이 말하는 "공항성(airportness)"의 느낌을 만들어 낼 수 있다. 이것은 민간여객기와 관련지어졌을 때만 이해되는 특정 행동과 내부 설계 그리고 주변의 소리들을 특징으로 하는 항공 여행의 아우라다.[15] 에이미스는 반복적인 설명을 통해 아타의 마지막 날에 연루된 공항성을 형식적으로 암시하고 있다. 그러나 공항은 또한 명시된 장소가 된다.

에이미스가 메인 주 포틀랜드에서 첫 비행을 위해 탑승수속을 하는 아타를 상상할 때, 현대를 살아가는 독자는 비행기를 타고 가는 테러리스트에게 내키지 않지만 공감하도록 요구받는다. 에이미스는 그 장면을 이렇게 재창조한다.

"가방을 직접 꾸리셨습니까?"
무함마드 아타의 손은 이마를 향해 움직였다.
"예."
그가 말했다.
"가방을 계속 지니고 있었습니까?"
"예."
"누가 운반해달라고 부탁한 적이 있습니까?"

"아뇨. 비행 일정이 시간대로 진행됩니까?"

"중간에 갈아타셔야 합니다."

"그러면 이 가방들은 곧장 갑니까?"

"아뇨. 로건에서 다시 수속해야 합니다."

"그러니까 이런 절차를 또 겪어야 한다는 뜻인가요?"

테러행위가 지난 수십 년 동안 이룩한 것이 무엇이든 간에, 세상의 지루함에서 순증가를 이룬 것만은 분명했다. 세 가지 질문을 묻고 답하는 데는 많은 시간이 걸리지 않았다. 약 15초 정도였다.

그러나 데드타임에 대한 질문과 대답은 한 마디도 틀리지 않고 하루에도 수없이 반복되었다. 항공기 운항이 계획대로 진행되었다면, 무함마드 아타는 더 많은, 아마도 훨씬 더 많은 데드타임을 지구 곳곳에 남겼을 것이다. 테러가 또한 가장 확실한 적을 적극 조장한다는 것은 적절한, 조금도 이상하지 않는 논리일 것이다. 지루함이라는 적 말이다.[16]

이런 대화를 통해 그리고 아타 혼자만의 생각 속에서, 텍스트는 지나칠 정도로 공을 들인 접점을 향해 간다. 즉, 탑승수속 카운터에서 승객과 항공사 직원 사이에 벌어지는 전혀 극적이지 않고 창의력이라고는 애초에 기대할 수 없는 대화를 생각한다. 이 순간은 다중적이고 갈등을 빚는 기다림의 상태에 좌우된다. 여기서 근로자의 일은 계획에 따라 정해진 순서의 반복으로 전락한다. 승객은 끝없이 반복되는 상황에 던져져 결국 자유로운 주체로서 그의 존재론적 지위는 손상되고 만다. 심지어 여기서 '테러리스트'는 철저히 심문을 받는 주체, 즉 단조롭고 지루한 항공 여행의 실험대상이 된다. 더욱이 전체 상황은 어둠에 덮인 채 "데드 타임"이라는 말장난을 반복한다. 여객기 납치나 세계무역센터가 무너지는 일이 벌어지기 전에도, 시간은 이미 죽은 채로 드러난다.

"데드 타임"이라는 이런 공항 수사(修辭)는 문학적 선례가 있다. 돈 들릴로의 1982년 소설 『이름(The Name)』은 "데드 타임"을 정의하면서 공항의 반복적인 정체(停滯)를 설명한다.

우리들에게 이것은 완전히 잃어버린 시간이다. 우리는 그것을 기억하지 못한다. 우리는 감각적 인상도 어떤 목소리도 활주로에 있는 항공기의 어떤 송풍이나 비행기의 백색소음이나 몇 시간의 기다림도 붙들지 않는다. 아무것도 우리에게 들러붙지 않는다. 머리카락과 옷을 그을릴 뿐이다. 그것은 데드 타임이다. 다시 나타나기 전까지 데드 타임은 나타난 적이 없다. 그 전까지 데드 타임은 결코 나타난 적이 없다.[17]

이 대목은 우리가 잘 알고 있는 참사를 두고 하는 말이 아니다. 그리고 사실 이 부분은 911 사건이 일어나기 약 20년 전에 돈 들릴로의 가공의 인물 중 하나가 늘 다니는 민간여객기에 탑승하기 전의 바로 그 평범한 순간에 관심을 갖는다. 그러나 이런 묘사는 기억에 저항하는 공항 시간과 뚜렷한 관계에 대해 열려 있다. 공항의 공감각적 특징은 "기다리는 시간"이 이런 비장소의 실질적 해프닝을 무시할 때까지 고리로 연결되며 재연된다. 에이미스에게는 마치 공항에서 보내는 아타의 이런 시간적 경험이 기억을 요구하면서도 기억에 저항하게 될 공포가 다가올 무대를 마련하는 것 같다.

에이미스는 『무함마드 아타의 마지막 날』 뒷부분에서 아타를 거의 동일한 상황에 던져놓는다. 이번은 보스턴 로건 공항으로, 그가 마지막으로 비행기를 갈아타는 곳이다.

> 아, 반복의 고통……. 상황이라면 상황인 그의 상황은 단지 지루한 상황에 지나지 않았고, 그런 상황에서 모든 시간은 데드 타임이라고 그는 생각했다. 하긴 그의 인생이 죄다 그런 똑같은 세 가지 질문에 대한 대답, "예" 그리고 "예" 그리고 "아니오"로 이루어진 것 같았다.[18]

에이미스는 이 악명 높은 유령 "테러리스트"를 이렇게 과감하게 묘사하면서, 아타를 자동화된 체계에 따분해하는 주체 이상도 이하도 아닌 존재로 만든다. 특권층 승객들은 지루한 분위기의 일부, 즉 "데드 타임"의 생물학적 잔재에 지나지 않는 존재가 된다. 이런 상황은 니체의 영원 회귀가 엇나간 것이다. 즉 에이미스의 아타는 긍정하고 극복하는 것이 아니다. 공항을 폭발이라는 결말로만 끝낼 수 있는 최종적이고 지루한 "반복"으로 경험한다. 보안에 대해 아타가 묻는 엉뚱한 질문의 씁쓸한 반어법 이외에도 에이미스는 독자들의 기억을 자극한다. 즉, 911 테러 덕분에 이런 "데드 타임"이 아주 생생하게 살아 펄떡이고 심지어는 이상할 정도로 기승을 부리며 '더욱 늘어나고' 있다는 사실을 상기시킨다. 덕분에 연료는 타고, 노동자들은 보수를 받고, 승객들은 이코노미 플러스 좌석 업그레이드를 구입하고 항공기를 기다리는 동안 스타벅스 라테그란데를 홀짝인다.

보스턴 로건 국제공항에서 아타가 아메리칸 항공 11편을 탑승하기 위해 기다릴 때도 에이미스는 있는 그대로의 일상적 환경을 부풀림으로써 그 장면에서 모든 극적 요소를 제거한다.

> 무함마드 아타는 겨울 휴업 중인 커피숍 밖에 놓인 의자에 앉았다. …… 공기부양선을 닮은 기계화된 바닥청소기 위에 한 노인이 앉아 있었다. 노인이 앉은 의자 주변에서 삑삑거리고 훌쩍거리는 소리가 났다. …… 그는 금속제 의자에 몇 분 동안 앉아 있었다. 그는 이제 막 깨어나 영업을 시작하는 상가들이 미국인과 미국의 목적과 습관적인 자기신뢰로 스스로를 채우는 모습을 지켜보았다…….[19]

에이미스의 공항은 국적과 철학과 경제의 도식 전반을 고발한다. 한 노동자는 "기계화된 바닥청소기"로 고되게 일하고, 의인화한 상가는 "깨어나" "영업"을 시작하고 "미국의 목적"이 기계적으로 움직이는 소비자의 네트워크처럼 수상쩍게 보인다. 아타가 항공기에 탑승하자 "눈 깜짝할 새, 녹음된 음악이 밀려온다. 스탠더드 발라드, 트릴과 장식음이 많은 화려한 플루트. 숨을 들이키는 소리까지 들어간 후렴이 엔진 소리와 섞인다…….”[20] 아타는 이륙하기 전에 기내 화장실을 사용하려 하지만, 화장실 세 개는 모두 사용 중이다.

미국의 민간 제트여객기를 자주 이용하는데다 호기심이 많은 무함마드 아타는 화장실이 잠겼고 다른 모든 화장실도 마찬가지로 잠겼으며 (화물과 승객을 내리고 다시 태우는 시간이 빠듯할 때는 보통 그렇게 한다), 항공기가 수평비행 상태로 들어갈 때까지 계속 잠가둔다는 사실을 알고 있었다. 그는 문 세 개를 모두 밀어보았지만, 또 반복과 중복의 고통이었다.[21]

이 부분을 설명하면서 에이미스는 “중복”이라는 실제 어휘로 용어와 상황의 중복을 텍스트로 알린다. 따라서 텍스트는 물질적 ‘반복’의 주기를 통해 그 자체의 관심과 권리침해를 강조한다. 인간의 쓰레기를 처리하는 것만큼이나 멀리.

에이미스의 이야기는 〈뉴요커〉에 “소설(fiction)”이라는, 은근히 빈정대는 제목으로 처음 출판되었다. 그 표지에는 무함마드 아타와 그의 공모자 중 한 명의 모습을 CCTV로 잡은 흑백 스틸사진들이 실려 있다. 2001년 9월 10일에 한 주유소에서 거래를 하는 모습이었다.

한 자리를 계속 잡은 사진이지만 이런 사진들은 소비사회 곳곳에 편재하고 있는 감시의 특징을 드러낸다. 이번엔 납치범들이 있고, 그들은 2001년 9월 10일 수백만의 다른 평범한 미국 소비자처럼 카메라에 잡힌다. 자크 데리다는 911 사건 이후 자가면역 이론을 통해, 우리는 납치범들이 어떻게 "'폐쇄회로 속에서' [미국의] 자체적 관심으로 [미국] 자신의 카메라에…… 정확히 '노출되었는지'" 알 수 있다고 했다.[22]

아타는 단순한 금전 거래, 즉 휘발유를 사는데 열중하지만 그 모습은 녹화된다. 그는 동영상에 잡히고 (아직은) 아무런 나쁜 짓도 하지 않는다. 물론 이 사악한 "고리"는 널리 공개된 화면에도 나타난다. 그 화면은 9월 11일 메인 주 포틀랜드 공항의 보안 체크포인트에 있는 평범한 통로를 지나는 순간과 웅장한 무기로 접근하는 지점을 노출시키고 있다. 바로 무함마드 아타의 행동이 기록된 실제의(그리고 '실제였던') 동영상이다. 에이미스스의 이야기에서 공항은 영구회귀로 기여한다. 동시에 그 영구회귀는 끔찍한 최종 결말에 아무런 걸림돌 없이 자리를 내준다.

『떨어지는 남자』에 나오는 가상의 공항

돈 들릴로의 소설 『떨어지는 남자(Falling Man)』는 별거 중인 한 부부가 911 사건 이후 변화된 상황에 적응하는 문제에 초점을 맞춘다. 남편은 세계무역센터에서 살아남은 키스라는 사나이이다. 그는 첫 번째 항공기가 충돌했을 때 북쪽 건물에서 일하고 있었다. 그리고 그는 아내 리앤과 사이가 소원해진 상태다. 리앤은 아버지가 자살하고 어머니가 알츠하이머병에 걸렸다는 사실을 받아들이려 애를 쓰고 있다. 그는 911 사건의 직격탄을 맞는다. 독자들은 키스가 북쪽 건물이 폭발하는 순간 "의자에서 튕겨 나와 벽에" 박혀 "위층에서 새어 내려오는" 제트기 연료 냄새를 맡을 정도로 폭발 현장에 가까이 있었다는 사실을 알게 된다.[23]

한편 리앤은 항공기 충돌을 직접 경험하지는 않았다. 하지만 그래도 사건의 영향을 매우 직접적으로 받는다. 그날 유리 파편을 뒤집어쓴 채 피범벅이 되어 그녀의 집 문 앞에 나타난 키스를 통해 그리고 이와 관련이 없는 아버지의 자살을 둘러싸고 머릿속에서 쉽게 지워지지 않는 강박관념을 통해 그녀는 911 사건의 아우라를 느낀다. 아버지의 자살은 리앤의 양심과 기억을 괴롭힌다. 다시 말해, 들릴로는 911 사건을 사회적이고 심적 경험의 단층에 침투시킨다. 이들 부부에게 911 사건은 자살부터 트라우마나 기억 그 자체에 이르기까지 쉽게 다룰 수 없는 문제들을 제기한다.

제3의 등장인물인 납치범 함마드도 있다. 그의 관점은 『떨어지는 남자』의 계기를 만든다. 그의 경험은 이야기 속에서 세 번에 걸쳐 나타난다. 두 번은 멀리 외딴 곳에 자리 잡은 훈련 지역에서(그는 독일에서 건축과 엔지니어링을 공부하고, 플로리다에서 항공기 조종법을 배운다), 세 번째는 납치된 아메리칸 항공 11편이 북쪽 건물에 접근하여 충돌하는 과정에서 나타난다. 비판적 공항의 가상 이야기 내에서 독자들의 눈을 "데드 타임"이라는 개념으로 되돌리게 만드는 것은 지문 설명에서 나타나는 함마드의 회피적인 관점이다.

들릴로가 만들어낸 가공의 테러리스트 함마드는 소설에서 두 번 데드 타임에 노출되는 장면을 생각한다. 소설에서 설명하는 것처럼, "그는 비행학교 근처의 술집에서 TV를 보았고 화면에 나타나는 자신을 그려보기를 좋아했다. 그것은 비행기 쪽으로 가는 길에 문처럼 생긴 탐지기를 통과해 걸어가는 것이 찍히는 동영상 속의 인물이었다."[24]

들릴로의 함마드는 주변에 보이는 TV 오락물을 다가올 '그 자신의' 데드 타임 속에 스스로 투사된 환상으로 대체한다. TV에 나오는 인물에서, 함마드는 공항에서 보안 검열을 통과하는 자신을 상상한다. 이런 환상은 몇 쪽 뒤에 다시 나타난다.

"[슈퍼마켓의] 밝은 통로를 걸어가다, 그는 다가올 일에 대해 1초에 천 번을 생각한다. 말끔하게 면도한 채 금속탐지기를 통과하는 동영상 속의 모습을."[25]

마치 예비 납치범에 대한 들릴로의 설명적 극화가 감시를 받는 보안구역의 낯익은 장면에 사로잡혀 있는 것 같다. 그리고 "다가올 일" 즉 공기와 강철과 불에 의한 장엄한 죽음은 동영상 화면에 잡힌 더 노골적이고 무한히 맴돌 수 있는 데드 타임의 환상적 대상에 의해 지연된다.

미디어에 의한 예견된 중재를 보여주는 이런 장면에서, 함마드는 공항의 금속탐지기를 통과할 때의 기분을 생각하는 것이 아니다. 오히려 그는 무서운 사건 '이후에' 공항의 금속탐지기를 통과하는 그의 모습을 다른 사람들이 '보았을' 때 그들의 기분이 어떨지 상상한다. 마틴 에이미스의 "데드 타임"이 단조로운 공항의 일상으로 규정되는 것이라면, 들릴로는 이런 경험을 한 차원 더 밀고 나아가 감시 체제와 목격하는 행위에서 또 다른 종류의 데드 타임의 특징을 찾아낸다. 그리고 그곳에서 실제의 물리적 폭력은 언제나 그리고 이미 적어도 두 번 제거된다.

공항 보안 감시 체제를 다중화하고 강화하는 가운데, 데드 타임은 제거의 시각적 경제(visual economy of removal)가 된다. 심지어 비현실적인 이상에 따라 행동한다는 성전(聖戰)의 전사들조차 과거 속에서 확인할 수 있는 재생 가능한 단순한 이미지가 된다. 함마드는 명멸하는 TV 화면에서 실체가 없는, 말은 안 되지만 시간을 거슬러 간 유령에서 자신을 미리 본다. 이런 공항의 두 가지 암시는 『떨어지는 남자』에서 간략하게 그려지지만, 이들 암시는 놀라운 방식으로 앞서 나온 공항의 이미지에 연결된다.

앞서 나온 『떨어지는 남자』에 나오는 공항의 사례에는 리앤이 관련되어 있다. 소설 내내 리앤은 스스로 목숨을 버린 아버지에 대한 풀리지 않는 기억으로 계속 힘겨워한다. 어느 순간 우연히 "그녀는 아버지를 생각했다. 그녀는 아버지가 에스컬레이터를 타고 내려오는 것을 보았다. 아마도 공항이었을 것이다."[26] 이것은 리앤의 아버지와 관련된 많은 단편적 공상 중 하나이지만, 이 "아마도 공항"은 의미가 심상치 않다. 바로 이 소설의 구성이 갖는 911 사건 이후의 상황에 주어진 해석적 불확실성 때문이다. 이 소설에서 공항은 불안한 장소, 즉 불확실한 존재론을 위한 공간일 뿐 아니라 이동의 장소라는 성격을 띤다.[27]

『떨어지는 남자』에서 세 공항이 던지는 암시는 간결하면서도 스쳐가듯 만들어진다. 그러나 이 소설에서 공항의 최소한의 존재성은 정확히 이 장소를 911 사건 이후의 기록으로서 『떨어지는 남자』의 의미와 연관 지어 생각하게끔 만드는 요소다. 내가 이 책을 통해 줄곧 강조하는 부분이지만, 공항은 들릴로의 전 작품에 두루 걸쳐 나타나는 변하지 않는 집착의 대상이다. 그의 작품들은 자주 그리고 공공연히 이런 장소를 서성인다.

911 사건은 흔한 공포와 성실한 애국심으로 체험하게 되는 경우나 "부조리극"으로 풍자되는 경우나 여행자의 안전을 보장하지 못하면서 쓸모없이 엄격하기만 한 방만한 규정으로 실감하는 경우 등, 무수한 경로를 통해 공항을 미국 대중문화의 전경에 내세운다.[28] 들릴로에 정통한 독자들은 작가가 911에 관한 소설을 쓰면서 공항이라는 주체를 놓고 현장조사를 했으리라 예상했을지도 모르겠다. 그러나 잠깐 스치듯 지나가는 공항 장면은 겨우 세 군데뿐이고, 사실 모든 일은 '마음의 눈 속에서' 벌어진다. 『떨어지는 남자』에도 공항 그 자체는 '없다.' 이런 효과적인 부재는 공항을 유령 같은 모습으로 만든다. 그리고 아마도 바로 이런 이유 때문에 공항은 정식으로 하나의

지침이 될 수 있을 것이다.

『무함마드 아타의 마지막 날』처럼 『떨어지는 남자』는 순환하는 설명적 구조에 의지한다. 하지만 이 경우, 들릴로의 반복되는 설명은 에이미스의 이야기보다 아주 많은 지면을 차지한다. 소설은 트윈 타워가 무너지면서 키스가 세계무역센터의 아수라장으로부터 벗어나 헤매는 장면으로 시작한다. 첫 장의 두 번째 문단이 묘사하는 방식을 보자.

굉음은 여전히 머리 위에서 맴돌았고, 휘어진 철골들이 무너져 떨어졌다. 지금 이곳은 분명코 이승이었다. 연기와 재가 거리를 굴러다니다 모퉁이를 돌아 흩어졌다. 연기는 지진처럼 파도를 치며 몰려왔고, 업무 서류들이 번쩍거리며 스쳐갔다. 아침을 덮은 장막에서 가장자리가 날카로운 서류 종이들이 저승의 잡동사니들을 걷어내고 채찍질하며 지나갔다.[29]

독자들은 "그라운드제로"로 알려지게 될 혼란의 아수라장을 혹독하게 그려내는 설명 속으로 곧장 내던져진다. "그곳을 벗어나면서 동시에 그 속으로 들어가는" 키스와 함께 걸으며, 우리는 이미지와 소리의 돌풍에 속수무책으로 당한다. 그때 특이한 광경 하나가 일종의 가벼운 설명적 호흡을 끊으면서 독자적인 단락을 만들어낸다.

"그때 이 모든 것을 벗어난 저 밖에, 저 높이, 여기 것이 아닌, 다른 어떤 것이 있었다. 그는 그것이 내려오는 것을 보았다. 셔츠 하나가 높은 연기에서 내려왔다. 셔츠는 잠깐 올라갔다가 희미한 빛 속을 표류한 다음 다시 강을 향해 떨어졌다."[30]

셔츠와 911, 그 주제(들)의 특이함을 생각할 때 이 문단에서 "셔츠"라는 단어의 반복은 호기심을 자아낸다. 독자들은 이렇게 두 번 언급된 셔츠를 트윈 타워의 굴절된 모습을 상징하는 것으로 읽고 싶은 유혹을 받을 것이다. 그러나 "아마도 공항" 차원에서는 셔츠를 이렇게 시각적으로 더듬는 것보다 더 매력적인 독법이 있다. 그런 독법은 이 소설의 구조에서 비롯된다. 그 구조는 마지막 장에서 분명해진다.

이 책의 마지막 부분은 우리의 시선을 그라운드제로의 현장으로 되돌려 놓는다. 그리고 납치된 아메리칸항공 11편이 확실한 표적을 향해 가다 허드슨코리도어(허드슨 강을 따라 세계무역센터 옆을 지나가는, 교통이 혼잡한 시가지 – 옮긴이)를 향해 속도를 높이는 순간 무함마드의 시야에 들어오는 것들을 보여주면서 시작한다. 무함마드는 "뒤에는 화장실과 일등석밖에 없는 곳에서 격벽을 마주보는"[31] 자신의 위치에서 일반석 객실에 잡아둔 승객들을 계속 감시한다. 일등석 승객이 테러리스트를 먹는 셔먼 알렉시의 불길한 농담을 떠올리게 하듯, 들릴로는 납치 상태라는 와중에도 여전한 계급의 특권적 구조를 비판하는 말을 살짝 끼워 넣는다. 일등석 화장실은 여전히 일등석 화장실이다. 여객기가 무장한 미사일로 탈바꿈한 지금에도.

일반석 객실에서 함마드는 뒤를 돌아본다.

타워를 등지고 있지만 두 건물을 똑바로 볼 수 있다고 생각했다. 그는 비행기의 위치를 몰랐다. 하지만 머리 뒤통수를 통해 그리고 비행기의 강재와 알루미늄을 통해, 그 기다란 윤곽과 모양과 형체와 가까이 다가오는 그 질료적 사물을 똑바로 들여다볼 수 있다고 믿었다.[32]

이런 지각의 왜곡은 사건 이후에 CCTV 동영상에서 자신을 보는 다른 사람들을 상상하는 함마드의 앞선 묘사와 상관을 이룬다. 위의 장면에서 함마드는 의식적으로 그의 실질적 지각에 반발하고, "질료적 사물"은 비행기가 최종 목적지에 접근하면서 비물질적으로 더욱 현실적이 되고 물리적으로 '더 가까워진다.'

소설의 결말 부분은 내내 유지되던 설명적 구조에서 하나의 휴지부를 형성한다. 여기까지 세 주인공들은 별개의 주관성으로 취급되어 각자는 그들의 독특한 관찰과 경험에 맞는 자신만의 대목을 허락받는다. 아메리칸항공 11편이 로어맨해튼(Lower Manhattan)을 덮치면서, 항공기 내부에서 보는 함마드의 설명적 관점은 북쪽 건물의 폭발을 겪는 키스의 주관적 경험으로 바뀐다.

다른 쪽 통로에 있는 취사실 취사대에서 병 하나가 떨어졌다. 그는 그가 있는 쪽으로 병이 굴러오는 것을 지켜보았다. 그리고 빈 물병이 한쪽으로 호를 그리며 다른 쪽으로 다시 구르고, 더 빠르게 돌다 한 순간 바닥을 가로질러 미끄러지는 것을 보았다. 바로 그 다음 순간 항공기는 타워를 강타했고 열기 그리고 연료 그 다음에 불 그리고 폭발의 파동이 건물을 뚫고 지나갔다. 키스 뉴데커는 의자에서 튕겨 나와 벽에 처박혔다. 그는 벽 속을 걷고 있었다. 벽에 부딪히기 전까지는 전화기를 떨어뜨리지 않고 있었다. 바닥은 발밑에서 미끄러지기 시작했고, 그의 몸은 균형을 잃고 벽을 따라 바닥을 향해 천천히 움직였다.[33]

함마드를 가리키던 "그는" 이 문단에서 키스를 가리키는 쪽으로 바뀐다. 마치 테러리스트가 이런 승화의 순간에 문자 그대로 희생자가 되는 것처럼 보인다. 이런 아이디어는 의사가 키스의 몸에서 유리 파편들을 제거하면서 자살 폭탄테러범들로부터 나온 "작은 살점들"이 생존자의 몸 안에 끼어있는 것을 종종 발견하게 되는 원리이다. 이런 현상을 "유기체 유산탄(organic shrapnel)"이라 부르는데, 소설 앞부분에서 상세히 설명된다.[34]

소설의 나머지 부분은 환각상태에서 북쪽 건물을 나와, 걸어서 그라운드제로를 벗어나는 키스의 모습을 따라간다.

"그는 한 걸음을 떼고 또 한 걸음을 뗐다. 연기가 그를 덮쳤다. 발밑에 깨진 잡석이 느껴졌고 사방에 움직이는 형체들이 보였다. 사람들은 달리고 물건들은 날아다녔다."[35]

소설은 시작 부분과 그라운드제로의 공포로 되돌아온다. 그리고 마지막 몇 문장들은 우리에게 낯익은 이미지를 되돌려준다.

"그때 그는 하늘에서 셔츠 하나가 내려오는 것을 보았다. 그는 걸으면서 그것이 떨어지는 것을 보았다. 두 팔은 이승의 것이 아닌 양 흔들렸다."[36]

키스는 "이승의 것이 아닌" 것 같은 어떤 것을 보지만 이 셔츠는 이미 보였고, 실제로 이미 처음으로 '두 번' 보였다. 『떨어지는 남자』는 그 자신 위로 떨어지면서 그 자신을 본다. 설명은 끝에 다시 일어나는 그 자신의 반복으로 비틀거리며 들어간다. 떨어지는 셔츠는 다시 독특한 어떤 것을 경험하는 바로 그 경험을 상징한다.

하늘에서 떨어지는 셔츠가 두 번 반복해서 보이는 것은 공항에서 기다리는 모습에서 되살아나는 반복의 형식 논리의 특징이다. 따라서 우리는 공항과 보안구역에서 두 번 보이는 자신을 상상하는 함마드와, 공항에서 에스컬레이터를 타고 내려오는 아버지를 기다리는 자신을 상상하는 리앤으로 시선이 향한다. 셔먼 알렉시의 21세기형 인간인 윌리 로먼은 공항을 불안한 목적지로 체험한다. 또 그렇게 느낀 순간 참지 못하고 집에 전화를 걸어 확고한 (매개적) 존재감을 마련한다. 물론 마틴 에이미스가 만든 가공의 무함마드 아타는 이 특별한 형태의 인물이 된다. 그리고 기다리는 공항의 "데드 타임" 효과 속에 자신이 범행에 연루된 문제를 곰곰이 생각한다.

911 모험

이 장에서 나는 911 사건이 소설로 허구화되면서도 실제의 공항 또는 현실적인 공항과 관련을 맺는 경위를 설명했다. 허구적 이야기를 통해 911을 이해하거나 생각해보려는 이런 시도에서, 공항은 외적 현실성과 내적 모호함을 동시에 갖고 있는 불안한 지시대상으로 존재한다. 그리고 일상생활이 (잠재적인) 극단적 모험과 충돌하는 그라운드 제로로 존재한다. 내친 김에 공항에 대한 상상력을 좀 더 부풀려 산문으로 911을 설명하는 한 가지 사례를 더 살펴봄으로써 이 장을 마무리하자.

시인이자 비평가인 죠슈아 클로버(Joshua Clover)는 이렇게 주장했다.

소설은 더 이상 모험이 자신을 드러내는 장소가 아니다. 그리고 모더니즘에 뒤이어(조이스는 모험 설화를 단 하루의 일상생활 공간으로 재구성한다) 그리고 모든 유형의 전통 문학을 풍자한 포스트모더니즘에 뒤이어, 이제 모험 문학은 다른 곳에서 찾아야 한다.[37]

클로버는 계속해서 이 "다른 곳"은 다소 의외의 장소, 즉 911 조사위원회 보고서에서 찾을 수 있다고 주장한다. 클로버는 그 보고서를 "18세기와 19세기 소설이 그려낼 수 있는 어떤 것에 못지않은 모험

적 일상에서 내용을 찾고, 그렇게 해서 '현실' 속에서 모험 소설 양식을 찾아 그 전통에 기대는 것"이라고 밝힌다.[38]

911 위원회보고서의 첫 부분에 눈을 돌리면 이런 대담한 주장의 근거를 쉽게 찾을 수 있다. 첫 문장에서 묘사하는 분위기를 보자.

"2001년 9월 11일 화요일, 미국 동부에 구름 한 점 찾아보기 힘든 따뜻한 하루가 열렸다."[39]

새벽의 정경을 환기시키는 이 서사시에 가까운 묘사에는 믿을 수 없을 만큼 강력한 어조의 반어법이 자리 잡고 있다. 보고서 제목과 달리, 이 이야기는 어투의 의미를 어떻게 보든 절제에 관한 것도 아니고 명료함에 대한 찬사도 아니다.

보고서는 대중에 대한 거창한 표현으로 옮겨간다.

> 수백만의 남녀가 일과를 시작할 채비를 갖추었다. 그중에는 트윈 타워로 간 사람들도 있었다. 뉴욕시 세계무역센터 단지를 대표하는 건물이었다. 또 일부는 버지니아 주 알링턴의 국방성으로 갔다. 포토맥 강을 건너 미 의회는 다시 회기를 시작했다. 펜실베이니아 애비뉴의 끝자락에는 백악관 투어를 하려는 사람들이 줄을 서기 시작했다. 플로리다의 새러소타에서 조지 W. 부시 대통령은 이른 아침 조깅을 하러 나갔다.[40]

이 문단은 트윈 타워, 국방성, 워싱턴 DC 등을 공중에서 내려다보다 마침내 "이른 아침 조깅"을 하는 대통령 한 사람을 클로즈업하여 영화의 한 장면처럼 극적인 관심을 끌면서 정치적 · 경제적 음모라는 구성을 설정한다. 이 대목은 대중을 무엇보다도 '일'의 주체로 그려낸다는 점에서 주목할 필요가 있다. 그리고 그들의 국가적 가치와 정체성은 근무자로서 그들의 신분을 통해 식별된다.

이런 관점에서 본다면 "수백만의 남녀" 중 어느 누구도 그날 아침에는 권태의 소용돌이에서 꾸물거리거나 놀 준비를 하는 사람이 없었다. '모든 사람들'이 전진하는 주류에 발맞추어 목적을 가지고 살아가고 있다는 것을 은연중에 암시하는 대목이다. 이런 레토릭은 정치적으로나 경제적으로나 같은 목표를 지향하는 하나의 통일체로 물 흐르듯 모여드는 개인들의 집단을 만들어낸다. 이런 집단은 모든 주체가 다른 무엇보다 더 가치 있는 일을 해야 하는 "힘의 매트릭스" [월터 미뇰로(Walter Mignolo)의 표현을 빌리면]이다.[41]

보고서의 이런 클로즈업 기능은 다음 짧은 문단으로 계속된다.

"공항으로 가는 사람들에게는 안전하고 유쾌한 여행을 하기에 더 이상 좋을 수 없는 기상조건이었다. 여행객들 사이에는 모하메드 아타와 압둘 아지즈 알 오마리가 끼여 있었다. 그들은 메인 주 포틀랜드의 공항에 도착했다."

다시 건조한 반어법 어투가 눈에 띈다. 가언적(假言的)인 "안전하고 유쾌한 여행"은 죽은 승객이라는 한 극단에서부터 일단 미국 내의 모든 항공기들이 지상에 내려온 이후 세계 곳곳에서 오도 가도 못하고 발이 묶인 사람들에 이르기까지 그날 여행객들에게 일어난 상황과 전혀 어울리지 않는다.

나는 모험 소설의 문체가 일상의 소재에서 재활용되고 재발견된다는 클로버의 주장에 대한 증거로서 911 위원회 보고서가 첫 두 문단의 반어법을 묘하게 고집한다는 사실을 강조하고 싶다. 이런 외면상의 공식 정보 문서는 그런 문학적인 관례에는 필요가 없다. 하지만 설명은 반어법이 요구하는 해석적 모호함을 요구하는 것 같다. 보고서 첫 부분에 사용된 무거운 반어법이 공항의 물질성에 의해 권한을 위탁받는다. 그 때문에 어떤 관례는 사색적인 상상에 의지함으로써만 진전된다는 느낌을 지울 수 없다.

이 보고서에서 포틀랜드 공항에 있는 모하메드 아타를 설명한 부분을 보자.

보스턴으로 가는 항공기를 타기 위해 탑승수속을 밟았을 때, 그는 이미 요주의 인물로 리스트에 올라있었다. 특별 보안조치를 받아야 할 승객의 정체를 확인하기 위해 만든 CAPPS(Computer Assisted Passenger Prescreening System)라는 전산화된 사전심사체계에 걸린 것이다. CAPPS는 당시 적용 중이던 보안 규정에 따라 아타를 선별해냈다. 하지만 고작 취한 조치라는 것이 그가 탑승했다는 사실을 확인할 때까지 검사 받은 그의 가방을 항공기에 싣지 않는 것이 전부였다. 이런 조치는 아타의 계획을 막지 못했다.[42]

『무함마드 아타의 마지막 날』에서 이 장면을 아주 비슷하게 그려낸 마틴 에이미스의 대목을 상기시켜 보라. 에이미스와 이 보고서에 나타난 CAPPS에 대한 대칭적 묘사는 공항 읽기를 그대로 드러낸다. 즉 이런 보안체계는 추측과 무작위의 가상 영역과 연결되어 표준화된 전산화 과정이다.

911 위원회보고서가 극단적 모험의 원천으로 일상생활에 눈을 돌린다면, 설명으로 표현된 911 모험이 거의 직접적으로 공항에서 시작된다는 사실에 주목할 필요가 있다. 앞서 언급한 세 가지 경우의 911 소설에서 보았듯, 911 설화는 수수께끼 같은 장소로서, 그래서 해석을 요구하는 장소로서 공항의 모습에 의존한다. 그러나 이런 공간은 또한 일상과 떨어져 있고 구별되어야 하는 공항이라는 어떤 가정이나 생각과 함께 묶인다.

우리는 공항이라는 환경이 설화를 구성하고 시간을 왜곡하는 과정을 지켜보았다. 이런 과정은 911을 중재하고 기억하는 일을 복잡하게 만든다. 911은 완전히 독자적 사건이라고 흔히들 주장해 왔다. 하지만 소설과 정치에서 911을 문학적으로 유용하는 행위는 이 사건의 소재를 상상할 수 있고 예상할 수 있다. 또한 반복이라는 형식 논리에 기반을 둔 것으로 규정함으로써 그런 독자성에 도전한다.

앞서 논의한 작품에서, 공항은 911을 기억하는데 필요한 출입구이자 걸림돌로 기능한다. 각각의 작품은 가상의 공항이 911을 회상하는 방식을 보여준다. 그리고 각 공항은 그 사건의 세부적인 내용을 기억하고 다시 말하고 재연하는 행동을 텍스트적으로 복잡하게 만든다. 다시 말해 공항은 911 사건 이후의 소설을 위한 편리한 무대장치에 그치지 않는다. 항공문화는 일반적으로 911 사건 이후의 이야기를 말하는 방식의 한계를 정한다. 그리고 그 과정에서 단독적 주체는 영구적이고 인식적인 반복에 어김없이 종속된다. 그때 비행의 구조는 911 사건 이후의 이야기들이 기념하려는 바로 그 주제를 복잡하게 만든다.

제3장에서 우리는 『하디 보이즈』를 통해 위험도가 낮아 보이는 기호학적 불안정성을 살펴보았다. 그리고 제4장에서는 일상의 공항 문화에 담긴 감시 환경의 이해관계와 이런 문화를 재활용하는 소설을 검토했다. 이제는 공항에서 탐지와 음모의 불가피한 임무가 수렴되는 지점에 초점을 맞춰야 할 때다. 그곳은 '심사'가 반드시 이루어져야 하면서 동시에 불안을 야기하는 보안 체크포인트다.

주

제4장

1 Baudrillard, *The Spirit of Terrorism*, 4.

2 David Simpson, *9/11 : The Culture of Commemoration* (Chicago : The University of Chicago Press, 2006), 18.

3 "September 11 attacks," http://en.wikipedia.org/wiki/9/11(accessed February 13, 2011).

4 Sherman Alexie, "Flight Patterns," *Ten Little Indians* (New York : Grove Press, 2004), 102.

5 Ibid., 107.

6 Ibid., 120.

7 Ibid.

8 Ibid., 122.

9 Ibid., 123.

10 Ibid.

11 Ibid., 108.

12 Martin Amis, *The Second Plane-September 11 : Terror and Boredom*(New York : Afred A. Knopf, 2008), 5.

13 Martin Amis, "The Last Days of Muhammad Atta," *The New Yorker*(April 24, 2006), 157.

14 Ibid., 153, 163.

15 Gordon, *Naked Airport*, 170-1.

16 Amis, "The Last Days of Muhammad Atta," 157.

17 Don DeLillo, *The Names*(New York : Vintage, 1982), 7.

18 Amis, "The Last Days of Muhammad Atta," 160.

19 Ibid., 160-1.

20 Ibid., 161.

21 Ibid., 161-2.

22 Derrida, "Autoimmunity," 95.

23 Don DeLillo, *Falling Man*(New York : Scribner, 2007), 239, 241.

24 Ibid., 173.

25 Ibid., 177-8.

26 Ibid., 67.

27 들릴로는 나중에 쓴 소설 『포인트 오메가(*Point Omega*)』에서도 비슷한 장면을 반복한다. 그는 한 등장인물이 공항 에스컬레이터와 아버지를 두고 느끼는 혼란을 이렇게 표현한다.

"움직이지 않는 에스컬레이터에 발을 올려놓았을 때 당황했다고 그녀는 말했다. 샌디에이고 공항이었다고 했다. 그곳에서는 그녀의 아버지가 그녀를 만나기 위해 기다리는 중이었다. 그녀는 움직이지 않는 에스컬레이터에 발을 올려놓지만 도무지 적응이 되지 않았다. 움직이기 위해 자신의 두 발로 계단을 올라갔지만 반쯤 올라갔는데도 도무지 올라가는 것 같지 않았다. 계단이 움직이지 않았기 때문이다."

Point Omega(New York : Scribner, 2010).

28 Sharkey "Registered Traveler Program." ; Trento and Trento, *Unsafe at any Altitude*.

29 DeLillo, *Falling Man*, 3.

30 Ibid., 4.

31 Ibid., 237.

32 Ibid., 328-39.

33 Ibid., 239.

34 Ibid., 16.

35 Ibid., 246.

36 Ibid.

37 Personal email from Joshua Clover to the author dated February 5, 2011 ; originally presented at the Stanford University Center for the Study of the Novel 2005-2006, on the "Adventure" panel.

38 Ibid.

39 *The 9/11 Commission Report*, 1. http://www.9-11commission.gov/report/index.htm

40 Ibid.

41 See Walter Mignolo, *The Idea of Latin America* (Malden, MA : Wiley-Blackwell, 2005).

42 *The 9/11 Commission Report* , 1.

Reading the Culture of Flight

nland

10.10.09 6 1
NUIJAMAA
M 092

IMMIGRATION
SUVARNABHUMI AIRPORT THAILAND
VISACLASS
12 SEP 2009
ADMITTED UNTIL 11 OCT 2009
SIGNED

DEPARTED
20 SEP 2009

rkey

Thailand

Russia

ANTALYA
01 OC 11

Россия КПП
29 04 10
Брусничное

РОССИЯ КПП
19 08 11
ШЕРЕМЕТЬЕВО
812

VIETNAM - IMMIGRATION
234A
30 AUG 2011
NỘI BÀI

Vietnam

Brazil

SELO CONSULAR
50
REAIS-OURO
MOSCOU

VIETNAM - IMMIGRATION
141A
13 SEP 2011
NỘI BÀI

Beloz

DPMAF - DPF
10 10 05 554 1
093

5. 공항, 불안을 읽다

The Textual Life of Airports

Reading the Culture of Flight

불안이 재미로 변하는 순간

2001년 9월 11일 이후로 공항에서 내가 하는 일은 예기치 않은 쪽으로 바뀌었다. 시간당 7.25달러를 받는 공항 아르바이트 직원이었던 나는 갑자기 임시 보안요원으로 두 가지 임무를 수행해야 했다. 탑승수속을 하는 데스크에서(그리고 나중에는 탑승구에서) 승객들의 신분을 확인하는 일상적인 활동은 더 심각하고 정치적인 의미를 갖게 되었다. 승객의 신분증을 심사하는 절차는 늘 해왔던 이 일의 사소한 부분이었다. 하지만 911 이후로 그 일은 바짝 긴장해야 하는 업무로 바뀌었고, 일부 직원들에게는 심지어 재미있는 일이 되었다.

내 동료들 중 몇몇은 승객들이 수상하다고 생각되면 "탑승 금지자 명단(No Fly List)"이라는 세 개의 고리로 묶인 거추장스러운 바인더를 들춰 대조하는 심술궂은 행위에서 재미를 느끼는 것 같았다. 수상하다고 보는 것은 순전히 주관적 판단이어서, 주로 승객의 외모나 발음하기 어려운 이름 등이 그 기준이었다. 국가안보 감시 체제가 인종적 편견과 서투른 판단력에 의존하던 시기였다. 그 당시 나는 내가 '공항 심사 복합체(airport screening complex)'라고 이름 붙인 체제의 문제점과 보기 거북한 관행에 관심의 초점을 맞추기 시작했다.

공항 심사 복합체는 역사가 길다. 또 미국 문화에만 있는 것도 아니다. 그러나 여기서는 이런 체제가 가진 오랜 역사 중 최근 몇 가지 짧은 순간에만 그 채널을 맞추겠다. 공항 심사 복합체의 명확한 그림을 제시하기보다는 새로 나타난 유형의 문화를 둘러싼 이상한 연속성과 외관의 범위를 그리는 것이 나의 목표이기 때문이다.

"탑승 금지자 명단(No Fly List)"이 우리 공항에 도착한 것은 911 사건 직후였다. 아무리 좋게 보려 해도 어설프기 짝이 없는 서류였다. 그것은 한 가지 제목 아래에 철자가 조금씩 다른 이름들이 넘치도록 뒤범벅되어 있었다. 크기도 대단해서 다루기도 버거웠다. 그 명단은 탑승창구 뒤에 있는 사무실에 늘 비치되어 있었다. 별로 수상해보이지 않는 승객이 터미널의 카운터에 손가락을 딸가닥 두드리며 기다리는 동안에도, 우리 공항 직원들은 몰래 명단을 뒤져 이름을 대조해보곤 했다. 우리가 근무하는 곳은 북부 로키산맥 한복판에 있는 작은 공항이었다. 하지만 911 납치범들도 일부는 원래 공항 규모가 우리와 비슷한 메인 주 포틀랜드에서 탑승했다. 그 사실을 상부로부터 귀에 못이 박히도록 들은 터였다.

또 하나 새로 맡은 우리의 임무는 체크포인트에서 실제 보안담당자들을 시험하는 것이었다. 우리는 고무칼이나 장난감 총, 모조 수류탄 등을 받았다. 그리고 적당한 간격을 두고 체크포인트를 통과하여 비행기를 타는 출발 게이트로 갔다. 보안팀을 계속 긴장시키는 것이 이런 비밀 임무의 목적이었다. 그들이 가짜 무기들을 놓칠 때마다 우리는 그 사실을 보고했다. 내 기억으로 동료들 몇몇은 가짜 무기를 지닌 채 체크포인트를 지날 수 있는 묘수를 짜내는 일을 무척 신이 나서 했던 것 같다. 예를 들어 커다란 스티로폼 음료수 컵에 작은 모조 권총을 담근 다음 금속 탐지기를 걸어서 통과하면 대부분 걸리지 않았다.

미디어 학자 리사 파크스(Lisa Parks)는 그녀의 논문 〈출발점 : 미국 공항의 검색 문화(Points of Departure : The Culture of US Airport Screening, 2007)〉에서 이런 색다른 관행에 대해 논평했다. 나처럼 평범한 공항 직원이 행하는 비공식적인 보안 검색 실험 이외에도, 보안 검색 요원의 업무 실적을 확인하는 공식 비밀 요원들이 있었다. 파크스의 예리한 지적대로, "체크포인트에서 중대한 존재론적 혼란이 있었음에 틀림이 없다. 연방교통안전청(TSA) 요원들은 그들이 모르는 사이에 비밀 요원과 시민자경단에게 갖가지 테스트를 받으며 실험 대상이 된다."[1]

다시 말해 검사요원들은 언제 어떻게 검사 대상이 될지 모른다. 때로는 승객들도 금지 품목을 교묘히 개조하여 X-레이 체크포인트를 통과하기도 한다. 실제로 언젠가 나도 보즈먼에서 덴버로 가는 비행기에 탔을 때, 내 옆에 있는 승객이 무용담을 늘어놓는 걸 들은 적이 있다. 그는 상의 주머니에서 아주 큰 칼을 꺼내들면서 나를 보고 씩 웃으며 체크포인트를 통과한 경위를 자랑스레 설명했다. 물론 누구를 죽이거나 다치게 할 의도는 없는 사람이었다. 그는 단지 칼을 지니고도 검색에 걸리지 않고 비행기를 탔다는 사실에 스릴을 느끼고 있었다.

공항근로자와 비밀요원들이 보수를 받아가며 테러리스트처럼 '행동하고' 아무런 악의도 없는 일부 승객들이 그저 재미삼아 보안요원의 눈을 속이려 든다면 실제로 범행을 저지르려는 사람들은 어떻게 찾아내야 하는가? 검사 장소에서 이루어지는 검색은 몇 겹까지 가능한가? 이런 강도 높은 검색이 이루어지는 장소에서, 완벽하지는 않더라도 실제와 연출을 효과적으로 구분할 수 있게 해주는 것은 무엇인가? 911 사건 이후의 공항은 주체의 위치가 검색하는 쪽과 검색당하는 쪽이 갑자기 뒤바뀐다. 또한 장난기가 발동한 무고한 시민의 꾀와 실제 또는 가상의 테러 위협이 구분되지 않는 위험지대가 되었다.

공항 검색의 의미는 '은닉과 노출'

"공항 검색(airport screening)"이란 말은 보안과 동의어가 되었다. 그러나 '검색(screening)'이란 단어는 은폐와 노출과 여흥과 방심과 물리적 분류가 뒤엉키는 다양한 함축의 집합을 의미한다. 공항 심사 복합체는 의미와의 연관으로부터 등장한다.

옥스퍼드 사전의 "검색(screening)"이라는 동명사 표제어는 공항 주변으로 좁혀지는 이 단어가 가리키는 의미의 범위를 짐작하게 한다. 사전은 '검색'을 이렇게 정의한다.

1. 스크린으로 또는 스크린처럼 엄폐하거나 은닉하는 행위. 2. 스크린

으로 수행하는 분류나 감별. 3. 스크린이나 게시판에 범죄자의 이름을 고지하는 것. 4. 영화의 특별 상영. 5. 감광표면을 노출시키거나 스크린을 통과시켜 상(像)을 만드는 과정.[2]

이렇게 정의하다 보면, 검색은 은닉과 노출이라는 두 가지 상반된 행위를 모두 가리키게 된다. 검색은 또한 형벌제도의 적용을 암시하는가 하면, 영화적 재미의 한 요소가 되기도 한다. 게다가 검색은 영상을 기술적으로 재생하는 능력을 의미한다. 옥스퍼드 사전의 정의는 검색이 대단히 융통성이 있는 용어라는 것을 보여준다. 그리고 공항 주변에서 이런 다양한 의미는 묘하게 겹치고 얽힌다.

앞서 말했지만 공항 검색이 가장 강도 높게 이루어지는 곳은 보안 체크포인트다. 여기서 이루어지는 공항 검색은 통제구역이나 안전구역을 승객이 아닌 사람들(또는 직무 범위가 게이트 쪽까지 미치지 않는 직원들)로부터 효과적으로 감춘다. 그러나 이 지역은 또한 공항의 통제 구역과 비통제 구역 사이에 놓인 전이(轉移)구역을 드러낸다.

보안 체크포인트는 인식할 수 있는 상, 즉 고정된 정체성에 관한 불안과 개인의 안전과 국제적인 위험의 상대적 예상치를 가늠하기 위한 문화적 수사 어구가 되었다. 더욱이 보안 체크포인트는 소지품을 영상으로 포착하고, 승객의 신분을 드러낸다. 또 불순한 행동을 하려는 승객을 공개하는 장소로 기능한다. 마지막으로 이런 사전조사를 위해, 보안 체크포인트는 휴대용 가방이나 주머니에 든 물건의 내용에 따라 승객을 분류하여 비행기에 태우기도 하고 태우지 않기도 한다.

검색은 인간의 신체가 하는 행위다. 보안 요원은 체크포인트를 통과하는 승객과 물품을 심사한다. 그러나 또한 검색은 인간의 신체에 행하는 행위이기도 하다. 승객들은 금속탐지기를 통해 검사를 받고, 감시의 눈초리를 받아야 한다. 또 전신 스캐너로 자신의 신체가 영상으로 분석 처리되는 절차를 꼼짝없이 감수해야 한다. 검색은 또한 좀 더 추상적인 "신체(실체)"에 의해 수행된다. 연방교통안전청이나 911 사건 이후에 더욱 규모가 커진 보안 제도가 그런 실체다.

이런 실체들은 청색 장갑을 끼고 휴대용 금속탐지기로 승객들의 몸을 훑는 보안요원보다 더욱 편재한 상태로 감시 업무를 수행한다. 그러면서도 쉽게 자신을 노출시키지 않는 집단이다. 공항 검색이란 어구를 해부하다보면 공항 검색과 복잡한 관계를 맺고 있는 신체나 실체들을 볼 수 있다. 인간은 많은 검색 행위를 관리하면서 동시에 그런 행위를 받는다.

터미널 검색 그리고 톰 행크스

"영화의 특별 상영"이란 의미를 담고 있는 '스크리닝(screening)'을 꼭 공항과 결부시킬 필요는 없을 것이다. 그러나 공항을 '소재로 한'

영화들은 검사 복합체를 집중적으로 다룰 수 있다. 그 복합체가 여러 겹의 복잡한 미디어 상의 중개와 (불)가시성과 구체화라는 특징을 갖고 있음에도 불구하고 말이다.

공항 검색이 스스로를 오래 구속하는 대표적인 사례는 스티븐 스필버그(Steven Spielberg) 감독의 2004년 영화 〈터미널(The Terminal)〉에 잘 나타나 있다. 이 영화에서 톰 행크스(Tom Hanks)는 국적이 없어지는 바람에 공항에 갇혀버린 주인공 빅토르 나보르스키 역을 맡는다. 다분히 사적인 순례 여정을 위해 미국으로 가던 길에 나보르스키의 고국에서는 정부가 전복되는 사태가 발생한다. 이제 나보르스키는 국적불명 상태가 되어버린 신분 때문에 JFK 국제공항 터미널을 떠날 수 없다. 이 영화에서 특별히 두 장면이 공항 심사 복합체 주변을 어슬렁거린다.

영화 초반부에서 나보르스키는 공항의 출입구 문을 뚫어져라 응시한다. 나보르스키는 저 문을 나서야 할지 말아야 할지 확신이 서지 않는다. 보안책임자는 분명 떠나서는 안 된다고 경고했다. 그는 망설인다. 그때 머리 위에 있는 감시카메라가 움직이면서 전자음을 낸다. 그 소리를 들은 그는 카메라가 그를 따라 움직인다는 사실을 곁눈으로 알아챈다. 배경 너머 중이층에는 출발과 도착정보를 알려주는 화면이 번쩍이고 있다. 그런 다음 보안카메라 위와 뒤에서 찍은 장면이 나온다. 이어서 보안통제실에서 그를 보는 장면으로 바뀐다. 나보르스키가 갑자기 몸을 돌려 카메라를 바라보자 폐쇄회로 TV 화면에서 그와 눈이 마주친 보안책임자는 화들짝 놀란다.

이런 장면이 진행되는 동안, 검색의 의미는 서로 겹치고 서로를 감싸면서, 공항을 "지각적 기계(perceptual machine)"[3]로 만든다. 지각적 기계는 미디어 학자 질리언 풀러가 공항에서 이루어지는 이동 미학을 다룬 그녀의 에세이에서 공항을 빗대어 한 말이다. 나보르스키의 움직임은 면밀하게 감시당한다. 감시요원이 그의 일거수일투족을 살피고 있기 때문이다. 나보르스키는 또한 공항 건물의 출구에 의해 물리적으로 차단당하거나 분류된다.

그는 터미널의 바깥쪽으로 발을 내디딜 수 없다. 그곳은 미국이다. 이런 문들은 출발하고 도착하는 승객들의 통제된 흐름을 거르거나 차단한다. 배경에는 미디어 스크린이 출발과 도착, 지명과 시각을 알리는 이미지를 꾸준히 생산해낸다. 그리고 시야를 벗어난 저쪽에는 TV 모니터가 감시카메라로 몰래 찍은 비디오 피드를 보여주고, 보안요원들은 앉아서 열심히 제 할 일을 한다. 즉 영화는 그 스스로 커다란 스크린을 만들어낸다.

무엇보다 이 영화는 할리우드에서 만든 볼거리다. 이런 마지막 차원의 매개와 여흥은 영화의 구성 안에 있는 매개와 여흥을 재귀적으로 강조한다. 나중에 나보르스키는 보안요원들의 눈을 즐겁게 해주는 대상이 된다. 그들은 그의 다양한 움직임을 지켜보고 심지어 공항에서의 그의 운명을 놓고 내기를 벌이기도 벌인다.(이것은 보안 문제가 오락의 대상이 되는 공항에서 일하는 노동자들의 실제 상황을 상기시킨다. 가짜 무기를 지닌 채 체크포인트를 통과하고 승객에 대한 정보를 평가하는 것은 일하면서 여흥을 즐기는 방법이다.)

이런 장면은 어처구니없게도 모든 면에서 여러 겹의 지각 기술, 시각적 확인(감시의 주체와 카메라의 피사체를 포함하는), 극적인 조화로움 속에 동시에 작동하는 신체적 운동으로 파악되는 공항 심사 복합체를 드러낸다. 〈출발점〉에서 파크스는 공항 심사 복합체가 여행객의 신체를 시각적으로 노출시키고, 수작업을 동반하고, 육체적으로 "가까이 감지하는" 즉 승객의 몸과 소지품을 직접 만지고 보는 행위를 조장하는 경위를 보여준다. 파크스는 공항 체크포인트가 첨단기술이 적용되고 보안에 민감한 공간으로 인용된다는 사실을 지적한다.

그러나 이 지역은 또한 고되고 무계획적이고 보수도 적고 심지어 몸에 좋지 않은 육체노동을 해야 하는 곳이다. 파크스는 "…… 가장 흔히 겪는 고통은 무거운 것을 자주 드는 바람에 생기는 근육통, 디스크, 건초염, 탈장, 그리고 날카로운 물건을 찾기 위해 가방 안을 더듬다 손을 베거나 피부가 찢기는 경우"라고 설명한다.[4] 매개와 시각적 지각을 세련된 방법으로 활용한다는 장소에서, 검색은 야만적 육체중심주의로 엇나가고 만다.

마지막 장면에서 나보르스키는 피곤을 모르는 공항 직원들에 이끌려 한밤중에 포커 게임을 벌이게 된다. 공항 직원 중 한 사람은 나보르스키가 실제로는 CIA의 비밀요원으로, 공항 내부조직을 뒤져 직원 중에서 불법 이민자를 색출하는 임무를 맡고 있다고 확신한다. 결국 그는 움직이는 X-레이 기계 위에 몸을 눕혀 몸속에 수상한 장치가 없는지 확인받는 절차를 감수하게 된다. 이처럼 공항 근로자들은 나보르스키가 테러리스트일 가능성 때문이 아니라 '그들 자신의' 배경이 떳떳하지 못하기 때문에 그를 의심하게 된다.

〈터미널〉의 이런 장면은 공항 심사 복합체가 촉각적인 부담을 과도하게 지우고 있다는 사실을 드러낸다. 그곳에서 신체는 보고 보이고 조사하고 만져지는 과도한 규정의 맹공을 견뎌야 한다. 〈터미널〉에서 보듯 공항은 검색의 심연이다. 그리고 비행기를 타야 하는 신체를 움직이게 하고 살피고 걸러내는 재귀적이고 (재)생산적인 투시적 관행의 건축학적 매트릭스다. 공항 심사 복합체의 역설적 요구는 단순한 허구의 문제가 아니다. 이런 역설적 요구는 또한 일상생활에서도 이루어진다.

동영상 레지스탕스

2010년 11월에 연방교통안전청(TSA) 전국 공항 체크포인트에 "첨단영상기술(AIT)" 장비를 설치하면서 공항 심사 복합체는 도마 위에 올랐다. 이런 전신스캐너는 승객의 몸을 찍어 사용한 장비에 따라 "희미한 네거티브 사진을 닮은 영상"을 만들기도 하고 "초크 에칭(chalk etching)"을 내놓기도 한다. 초크 에칭의 경우 몸은 완전히 노

출되지만 윤곽이 흐릿해져 잠깐 익명의 존재가 된다.[5]

이런 신형 검색 장비는 승객들로부터 강력한 반발을 샀다. 한 웹사이트는 AIT를 "포르노 스캐너"[6]라고 불렀다. 또 어떤 사이트는 이 장비가 1년 중 가장 바쁜 여행 시즌인 12월 24일에 여행을 기피하도록 유도했다며, 승객의 사생활을 침해하는 새로운 보안 프로토콜을 비난했다.

"영화의 특별 상영"을 의미하는 스크리닝의 유발성(誘發性)은 이 사건을 둘러싸고 약간 다른 방법으로 활성화되었다. 웹사이트 "우리는 날지 않겠다(We Won't Fly)"는 "레지스탕스 회원들"을 부추겨 연방교통안전청 요원들로부터 겪는 경험을 모바일 장비에 녹화하도록 시켰다. 이 사이트는 "동영상을 그들의 서버에 쉽게 올려주는 깔끔한 작은 앱"인 킥(Qik)을 다운로드하라고 권했다. 이런 조치는 "거짓말을 하고 증거를 파괴"[7]하려는 연방교통안전청 요원들의 기도를 단념시키기 위한 것이다.

'전국 검색 거부의 날(National Opt Out Day)'을 앞두고 〈뉴욕타임스〉의 기사는 이렇게 보도했다.

"적막한 공항을 보고 싶다."

스캐너의 사용을 반대하는 저항단체인 '우리는 날지 않겠다'의 공동설립자인 제임스 뱁(James Babb)은 그의 웹사이트에 그렇게 썼다.

"그래도 가야겠다면 재미로 하라. 창의력을 발휘하라. 킬트를 입어라.

전화기는 녹음 상태로 하라. 당신은 다음번 유튜브 스타가 될 수 있다."[8]

"다음번 유튜브 스타"가 될 가능성은 섣부른 판단 같았지만, 이 말은 결국 공항 심사 복합체의 성패가 달린 핵심을 꼬집는데 성공했다. 이것은 보이고, 몰래 보고, 보여주지 않으려 하고, 보는 것을 몰래 녹화하는 문제다. 그리고 또한 재미로 하는 노릇이다. 동영상 레지스탕스는 많은 사람들이 동영상을 돌려봄으로써 노출의 스릴과 연관되고, 정치적 프로젝트라고 주장한 것은 심미적 대상이 된다. 또한 어쩌면 시들해져, 발터 벤야민(Walter Benjamin)이라면 "어떤 관심도 필요없다"[9]고 지적했을 법한 미디어로 바뀔지도 모른다.

하지만 다른 한편으로, 동영상 레지스탕스에 대한 요구는 유용한 오락을 지향하는 낯익은 움직임이다. 공항 직원들이 벌이는 보안 게임에서 보듯, 진저리를 치며 몸수색 당하는 승객들은 공항보안 체크포인트를 동영상을 만드는 유쾌한 장소로 바꾸어 놓는다. 겉으로는 연방교통안전청의 감시의 눈초리에 굴복하는 일 같지만, 은밀한 동영상 제작 행위는 그런 수모를 놀이로 바꾼다.

존 타이너(John Tyner)가 2010년 11월 17일에 연방교통안전청 요원들과 맞닥뜨린 순간을 거꾸로 기록한 스틸 사진이 있다. 샌디에이고 공항에서 늘 타던 비행기를 타러 가던 중, 타이너는 보안 체크포인트에서 특별 검사 대상에 선별되었다. 하지만 타이너는 전신 스캔이나 그 이상의 어떤 몸수색도 거부했다. 몇 명의 보안관계자들이 나와 그의 운명을 결정하는 동안 그는 어정쩡하게 기다렸다. 타이너는 이 모든 상황을 휴대폰으로 녹화했다.

그가 찍은 동영상 클립은 공항 천정이 화면 대부분을 차지했지만 간간이 들리는 언쟁은 고스란히 담겼다. 그중에는 타이너가 연방교통안전청 요원에게 자신의 "거시기"를 건드리지 말라고 경고하는 쑥스러운 대목도 담겨 있었다. 그 동영상은 유튜브에 올라갔고, 연방교통안전청 검색 요원은 검색되었다. 보안을 둘러싼 논란은 비록 잠깐이지만 새로운 소동을 불러일으켰다.

그러나 샌디에이고 공항의 보안 검색은 달라진 것이 없었다. 이런 일은 번거롭고 일손도 많이 필요하지만 대체로 평온하게 계속된다. 한편 수치로 나타낼 수 있고 공개적으로 조회해볼 수 있는 결과를 요구하는 사람들이 많아졌다. 그러자 연방교통안전청은 자체 웹사이트를 통해 "한눈으로 보는 연방교통안전청의 한 주(TSA Week at a Glance)"라는 코너를 통계자료와 함께 요약하여 고지했다. 예를 들어 2010년 12월 6일부터 12일까지 한 주의 결과는 이렇다.

*** 체크포인트에서 절묘하게 은닉한 금지 물품 5개 발견**

*** 체크포인트에서 총기 14정 발견**

*** 수상한 행동이나 위조된 여행 서류를 조사한 후 승객 5명 체포.**[10]

연방교통안전청은 그들이 찾아낸 물건들 가운데 사람들이 관심을 가질만한 것들을 설명하겠다고 나섰다. 그래서 누구나 볼 수 있는 온라인 공간을 만듦으로써 공항 심사 복합체의 여흥에 가담한다. 그들이 찾아낸 물건들은 모호함 때문에 호기심을 자아낸다. "절묘하게 은닉한" 물품은 어떤 것이었을까? 문제가 된 "금지 물품"은 정확히 무엇이었을까? 공항의 판토마임에서는 어떤 것이 "수상한 행동"이며, 이들 다섯 명을 체포한 혐의는 구체적으로 무엇이었을까? 보안 그 자체는 권력의 구체화된 양식이고 검색의 실천이다. 그리고 연방교통안전청 웹사이트에서 누구나 일상적으로 인터넷 검색을 통해 확인할 수 있는 가시성의 대상이 된다.

공항 검색의 즐거움

911 사건 이후에도 계속 공항에서 근무했던 내 경험을 통해서 알 수 있었다. 얼핏 엄격해 보이는 보안 문제도 사실은 뛰는 놈 위에 나는 놈이 있는, 속고 속이는 게임이다. 대부분은 악의가 없는 일종의 시험이며 간혹 재미로 하는 경우도 있다. 공항 검색은 가능한 공식적이고 비공식인 검색 주체의 무한퇴행(infinite regress)으로 기능한다. 이때 어떤 경우에도 흥미와 호기심과 여흥의 다양한 취지는 결코 위축되지 않는다.

그리고 〈터미널〉에서 톰 행크스가 연기한 빅토르 나보르스키가 있

다. 그는 공항의 보안 체제를 조금씩 파악해가지만, 아울러 더 넓은 범위의 공항 경제에 깊이 몰두하게 된다. 빅토르는 여흥의 대상으로 '그리고' 노동의 대상으로 기능한다. 그런데 그것은 영화를 보는 사람들만이 아니라 영화 속의 등장인물들에게도 그렇다.

전신 스캐너를 둘러싼 최근의 논란도 마찬가지로 공항 검색의 즐거움을 자아낸다. 여행객에게 필요 이상의 몸수색을 녹화하라는 저항단체의 요구는 이중의 검색 규범을 드러낸다. 즉 여행객들은 신체접촉을 유도하기 위해 전신 스캔을 거부하고, 그때의 과도한 접촉을 기록으로 남긴다. 동영상 제작은 여행객들의 이동 속도를 확보하고 검사 요원들의 수고를 더는데 활용된다. 그러나 다른 검색에 대한 동영상 역시 신체와 문제가 되는 검색 관행 사이에서 일어나는 일을 은밀히 녹화하여 기록으로 남긴다. 그래서 동영상 피드는 시각적 흥분에 따르는 자연스런 여흥의 배출구로 기여한다. 뿐만 아니라, 월드와이드웹(World Wide Web)에 동영상을 올리는 행위로 인해 기관이나 권력의 주체가 된 느낌을 맛볼 수 있는 짜릿한 경험이 되기도 한다.

따라서 공항 심사 복합체는 '즐거움'이 기준이어야 한다고 나는 생각한다. 우리는 역사가 깊은 형이상학적 수수께끼 속에 있는 존재다. 그 수수께끼는 현실을 봄으로써 현실을 이해할 수 있는지, 또는 현실에 이르기 위해 외양을 '통해' 봐야 하는지를 따지게 되는 문제다. 그 모든 외양으로 볼 때 공항 검색의 선행조건은 어떤 식으로든 시각적 증거가 현실에 다가갈 수 있는 확실한 방법이라고 말하는 것으로 보인다.

다른 한편으로 플라톤의 동굴의 비유를 통해 살펴보자. 동굴에서 끌려나오지만 수많은 광원과 그림자와 분명치 않은 반영만 깨닫고 마는(다시 어두운 동굴로 내려왔을 때 이로울 것이 없는 깨달음이다) 플라톤의 수인(囚人)처럼, 공항에서도 현실은 늘 눈으로 보는 것 이상이라는 사실을 인정해야 한다. 그러나 공항에서 형이상학은 그다지 문제가 되지 않는다. 그보다는 비행의 진지함과 보안의 진부함을 압도하는 일종의 일반화된 시각적 흥분이 일어날 가능성이 더 중요한 문제다. 플라톤의 동굴에서처럼, 우리는 공항 심사 복합체에서 우리의 위치가 어디쯤인지 정확히 알지 못한다. 검색하는 사람이 언제 또 검색당하는 입장에 놓일지 알 수 없다. 그것은 보는 내가 보이는, 그래서 언제든 즐거움을 유발할 수 있는 절묘한 유령의 집이다.

검색은 시종일관 검색하는 사람과 여행객과 구경꾼에게 똑같이 주어지는 즐거움의 문제다. 이렇게 좀처럼 물러나지 않는 즐거움에 집착하는 이미지는 때마침 배리 블릿(Barry Blitt)이 "사랑을 느끼며(Feeling the Love)"[11]라는 제목으로 그린 〈뉴요커〉의 표지 그림에서 절묘하게 표현되었다. 이 삽화는 강도가 높아진 몸수색을 받고 있는 승객에게 입을 맞추는 TSA 요원의 모습을 보여준다. 뒤쪽에는 또 다른 TSA 요원이 그림 안으로 몸을 들이밀며 그 장면을 훔쳐본다. 그의 손이 지면 밖에 놓여 있는 것도 심상치 않다.

〈뉴요커〉 독자들은 보안 체크포인트에서의 즐거움을 지혜롭게 과장하여 묘사해 낸 그 그림을 보고 즐거워할 것이다. 공항 심사 복합체는 제대로 시행되어 진행 중인 쾌락원리와 권력 역학이 사방으로 퍼지면서 동시에 시선을 집중시키는 이동 동물원이다. 특정 주제를 다루는 풍자극 '새터데이 나이트 라이브(Saturday Night Live)'도 마찬가지로 공항 검색의 즐거움을 반어법적으로 비꼬고 있다. 여기서 연방교통안전청 요원은 폰섹스 종사자로 둔갑하여 평범한 휴가 여행을 떠나는 사람들에게 보너스로 강화된 몸수색 서비스를 제공한다.

공항 보안은 보고 보이는 것을 위한 수많은 양식과 방법에 의존한다. 하지만 이런 제도는 결국 매일 수많은 성공적인 비행으로 귀결된다. 하늘에서 항적운의 존재로 암시되는 거대한 지리적 범위를 가로지르는 신체의 물리적 이동은 아마도 현대 문명의 진보를 가늠하게 해주는 탁월한 징후일 것이다. 그러나 제아무리 그래도 공항은 플라톤의 비유적 동굴처럼 불가사의한 제로 수준의 지역으로 우뚝 서 있다. 그 지역에서 신체는 무뚝뚝하게 분류되고, 미디어는 현란하게 깜빡거린다. 불안하기는 하지만 제대로 된 관점에서 볼 때, 모든 이동과 관련된 노동은 현실원리(reality principle)나 안정적인 지시대상이 없는 거대한 몸짓 놀이처럼 보일 수 있다. 그러나 이 모든 "존재론적 혼란"의 와중에서 즐거움은 은폐와 전략적 가시성과 동영상 놀이와 공개적 노출의 재귀적 행위로 나타난다. 이런 여러 단층들이 힘을 합쳐 공항 심사 복합체를 구성한다.

공항에서는 시각이 모든 것을 지배한다

검색이 즐거움의 문제라지만 그렇다고 검색이 불필요하다는 의미는 아니다. 실제로 가장 즐겁고 얼핏 시간 때우는 수단처럼 보일 때조차, 검색은 공항의 일상의 운용을 가능하게 하고 원활하게 해주는 기능적 장치다.

예를 들어 질리언 풀러는 그녀의 에세이 『윈도 2.0에 오신 것을 환영합니다 : 공항의 이동 미학(Welcome to Windows 2.0 : Motion Aesthetics at the Airport)』에서 공항 창문의 검색 기능을 이렇게 설명한다.

공항은 우리의 신체를 분류하고 배열하는 것으로 그치지 않는다. 공항은 또한 우리 지각의 길잡이가 되어준다. 공항은 수하물과 신원 자료뿐 아니라 우리의 느낌까지 조사한다. 공항은 여러 가지로 우리를 감동시킨다. 우리는 에어컨의 안락함 속에 무빙워크 위에서 미끄러지고, 나가고 들어가는 활주로의 열기와 비의 냉기로부터 보호받는다. 항공기 소리는 항공기용 가솔린의 냄새와 어찌해볼 도리 없는 날씨 덕분에 거의 식별할 수 없다.

제트 파워의 위협적인 굉음은 여러 겹의 두터운 투명유리에 막혀 사그라진다. 공항의 유리덮개 내부에서, 우리는 움직임이 만들어내는 대수롭지 않은 재잘거림과 방송시스템의 조용한 호출을 들을 수 있다. …… 육감적으로 따지자면 계속할 것이 많지만, 공항에서는 시각

이 모든 것을 지배한다. 모든 감각은 장엄한 투명성의 영상으로 전환된다…….[12]

풀러는 공항 유리창이 보다 일반적인 검색 매트릭스에 기여한다고 지적한다. 그 매트릭스에서 신체는 투명성의 의식에 특권을 주는 광학 경제를 지향한다. 이 시나리오에서, 물리적 거리는 유리창 스크린에 의해 환기되기도 하고 동시에 무시되기도 한다. 풀러는 내부공간의 "에어컨의 안락함"에 주의를 기울이라고 요구한다. 동사 "미끄러진다"와 "보호받는다"는 공항을 통과하는 즐거운 감각을 말한다. 이 공간에서 움직이는 사람들은 누구나 보잘것없는 삼차원의 스크린, 즉 "공항의 유리덮개"에 투사되거나 그 "유리덮개"에 의해 투사되는 사건에 참여한다.

심지어 풀러가 공항에서는 "시각이 모든 것을 지배한다"고 주장하는 것처럼, 검색의 통감각적인 기록기는 한 번 탐구해볼 만한 대상이다. 결국 풀러의 "장엄한 투명성의 영상"은 "항공기용 가솔린의 냄새"와 "활주로의 열기와 비의 냉기"에 대한 부정적 언급으로 보완된다. 실제로 풀러는 나중에 이렇게 주장한다.

"사람은 더 이상 스크린을 보기만 하지 않는다. 그는 스크린을 통과하여 움직인다."[13]

지금까지 본 대로, 검색 장치인 스크린은 변함없이 다차원적인 의미를 획득한다. 기호학적 일탈은 스크린의 수많은 기능에 필수적이다. 따라서 풀러의 주장대로 시각적인 것은 여전히 지배적이기는 하지만, 전반적인 감각 운용을 묶음으로 불러들일 수 있다.

애나 매카시(Anna McCarthy)는 『모든 것을 감싸는 텔레비전 : 시각문화와 공적 공간(Ambient Television : Visual Culture and Public Space)』에서 이런 공감각적인 공항 검색 미디어의 생태를 깊이 파고든다. 그러면서 CNN 공항뉴스(CNN Airport Network)의 음성적 측면을 논한다. 터미널과 중앙홀 천정 곳곳에 매달린 TV는 아마도 용어의 여홍적 의미에서 공항 검색의 가장 무해한 외형적 증거이다. 동시에 어디에서나 볼 수 있는 증거일 것이다.

매카시는 시각적 장치로서 TV 화면이 천정 곳곳에 케이블로 연결된 오디오 컴포넌트에 밀린다고 지적한다. 보는 사람들(그리고 보지 않는 사람들)은 화면이 그들의 시선에 있든 없든 상관하지 않고 소리를 '듣는다.' 매카시는 CNN 공항뉴스가 중앙홀에서 주변 소리에 자동으로 적응하는 오디오 수준으로 "상업적 내용을 정확하게 의식의 문턱에 놓는" 방식을 보여준다. 그것은 "이 뉴스 서비스가 갖는 잠행성의 증거가 아니라 어떤 다른 형태의 공항 커뮤니케이션과 다르지 않은 사용자 친화적인 증거로서 제시되는 사실"이다.[14] TV 화면은 침투성이 강한 음향 환경을 위한 편향적인 피난처로 작동한다. 시각적 스크린은 공항에서 더 넓게 동화되는 커뮤니케이션 매트릭스와 조화를 이룬다.

돈 들릴로의 희곡 〈발파레이소〉에서 보았듯이, 흡수력이 강한 스크린은 또한 하늘을 날기도 한다. 연극에서 주인공은 자신이 탄 비행기가 이륙하는 것을 지켜본다. 그는 이륙이 그의 몸에 대해 일어난다고 느끼지만, 그때 그가 보는 이륙은 화면 속의 이륙이다. 알래스카항공의 기내 잡지에 실린 콴타스항공의 광고에는 이런 문구가 있다.

"각자의 좌석에 비치된 개인 화면으로 느긋하게."

광고에서 들뜬 승객 두 명의 시선은 각자 좌석 뒤에 붙은 화면에 똑같이 따로 고정되어 있다. 싱글거리는 남자는 두 손으로 비디오게임을 하고 있고, 여성은 화이트와인을 홀짝이며 다른 프로그램에 넋을 놓고 있다. 언제든 폭넓은 환영을 받는, 개인 화면을 선전하는 항공사 캠페인은 비행에 내재된 행복한 유아론(唯我論)과 사람들이 바랐던 커뮤니케이션을 혼동한 기본 노선을 보여준다. 그러면서 시각적 우위가 공중으로 수송되는 많은 신체적 거동과 감각 속으로 무너져버렸다는 사실을 암시한다.

지금까지 살펴본 대로, 스크린의 네트워크와 검색의 관행은 항공문화 전반을 에워싼다. 검색은 체크포인트를 넘어 사방으로 뻗어가며 항공 여행의 모든 면을 관통한다. 이런 얽힘을 자세히 들여다보면 볼수록 그것은 더 정교하고 해결되지 않은 과제처럼 보인다. 제6장에서는 주로 공항이라는 주체, 즉 공항 자체가 미학적 또는 철학적 경험의 노선을 따라 어떻게 재고될 수 있는지를 따져보기 위해 시야를 넓힐 것이다. 공항은 단순한 이동 구역이 아니다. 공항은 연구를 위한 장소다.

주

제5장

1 Lisa Parks, "Points of Departure : The Culture of US Airport Screening," *Journal of Visual Culture* 6(2) (2007), 189.

2 *Oxford English Dictionary*, "screening."

3 Gillian Fuller, "Welcome to Windows 2.0 : Motion Aesthetics at the Airport," *Politics at the Airport*, ed. Mark B. Salter(Minneapolis : Minnesota University Press, 2008), 161.

4 Parks, "Points of Departure," 188.

5 http://www.tsa.gov/approach/tech/ait/how_it_works.shtm

6 http://wewontfly.com/

7 http://wewontfly.com/install-qik-on-your-phone-so-tsa-cant-delete-your-video

8 http://www.nytimes.com/2010/11/25/us/25travel.html?hp

9 Walter Benjamin, "The Work of Art in the Age of Mechanical Reproduction," *Illuminations*, trans. Harry Zohn(New York : Schocken, 1969), 241.

10 http://www.tsa.gov/

11 http://archives.newyorker.com/?i=2010-12-06

12 Fuller, "Welcome to Windows 2.0 : Motion Aesthetics at the Airport," 161-2.

13 Ibid., 167.

14 Anna McCarthy, *Ambient Television : Visual Culture and Public Space*(Duke University Press, 2001), 111.

nland

10 10 09 6 1
NUIJAMAA
M 092

IMMIGRATION
SUVARNABHUMI AIRPORT THAILAND
VISACLASS
12 SEP 2009
ADMITTED UNTIL 11 OCT 2009
SIGNED

DEPARTED
20 SEP 2009

rkey

Thailand

Russia

Россия КПП
29 04 10

РОССИЯ КПП
29 08 11

VIETNAM - IMMIGRATION
234A
30 AUG 2011
NỘI BÀI

Vietnam

Brazil

SELO CONSULAR
50
REAIS-OURO

VIETNAM - IMMIGRATION
141A
13 SEP 2011
NỘI BÀI

Beloz

DPMAF - DPF
10 10 05 554 1

6. 공항에서 오후를 쉬고 싶어

The Textual Life of Airports

Reading the Culture of Flight

공공 미술을 텍스트로 읽기

2005년 5월, 나는 친구 한 명과 새크라멘토 공항으로 차를 몰았다. 하지만 어디로 가려는 것도 아니었고 누구를 태워오려는 것도 아니었다. 공항으로 가는 이유는 새크라멘토 메트로폴리탄 예술위원회(Sacramento Metropolitan Arts Commission)가 주최하는 아트 투어를 보기 위해서였다. 공항은 공공미술 신작 두 작품의 설치를 막 끝낸 터였다. 이번 무료 투어는 주변 경관에 추가된 이들 작품을 축하하기 위한 행사였다.[1]

공항에 도착한 우리는 터미널의 여러 곳으로 안내되었다. 어떨 때는 천정에 매달려 소리도 내고 번쩍번쩍 빛도 내는 미술 작품 아래에 자리 잡은, 사람을 움찔하게 만드는 보안 체크포인트 앞을 서성이기도 했다.

이런 현란한 상호관계적 예술작품을 체험하겠다는 핑계로, 가뜩이나 북적거리고 어수선한 공항에서 거치적거리고 다니자니 조금 미안한 생각이 들었다. 크리스토퍼 제니(Christopher Janney)의 〈채색된 오아시스(Chromatic Oasis)〉는 소리와 빛을 사용한 조각이었다. 이 작품은 그 아래를 지나는 사람들에게 자홍색 불빛을 던졌다. 동작 감지기가 있어 사람이 지나가면 지저귀는 토종 새나 바람에 바스락거리는 사시나무 잎 같은 이 지역 특유의 익숙한 소리가 정교한 광선빔에 섞여 나왔다. 덕분에 우르릉거리는 제트 엔진 소리나 보안 업무가 지연되고 있다는 안내방송은 전혀 귀에 들어오지 않았다. 우리는 공항이 특수한 위치를 가진 존재로 자신을 자리매김하면서 동시에 자체의 자연스러운 소리를 삭제하는 방식에 흥미를 느꼈다. 그리고 묘한 일이지만 과도한 노출이 자행되는 보안 체크포인트와 아주 가까운 곳에서 우리도 예술작품의 첨단기술 모니터링 장치의 지배를 받고 있었다.

그 작품을 보려면 탑승 수속을 하는 구역에서 에스컬레이터를 타고 한 층 위로 올라가야 했다. 그곳은 임시로 일반에게 공개되어 있었다. 원래 탑승권 없이는 이 에스컬레이터를 탈 수 없었다. 에스컬레이터의 아래쪽 표지판에 위층은 탑승권을 소지한 승객들만 탈 수 있다는 문구가 또렷하게 적혀 있었다. 내 친구는 그 안내판을 휴대폰 카메라로 찍어두었다. 우리는 탑승권도 비행기를 탈 계획도 없이 그저 미술 작품을 보러 위로 올라갔다.

그러니까 이 조각은 원래 우리가 들어갈 수 없는 제한구역에 놓여 있었다. 우리는 승객도 공항 직원도 아니었으니까. 따라서 "공공미술"로서 그 작품의 위치는 조금 문제가 있었다. 그러나 미술을 애호한다는 명분으로 우리는 〈채색된 오아시스〉의 기괴한 광휘 아래에 머물 수 있는 혜택을 받았다.[2]

그러고 보니 공항 곳곳에 설치미술품들이 놓여 있었다. 소위 플롭 아트(plop art)도 있었다. 새크라멘토 메트로폴리탄 예술위원회가 공항 여러 곳에 임시로 설치한 작품들로, 마음대로 이동하고 재배치할 수 있는 것들이었다. 그런 미술품들은 유리상자에 담기거나 이곳저곳에 별 뜻 없이 자리를 잡아, 〈채색된 오아시스〉 같은 독립작품처럼 기묘한 시각적 병치를 조성했다. 투어 기간 동안 공항은 연구할 수 있는 장소로 개방되었다. 〈채색된 오아시스〉는 관조와 사색을 요구하는 작품이었다. 그러나 점차 전체 공간이 눈에 들어왔고, 하나의 공간은 그 자체로 연구의 대상이 되었다. 출발시간이나 수하물의 무게나 도착 장소 같은 생각은 우리 머릿속에 없었다. 우리는 예술을 생각하는 중이었다.

공항을 하나의 예술 공간으로 체험하게 되자, 공항 곳곳에서 일어나고 있는 정상적인 항공기의 운영이 총체적으로 보이기 시작했다. 공항 연구는 우리가 보는 모든 것에서 나타나기 시작했다. 공항 연구는 틀이나 유리 상자에 담기지 않았다. 그 틀이 비행장 주변에 있는 울타리가 아니거나, 유리 상자가 터미널의 창이나 벽을 가리키지만 않는다면 말이다.

투어를 이끌던 안내자가 대담한 말을 했다.

"예술은 보는 사람마다 그 의미가 다르게 다가옵니다."

예술 작품을 해석에 열려 있는 대상으로 보는 이런 생각은 당연한 말이지만, 그의 발언은 공항의 규범적 프로토콜과 절차와 대비되어 아주 어색하게 들렸다. 공항이 효과적으로 기능하려면, 해석에 '너무' 열려 있으면 안 된다. 그러나 그날 우리가 깨달은 것처럼, 공공미술은 매우 기능적인 중심 구역을 공개적 연구가 가능한 장소로 바꾸어 놓았다. 이것은 이해의 탄력적 경계를 암시했다. 결국 공항은 해석에 열려 있으면서도 실제로는 여전히 기능성을 유지해야 하는 장소였다.(우리는 제5장의 보안 검색에서 이것을 보았다.)

앞으로도 나는 이 책에서 새크라멘토 공항 곳곳에 있는 특정 예술작품에 눈을 돌릴 것이다. 이들 작품들이 공항 읽기에 매우 중요한 기호학적 경계를 나타내주기 때문이다. 그러나 이 장에서는 그 해석의 경계가 얼마나 탄력적인지 입증해주는 공항 읽기에 초점을 맞출 것이다. 즉 공항을 능동적인 존재로 재인식할 수 있다는 사실을 보여줄 것이다. 이번 장에서는 편리한 여행 이외의 여러 가지 일을 하도록 요구하는 공항의 다양한 문학적 · 음향적 · 시각적 텍스트를 탐구할 것이다. 독자들은 곳곳에서 아이러니컬하고 미학적이고 치유 기능이 있고 그러면서도 철학적인 공항 읽기의 씨줄과 날줄을 확인할 수 있을 것이다. 이것이 바로 진정한 공항 읽기다.

지옥과 말과 마차꾼

언뜻 이해가 가지 않는 일이 있다. 공항에서 너무 오래 기다리거나 가방을 분실하는 일을 겪은 사람들은 공항을 아주 불쾌한 장소로 여긴다. 그렇다면 비행기를 타는 사람들이 줄어야 할 것 아닌가? 그런가? 실제로 사람들은 공항과 항공 여행이야말로 현대 생활에 없어서는 안 될 결정적인 지위를 차지하고 있다고 생각한다. 간단히 말해 사람들은 공항에 대해 싫어도 있어야 한다는 양가감정을 갖는 것 같다.

새크라멘토 공항에서 보았던 공공미술 투어에서도 입증되었지만 이런 공간적 양가감정의 병존은 좀 연구해 볼 필요가 있다. 두렵지만 꼭 필요하다는 공항에 대한 이런 극단적인 태도는 그 사이에 생각을 해 볼 여지를 남겨놓는다. 다음 세 가지 예를 보면 공항을 어느 정도까지 연구할 수 있는지 그 범위를 짐작할 수 있을 것이다.

애니 프루(Annie Proulx)의 풍자적 이야기 「나는 이곳을 늘 사랑했다(I've Always Loved This Place)」는 골프 카트를 타고 '지옥' 여기저기를 다니다 "현재의 시설을 업그레이드"해야겠다고 생각하는 즐거운 탈근대적 '악마'를 그린다.[3] 악마의 큰 계획 중 하나는 "얼마 안 되는 관리들, 가학피학적 성향이 있는 직원들, 점점 더 가혹해지는 연쇄적 보안 검사, 순식간에 바뀌는 게이트와 출발 시간 등을 완비한 세계 최악의 상하이 훙차오(虹橋) 공항 터미널의 종합적 특징"을 포함하여 "지옥의 휴게실을 마음대로 이용할 수 있는 특권"을 혁신하는 것이다. 그리고 이 모든 것은 "비행기의 동체를 향해 대갈못이 발사되자, 태풍을 뚫고 날아가는 정원 초과의 구식 고물 비행기를 탄 27시간짜리 여행"으로 끝난다.[4] 이런 입심 좋은 평가에서, 프루는 역설적으로 사악한 목적을 위해 공항의 비유법을 사용하면서, 정상적인 비행 업무도 누적되면 영원한 파멸로 가는 진입로가 될 수 있다고 주장한다.

「나는 이곳을 늘 사랑했다」는 프루의 대표작 『와이오밍 이야기(Wyoming stories)』에 들어있는 에피소드로, 악마는 일종의 현대판 카우보이로 투사된다. 하지만 이 이야기가 와이오밍과 무슨 관계가 있는가? 사실 별다른 관계는 없다. 그러나 하나의 대척점에서 본다면 와이오밍 이야기라는 가상의 변경 안에 깃든 공항의 진부함은 개인주의자에 대한 현상학적 안티테제와 미국 서부의 전원적 이상으로 기능한다. 프루가 그 비유법의 이데올로기적 함정을 드러내기 위해 복잡하게 만들고 드러내는 일에 그렇게 능숙하다는 평가를 받는 것은 바로 이들 와이오밍의 비유법 때문이다. 항공 여행에 대한 열광을 영원한 파멸로 개조함으로써, 프루는 미국 개척 서사의 기본적 목적론에 도전한다. 덕분에 우리가 이룩한 진보의 대표적 장점은 사실 우리 자신을 고통스럽게 한다.

흥미로운 사례 연구 하나가 주 경계 건너편에서 나타났다. 진짜 공항이 무대였다. 2008년 2월, 덴버국제공항 입구에 설치된 루이스 히메네스(Louis Jimenez)의 조각 작품 〈머스탱(Mustang)〉이 바로 그 주인공이다. 100미터에 가까운 푸른색 말 조각상으로, 붉은 LED 눈을 가진 이 작품은 히메네스를 유명하게 만든 팝 — 웨스턴 모티브를 유감없이 발휘하고 있다. 공항에 설치되는 미술 작품은 여행의 시간 / 공간을 차분하게 안정시키려는 의도로 제작되는 경우가 많다. 아니면 이 조각품에 대해 쓴 〈뉴욕타임스〉 기사처럼, 공항 미술은 흔히

"여행객의 신경을 안정시키는 시각적 멀미약처럼" 사용된다.[5]

그러나 히메네스의 〈머스탱〉은 덴버 주민들을 격분시켰다. 그들은 그 말을 흉조로 받아들였다. 그들은 소위 진정제라는 작품이 공항에 너무 바짝 붙어 비행에 대한 전반적인 들뜬 분위기를 어수선하게 만들고 있다고 생각했다. 〈월스트리트저널〉은 이렇게 썼다.

"뭔가에 홀린 놈 같아요."

덴버에 사는 사맨사 하로샥은 그렇게 말한다.

"나는 원래 비행기를 탈 생각만 하면 무서운 생각부터 나는 편이에요. 그런데 공항에서 맞아주는 것이 기껏 악마 같은 말이라니, 원. 마음이 가라앉는 효과는 무슨……."[6]

홀림과 악마에 관한 우려는 우리를 애니 프루의 풍자적 공항으로 되돌려 놓지만 실시간으로는 아니다. 가뜩이나 공항이라면 겁부터 내는 사람이 있는데, 말 조각상까지 공항을 알 수 없는 공포의 장소로 체험하게 만든다. 여러 가지 설명을 종합해볼 때 〈머스탱〉은 진정한 웨스턴 아트이다. 히메네스는 전통(말)과 탈근대적 문화(LED 라이트)를 교차시키는 작품으로 큰 호응을 얻고 있는 예술가다. 하지만 공항에는 은연중에 토착 미학을 공항에 '불리한' 요소로 바꾸어 놓는 어떤 것이 있다. 그것은 마음을 달래주는 예술 작품으로 받아들여지지 않고 '공항에 대한 연구'로 수용되었다. 그것은 공간과 흔들리는 항공기와 시민들에 대해 너무 많은 것을 알게 해주었다. 프루의 원형적 서부의 악마와 유사한 히메네스의 〈머스탱〉은 서부의 전통을 촉구한다. 하지만 진보와 확장의 더 넓은 서사, 즉 일상의 공항 생활을 불안하게 만들 뿐이다.

프루의 이야기처럼 〈머스탱〉도 동양적 정서를 자극했다. 덴버의 한 주민은 분노한 사람들을 대표해 조각에 반대하는 "저항의 하이쿠(俳句)"를 공모하는 캠페인을 벌였다. 가령 이런 것이다.

이따위 때문에
사람들은 지옥에 있다고 생각한다
덴버가 아니라.[7]

이런 식으로 일본의 문학 형식을 차용하는 것은 거의 재귀적인 텍스트 충동과 미학적인 충동을 드러낸다. 공항 예술은 지구의 또 다른 지역에서 영감을 받은, '더 많은' 연구에 의해 역습을 받아야 하는 것 같다. 계절적 심상의 부재나 "지옥"에 대한 다소 덤덤한 환기 따위는 아무래도 좋다. 무엇보다 흥미로운 것은 공항이 종교적 언어와 문학 형식에 너무도 쉽게 얽혀든다는 사실이다. 공항 예술은 언어와 문화적 측면에서 폭발적인(아주 엄격하다고는 할 수 없더라도) '연구 의욕'을 자극한다.

그렇게 보면 프루의 환상적 이야기와 덴버 공항 조각품의 실질적

정치학은 매우 밀접한 관련이 있어 보인다. 두 공항은 동양적 개념에 매여 있다. 프루에게 "이상적인 상하이 홍차오 공항"은 최악의 공항이다. 〈머스탱〉의 경우 하이쿠는 앞발을 들어 올린 서부의 말에 대한 미학적 해독제로 채택된다. 두 경우에서 공항의 막대한 영향력은 연구 대상이 되고, 관심은 비행의 음산한 문제 주변을 서성인다. 프루가 낡은 여객기를 타고 가는 27시간짜리 비행을 두고 지적한 것처럼 비행 그 자체는 재고해야 할 대상이나 촌극이 된다. 공항 안팎의 읽기에 대한 부담스러운 느낌이 앞자리를 차지한다.

이런 결론을 확인하려는 듯, 공항 직원 한 명은 〈머스탱〉을 처음 보았을 때의 느낌을 이렇게 표현했다.

"씌웠던 포장을 걷었을 때, 기겁했어요……. 뭔가 공상과학 영화를 보는 것 같았어요."[8]

이런 말은 공항이라는 특별한 환경을 생각하면 아주 그럴 듯하다. 포효하면서 하늘을 뚫고 들어갔다가 땅으로 내려오는 제트기와 지상에서 비행을 돕기 위해 작동하는 모든 종류의 기계들 속에서, '말' 한 마리가 얼마나 정확하게 공상과학 영화를 보는 느낌을 유발할까? 이 직원이 그저 무작위로 고른 공항 직원이 아니었다는 사실에 주목해야 한다. 그녀는 항공교통 관제사다. 다시 말해, 관제탑의 관점에서 볼 때, 공상과학영화를 보는 느낌은 남들보다 높은 전망의 좋은 시점에서 생기는 것도 아니고, 비행의 복잡한 추적 기술에서 비롯되는 것도 아니다. 그 느낌은 이 지역을 해석과 사색의 영역, 즉 공항 연구의 영역으로 던져 넣는 서부의 한 예술작품에서 비롯되었다. 예술은 공항 읽기를 노출시키고 모든 장르에서 폭발하면서, 모든 안이한 독법에 도전한다.

공항 연구의 범위를 더욱 넓혀 개관하는 또 다른 문학적 사례가 있다. 조지프 오닐(Joseph O'Neill)의 소설 『네덜란드(Netherland)』에는 재인식되어야 하고 대안적 사용을 위해 연구해야 할 공항을 보여주는 매우 사실적인 장면이 있다. 이 장면에서 주인공과 그의 친구 척은 크리켓 경기장으로 만들기 위해 점찍어둔 부지를 둘러본다.

우리는 남쪽으로 차를 돌려 플랫부시 애비뉴를 따라 사람이 살지 않는, 마치 시골처럼 보이는 지역으로 갔다. 길을 따라 메마른 나무들이 줄지어 서 있었다. 반 마일 정도 갔을 때, 척은 넓은 통로를 지나 크게 왼쪽으로 돌더니 콘크리트로 포장한 사유 도로로 들어섰다. 길은 얼어붙은 덤불과 작은 나무들이 엉켜 있는, 사람이 살지 않는 땅으로 이어졌다.

또 한 번 왼쪽으로 틀자 거대한 백색의 공터로 이어졌다. 길은 눈도 치워지지 않은 채였다. 짐마차꾼처럼 척은 오래 되어 굳어버린 바퀴자국을 따라 덜컹거리며 차를 몰았다. 황폐한 건물 단지와 창고 그리고 탑 하나가 왼쪽에 보였다. 빠른 속도로 지나가는 구름에 가려 소용돌이치는 하늘은 동쪽으로 뻗은 평탄한 빈 초원으로 인해 더 거대하게 보였다. 멀리서 몽고의 기마대라도 나타난다면 그 자리에서 주저앉을 풍광이었다.

"세상에! 여기가 어디야?"

내가 말했다.

척은 운전대를 양손으로 잡고 캐딜락을 앞으로 추진시켰다.

"브룩클린의 플로이드 베넷 필드."

그가 말했다. 그가 말했을 때, 탑이 낯익은 윤곽을 드러냈다. 아, 예전에는 비행장이었구나. 난 그제야 알아보았다. 우리는 옛 유도로 위에 있었다.[9]

어수선한 첫 번째 문단에서, 비행장은 조용히 숨어 있다 주변에서 그리고 동시에 장면의 중심에서 갑자기 불쑥 나타난다. 공항은 화자를 "세상에!"라고 놀라 중얼거리게 만드는 "메마른" 공터가 된다. 그리고 독자들은 프루의 공항이라는 지옥과 히메네스의 웨스턴 아트 주변을 선회하는 유사이론으로 다시 내동댕이쳐진다.

오닐에게 이 궁벽한 비행장은 척이라는 캐릭터와 크리켓이라는 스포츠에 대한 그의 강박관념을 끌어들이는 길고 긴 우회로로 서 있다. 지형의 평탄함과 옛 비행장의 유물 덩어리는 공허한 공간을 만들어낸다. 하지만 척이라는 인물을 드러내는데 필요한 견고한 구조도 아울러 생성한다. 공항은 시들어버린 황무지이자 비옥한 서사적 대지이다. 공항은 상식에 맞지 않게 유기적 영(零) 수준으로 던져져 백지나 다름없는 "거대한 백색의 공터"로 전락한다. 전원적이고 개인주의적인 환상과 사해동포주의라는 힘겨운 현실은 911 사건 이후에 발표된 이 소설 곳곳에서 마찰을 일으킨다. 이런 굴절된 공항 장면에서 서구 문명은 말소되고 동시에 딱딱하게 굳어진 뼈대만의 모습을 띤다.

이런 가상의 공항 장면은 제3장에서 내가 말한 '비물질적 터미널'의 논리를 따라간다. 이런 일은 공항에 대한 문학적 표상을 실제의 비행 업무가 자취를 감추는 방식으로 사용할 때 일어난다. 즉 공항은 다른 관찰과 반성(그것도 보통은 모진 반성)을 하기 위한 평탄하고 열린 공간을 창조한다. 『네덜란드』에서 다른 관찰이란 동양적 망상이다. 열린 공간으로 말을 타고 들어오는 "몽고의 기마대"는 먼 곳의 공간과 정치적 관계에 관한 우려를 암시한다. 프루의 홍차오처럼 그리고 〈머스탱〉 조각이 촉발한 하이쿠처럼, 상상 속의 극동은 공항 주변 곳곳에 투사된다. 흥미롭게도 오닐의 지리적 신기루에는 생태학처럼 어떤 희미한 빛이 스며 나온다. 오닐은 공항이 명확한 이주 유형과 물질적 노화를 만들어가는 과정에 천착한다. 제7장에서 생태학과 공항이란 주제를 본격적으로 다루겠지만, 당장은 생각해 볼 공항 연구가 더 많이 있다.

무의식을 파고드는 공항 음악

피코 아이어(Pico Iyer)는 『세계의 영혼(The Global Soul)』에서 이렇게 쓰고 있다.

현대 공항은 모든 사람들이 다른 곳 어디선가 오는 장소이다. 그렇기 때문에, 집처럼 편안하다고 생각할 만한 어떤 것이 필요하다는 가정에 그 존재 근거를 두고 있다. 따라서 공항은 쇼핑몰, 푸드코트, 호텔 로비 같은 일반적 공간을 고루 갖춘 사화집(詞華集)이 된다. 그리고 아마도 무자크(Muzak : 레스토랑, 호텔, 상점 등에서 들려주는 유선방송 음악 – 옮긴이)와 음악 같은 관계를 인생과 맺는다.[10]

이런 빼어난 묘사는 공항 읽기에 대한 단서를 풍부하게 함축하고 있다. 아마도 "일반적 공간을 고루 갖춘 사화집"이라는 구절이 가장 뚜렷한 단서일 것이다. 이 구절은 내가 제1장에서 주장한 것처럼 공항이 읽기에 가장 좋은 장소라는 사실을 암시한다. 여기서는 주제에 맞게, 아이어가 정의를 내린 음향적 대응물에 초점을 맞추겠다. 공항을 "일반적" 음악 공간으로 생각한다는 것은 무슨 의미인가? 앰비언트 사운드(ambient sound)를 염두에 두고 공항을 연구할 때 그 공항은 어떤 의미를 가지거나 발산하는가?

아이어가 공항을 무자크에 비유하는 것은 말 그대로 비유, 즉 하나의 유추를 위한 것이다. 그러나 여기에는 단순한 비유 이상의 그 무엇이 있다. 브라이언 이노(Brian Eno)의 앨범 〈앰비언트 1 : 공항용 음악(Ambient 1 : Music for Airports)〉은 특히 마음속에 있는 공항의 지루한 소리를 가지고 만들어졌다. 이노에 따르면, 중요한 것은 보다 진정한 의미에서 "환경적인 음악"(특별한 상황적 "색조"를 가지고 효과를 발휘하는 음악)을 위해, 무자크의 안이한 예측가능성에 저항하는 것이었다.[11] 4트랙 스테레오 〈앰비언트 1〉은 처음에 뉴욕의 라과디아 공항의 마린에어터미널에 설치되었다.

소문에 의하면 이노의 음악은 승객들을 불안하게 하고 그들이 정말로 공항에 있다는 것을 너무 실감나게 해준다는 이유로 사용이 중지되었다고 한다. 이노의 미학적 기획은 완전히 성공했다. 그리고 공항 읽기의 느낌(어디론가 가는 중이라는 사실)을 가지고 효력을 발휘하면서 그 느낌을 확대시켰다. 그러나 결과적으로 이런 기획은 항공 여행의 일반적이고도 무의식적인 측면을 다시 한 번 강조한 셈이 되고 말았다. 피코 아이어가 만든 문화적 반성은 일정한 거리를 두었을 때만 소용 있는 것 같다.

공항이 이노의 앰비언트 음악을 위한 실험적 무대가 되었다면, 하이엔드 액세서리 샵 브룩스톤(Brookstone)은 여행객들이 잠을 편하게 잘 수 있도록 만든 사운드머신 모델에 공항 사운드를 용도에 맞게 고쳐 사용함으로써 놀라운 반전을 실현했다. 〈시차증(Jet Lag)〉이라는 음악은 잘 들리지 않는 기내 안전 방송, 삑-하고 금속마찰음이 나는 승객 운반 차량 그리고 탑승을 독촉하는 방송을 다시 만들어낸다.[12] 호텔 방 같은 외딴 곳에서도 이런 장치는 공항 내부의 최면적 아우라를 재현해준다. 또 다른 거리를 두고, 공항의 내부 음향효과는 문학작품에서 강력한 텍스트 차원의 가치를 인정받았다. 돈 들릴로의 『언더월드』의 한 장면을 살펴보자.

맷 셰이는 투손 공항 터미널에 앉아 요란한 방송을 들었다. …… 잭이라는 남자를 호출하는 멘트였다. …… 휠체어에 앉아 부리토를 먹는 사나이가 있었다. …… 주변에서 나는 목소리가 누군가에게 백색 무료전화를 받으라고 말할 때마다, 작은 소녀는 주먹을 쥔 다음 거기에 대고 말했다.[13]

이 장면에서 공항은 수동적인 환경이 아니다. 오히려 맷 셰이라는 인물은 정상인 것도 같다. 완전히 기괴해 보이기도 하는 소리와 장면이 뒤죽박죽된 불협화음의 일제사격을 받는다. 부리토와 휠체어, 주변에서 나는 목소리와 팬터마임을 하는 소녀의 인과관계는 사라진다. 그리고 공항의 음악은 사막 한가운데에 있는 변화무쌍한 환영의 세계가 된다. 터미널은 미로 구조여서, 세심한 주의를 요하는 압축된 테크노 — 사회적 합류점이다.

이 점을 확실히 하듯, 체계는 없지만 친숙한 공항 사운드가 소설 곳곳에서 튀어나온다.

"대기자 명단에 있는 룬디 씨는 티켓 카운터로 오시기 바랍니다."[14]

그런 단편들은 들뢰즈가 그렇게 좋아했던 현대적 백색 소음 같은 기능을 한다. 공항은 (탈)근대 생활의 휴대용 카세트라디오로 재인식된다.

시인 맥신 커민(Maxine Kumin)도 그녀의 시 「오헤어를 걸으며(Getting around O'Hare)」에서 그런 소리를 똑같이 사용한다. 이 시는 시카고 오헤어 공항의 녹음된 목소리를 이용한다. 그 목소리는 천정에서 나온다.

"아래를 보세요. 워크웨이가 끝나갑니다."[15]

커민은 이런 주변적 공항 소음을 천국을 지향하는 신학에 대한 우회적 비판으로 환기시킨다. 보다 더 다급한 문제는 우리 바로 앞, 이 땅 위에 있다는 뜻이다.

공항 사운드는 다른 방식의 연구를 고취시킨다. 철학자 스튜어트 코엔(Stewart Cohen)의 『공항 사례에 대한 세 가지 접근법(Three Approaches to the Airport Case)』을 보자.

메리와 존은 LA 공항에서 뉴욕으로 가는 비행기를 타려고 생각 중이다. 그들은 비행기가 시카고에 들렀다 가는지 알고 싶었다. 마침 누군가가 스미스라는 승객에게 그 비행기가 시카고에 들렀다 가는지 아느냐고 묻는 것을 우연히 듣는다. 스미스라는 사람은 여행사에서 준 비행 일정표를 보고 대답한다.

"예, 알죠. 그 비행기는 시카고에 섰다 갑니다."

메리와 존은 시카고 공항에서 사업상 중요한 만남이 있다. 메리는 말한다.

"그 일정표가 믿을 만한지 알 수 없잖아요. 인쇄가 잘못 되었을 수도 있고, 갑자기 일정이 변경될 수도 있으니까요."

스미스라는 사람이 그 비행기가 일정표대로 시카고를 들를지 어쩔지

제대로 '알 수' 없다고 메리와 존은 생각한다. 그들은 항공사 직원에게 확인해보기로 한다.[16]

코엔은 이 모델을 사용하여 "지식 귀속이 일종의 기준의 변화를 수반하는(것 같은) 과정"을 탐구한다.[17] 공항 연구로서 이런 화술 시뮬레이션은 앰비언트 사운드(항공문화와 관련된 대화를 우연히 들은 것), 윙윙거리는 기계(일정표 인쇄가 잘못되었을 가능성), 터미널 환경의 일반적인 흐름("갑자기" 바뀌는 일정) 등에서 끌어낸다. 코엔의 지식 조건 탐구는 공항의 불명확한 시간 / 공간, 특히 "우연히 들은" 내용을 통해 중재되는 것으로서의 시간 / 공간에 의존한다. 철학적 탐구가 공항의 음악에서 솟아난다.

공항 사운드(이번은 외부에서 오는 사운드)에 의해 유발되는 연구의 또 다른 예는 소음과 의미와 침묵 간의 형이상학적 관계를 다룬다. 존 케이지(John Cage)의 경구성 에세이 『불확정성(Indeterminacy)』이 그런 예다.

스즈키는 크게 말하지 않았다. 날씨가 좋을 때는 창문들이 열려 있었고, 라과디아를 떠나는 비행기들이 가끔 머리 바로 위에서 날아가며 그가 하는 말을 죄다 삼켜버렸다. 그는 비행기가 지나갈 때 했던 말을 절대 되풀이하지 않았다.[18]

여기서 케이지는 공항과 하늘을 나는 장치를 일종의 환경적 장애로 간주한다. 라과디아를 떠나는 비행기는 스즈키의 가르치는 일을 방해하여 수업에 공백을 만든다. 하늘로 날아오르는 비행기 소음은 스즈키가 "했던 말"을 끊어 무효화한다. '판별이 가능한 항공 여행의 소음'이라는 한 뭉치 의미는 또 다른 의미인 '스즈키의 말'을 무효화하여 해독불가능하게 할 수 있다. 그러나 스즈키의 말은 들리지 않음으로써 더 많은 의미를 갖는다. 그 말은 "절대 되풀이되지 않고" 따라서 이륙하는 항공기의 반복적인 소리에 저항한다. 케이지는 일종의 선(禪) 불교의 공안(公安) 같은 화두를 만들어내기 위해 공항의 소음을 연구한다.

데이비드 크레인즈(David Kranes)의 단편 「위시본(The Wishbone)」을 통해 공항을 위한 음악의 텍스트 단층에 대한 단상을 마무리하자. 「위시본」에서 터미널은 두 젊은 연인을 위한 은신처로 설정된다.

> 우리가 만난 지 세 번째 주말이 되는 어느 일요일이었다. 국제공항으로 가기 위해 우리는 버스를 탔다. 떨어져 있을 수 없었기 때문이다. 전망대에서 4시 21분에 우리가 키스를 했던 것으로 기억한다. 머리 위 하늘에는 사라진 제트기의 꼬리구름이 있었다. 그리고 우리는 유나이티드 터미널에서 그들이 연주하는 음악에 맞춰 '아주 조용히' 춤을 추었다.[19]

이 대목에서 공항 음악은 단순한 배경효과 이상의 기능을 한다. 오

히려 이 이야기의 화자는 공항 음악을 완전한 공감각적 앙상블의 일부로 경험한다. 그것은 키스를 회상시키는 정확한 시간 개념과 액화된 흔적이 남아 있는 사라진 비행기 그리고 깊이를 알 수 없는, 천정에서 흘러나오는 유쾌한 음악이다. 공항의 이런 장면은 비행의 모든 계획을 견고하게 하면서도 동시에 확장한다. 또한 친밀감을 줄 것 같은 항공사 브랜드의 표식(유나이티드) 아래 모든 과정의 소음을 조용한 춤으로 바꾼다.

여기서 다시 자체 환경 때문에 연구의 대상이 되는 공항은 거의 모든 생태학적 기록부를 손에 넣는다. 아마도 그 연구는 독자들이 단순한 회사 로고의 의미를 다시 생각하고 낭만적 시간이라는 제목 하에 창공의 범위를 다시 생각해보게 만들지 모른다. 이런 대안적 시각으로 공항을 보는 것은 공항 음악을 다르게 듣는 것이다. 그로 말미암아 비행기를 타고 도달할 수 있는 것들 저 너머에 있는, 그러나 더 가까이 손닿는 곳의 목적지를 상상하는 것이다.

그러면 공항도 괜찮은 곳이 되지

살펴본 대로, 공항 읽기는 인식과 생각의 전경(前景)으로 들어가는 비행 이외의 다른 주제들을 끌어낸다. 공항용 음악은 이런 인지적 변환을 이룰 수 있는 예술 형태다. 사람들이 창의적으로 (다시) 깃드는 공항이라는 주제 속으로 좀 더 깊이 들어가 보기 위해 실제의 노래 가사 한편을 살펴보자.

아니 디프랑코(Ani DiFranco)의 1999년도 노래 〈도착 라운지 게이트(The Arrivals Gate)〉는 사람들을 보기 위해 공항으로 가는 내용을 담고 있다. 이 노래에서 실제 비행기는 있다고 해도 의식의 주변으로 밀려난다. 911 이전의 음악임이 분명한 이 노래는 공항을 본래 움직임이 느린 장소로 묘사하면서 동시에 천진한 즐거움을 드러낸다.

노래가 시작되면, 낯익은 느낌이 새롭다. 뭐라 꼬집어 말하기 어려운 우울함을 자아내며 오르내리는 가락은 앰비언트 일렉트로닉 비트에 맞춰져 있다. 공항용 음악에 가깝다. 공항용 음악은 분위기가 있고 약간 처지는 기분이고 별로 기억에 남지 않는다. 당김음이 들어간 디프랑코의 밴조 소리가 갑자기 들어오면, 여린박으로 시작하는 가락은 우울함을 상쇄한다. 마치 앰비언트한 가사가 나오기를 기대하는 것 같다. 첫 번째 구절은 여지없는 공항 읽기다.

나갈 거야
공항의 도착 라운지 게이트로
그리고 거기서 하루 종일 앉아
사람들이 다시 만나는 것을 지켜볼 거야
공공연한 애정표현은 너무 짜릿해
그러면 공항도 괜찮은 곳이 되지

뛰어가는 아이들을 본다네
팔을 쫙 벌린 채로
팔이 힘차게 감는 것은
할아버지의 목둘레
연인들이 키스하는 모습을 본다네
늙은 남자들은 그들의 여인들에게
도착 라운지 게이트에서

이 노래에서 공항은 멀리 있는 목적지로 가기 위해 지나치는 기점이나 중간 기착지라기보다, 여러 가지 일이 일어나는 장면을 보는 장소, 불특정 경계구역 안에서 "밖에" 존재하는 하나의 목적지로 여겨진다. 이것은 하루 종일 벌어지는 일이지만, 디프랑코는 공항을 당장 "괜찮은" 장소로 보장해주는 관음적 가능성으로 물들인다. "지켜보기"는 낭만적이고 가정적인 관계를 두루 강조하면서, 공항을 공적이면서 동시에 사적인 장소 그리고 모든 유형의 애정이 넘치는 장소로 자리매김해준다.

2절에서도 지켜보기 주제는 계속되지만, 이번에는 보는 것이 아니라 '보이는 것'으로 바뀐다. 묘사된 공항의 상황으로 보아 911 이후의 안보 체제는 없다. 하지만 그래도 이 노래의 가사는 우리를 은근히 공항 심사 복합체의 (여러 갈래) 방향으로 밀어 넣는다.

한 엄마를 보고 있지

엄마다운 미소를 띠고 있는
날더러 비키라고 하지 마
그저 잠깐 여기 앉아 있고 싶어
틀림없대두
암 치료엔 이만한 게 없어
집에서 기르는 개를
춤꾼으로 바꾸는 흥미진진한 장면을 보는 것 말야
도착 라운지 게이트에서

우리가 가수의 느릿한 표정 인식에 주목하는 사이, 우리의 읽는 행위는 하나의 감시가 된다. 갑자기 가수는 어슬렁거리지 말고 다른 곳으로 가라는 요구를 받는다. 하지만 디프랑코가 하고 싶은 것은 바로 어슬렁거리는 것, "잠깐 여기 앉아" 지켜보는 것이다. 그러나 계속 바뀌는 터미널의 풍경을 반영하듯, 노래는 갑자기 주제를 바꾼다. 디프랑코는 느닷없이 그리고 생뚱맞게 공항의 의학적 가치를 내세운다.

"암 치료엔 이만한 게 없어."

이런 주장은 아마도 공항이 또 다른 종류의 비장소, 즉 현대의 병원이나 약국으로 그럴 듯하게 번역될 수 있기 때문에 비장소로서의 공항의 집요함을 입증할지 모른다. 여기서 문제의 실질적인 "치료"는 일종의 곡예 장면 형태로 나타난다. 공항에서의 재회는 개의 눈을 통해 보인다. 이런 접촉대에서, 디프랑코는 다나 해러웨이가 공항의

“자연문화(natureculture)”라고 불렀음직한 종(種)들끼리의 네트워크에 주목한다.[20]

도착 라운지 게이트에서의 갖가지 만남과 애정 표현에 대한 이런 세심함은 다음 절에서도 계속된다. 하지만 어조는 음침하고 불길하다.

양상추 조각이 든
흰 식빵 샌드위치를 샀지
좀 별난 집착이 있어
링사이드 자리를 잡았지
그 모든 악의를
그저 내 작은 분홍색 심장에서 비워내고 싶을 뿐
그리고 이 형광색의 궁전에서
오후를 쉬고 싶어

이 가사를 보면 〈공항을 위한 음악〉의 피아노 코드를 떠올릴 수도 있다. 마치 공항이라는 환경이 주는 모든 느낌이 이 노래를 물들인 것 같다. 디프랑코는 그녀의 샌드위치를 일종의 “낯설고 낯선 것(a strange stranger)”으로, 즉 공항이란 공간에서 묘하게 객관화되면서도 기분 나쁠 정도로 친근한 물체로 간주한다.[21] 흰 식빵과 양상추 조각이라는 대량 생산되는 소비식품은 항공 여행의 공간에서 과도하게 규정된다. 그것은 마치 항공문화를 정의하는 소비와 생산의 물레바퀴를 반영하는 것 같다. 가사를 읽어갈수록 공항 자체는 점차 희미해져 복싱의 링과 "형광색의 궁전"을 비롯한 은유적 아날로그에 압도된다.

뒷부분에서 디프랑코의 시선은 더 어두워지고, 그녀는 그녀의 "작은 분홍색 심장에서 / 그 모든 악의를" 비워내야 한다고 고백한다. 공항은 다시 치유의 장소로 나타난다. 그곳에서는 "쉴" 수 있다. 이 모든 것은 당장의 비행 주기와 흐름과 떨어진 상태에서 일어난다. 다시 말해, 디프랑코의 노래는 공항을 다중 방식으로 연구하며 관찰을 통해 그것을 즐긴다. 하지만 공항을 낯선 가치가 충만한 지역으로 본다. 복싱 링이라는 격렬한 함축적 의미나 공항에서 빈둥거리는 것에 대한 비유를 종교에 가까운 발언처럼 하나의 "집착", 즉 자체의 내적 사회생활을 가진 어떤 것으로 드러낸다.

노래의 결구는 공항에서 모호하게 신학적인 독법을 뽑아내면서, 비장소의 또 다른 층을 환기시킨다.

모두들 서두른다
여기 연옥에서
나만이 예외다
나는 있어야 할 곳에 있다
여기 도착 라운지 게이트에.[22]

디프랑코의 노래는 가물거리는 해석적 표면이 되어 반복적으로 공항을 비장소로 복귀시킨다. 그것은 피코 아이어의 "일반적 공간을 고루 갖춘 사화집"과 마찬가지로 다른 많은 비장소와 견줄 수 있다.

내가 이 노래에 매료되었던 이유는 이 노래가 일종의 공항의 주류적 읽기에 가담하면서도 동시에 공항의 엉뚱함을 연구할 수 있는 기반을 제공하기 때문이었다. 디프랑코는 공항을 하나의 사회적 텍스트로 해석하는 적극성을 보인다. 그 과정에서 노래는 볼품이 없어진다. 공항을 얘기하는 이 노래는 제 갈 길을 가면서 소용돌이치다, 낯익지만 관계가 없는 대상과 설명과 느낌을 풀어낸다. 노래는 명랑하고 기발한 집단적인 장면으로 시작하여 점차 우울하고 독자적인 분위기로 바뀐다. 결국 노래하는 사람은 혼자이고 그녀는 있어야 할 곳에 있다. 그곳은 비행기를 탈 계획도 없이 어정쩡하게 끝나는 도착 라운지 게이트다.

어슬렁거리고 그에 관해 쓰는 일

디프랑코의 노래 〈도착 라운지 게이트〉는 사실 뚜렷한 미학적 계획과 일치된다. 일상생활을 관찰하기 위해 공항으로 간다는 생각은 심리적 · 지리적 영향을 많이 받은 『론리플래닛(Lonely Planet)』의 '실험 여행 가이드(Guide to Experimental Travel)'에서 "공항 투어(Airport

Tourism)"라고 이름붙인 바로 그것이다. 이런 역설적 형태의 여행은 "비행기를 타지 않고 공항에서 24시간"을 보내는 것을 말한다.[23] 안내서는 이렇게 설명한다.

"이 실험은 통과 장소를 사실상 목적지로 바꿀 기회를 제공한다."[24]

디프랑코의 노래처럼, 이런 상황주의적 형태의 여행은 공항을 그 자체로 흥미 있는 장소로 연구한다. 여행자의 관점을 그런 식으로 재정립하려 하기 때문에, 비행의 세부적 내용은 신선한 호소력을 획득한다. 또한 디프랑코의 노래처럼, 공항 투어는 결국 하나의 '텍스트'가 된다. 그 텍스트는 비행의 주제를 연구할 수 있는 해석적 렌즈다.

공항 투어를 다루는 대목은 계속해서 비용이 적게 드는 모험을 설명한다. 그 모험에서 마이클 클러리조라는 일종의 민족지학적 "공항 여행객"은 히드로 공항을 둘러보며 이동의 흐름을 관찰하고, 친구를 사귀고, 출발과 도착의 "쇼"를 구경한다.[25] 이미 우리는 구경거리로서 비행의 가치와 관련된 낯익은 주제에 동조된다. 그때 공항은 단순한 통과 지역이 아니라 여흥의 장소로 인식된다.

또한 디프랑코의 노래처럼, 공항은 세속의 저수지가 된다. 클러리조는 공항에 머물면서 알아낸 것들을 다른 사람들과 공유한다.

공항으로 가던 예전의 여행과 달리, 나는 한 번도 시계를 보지 않았다. 시간은 중요하지 않았다. 또 수시로 과민하게 무슨 의식처럼 호주머니를 더듬어 여권과 티켓과 신용카드를 확인하던 짓도 하지 않았다. 그런 것들은 실제로 어디론가 가고 있는 사람들에게나 필요한 것이다. 난 그저 어슬렁거리려고 가는 중이었다. 심지어 여권도 없었다. 그저 칫솔, 치약, 읽을거리 한아름 그리고 공책과 펜 몇 개가 전부였다.[26]

클러리조의 이런 실험을 텍스트로 기록하는 것은 디프랑코의 "좀 별난 집착"을 비슷하게 그리고 좀 더 자세히 확대한 것이다. 그곳에서 "어슬렁거리는" 동안 시간은 미끄러지듯 흘러가고, 클러리조는 공항이 개인적인 정서 목록을 요구하고 있다는 사실을 깨닫는다. 디프랑코의 "양상추 조각이 든 / 흰 식빵 샌드위치"를 연상시키는 대목이다. 그리고 이 목록은 '읽고' '쓰기' 위한 재료로 끝난다. 실험적으로 거주하는 공항은 그 안에 간직해온 '공항 읽기'를 통해 평범하게 거주하는 공항을 닮는다.

묘하게도 "시간은 중요하지 않았다"는 주장은 클러리조의 민족지학적 문단을 구성하는 시간적 표식의 무거운 존재에 의해 『론리플래닛』 가이드에서 복잡해진다. 각각의 메모는 하나의 타임스탬프를 받기 때문에, 우리는 예를 들어 그때가 오후 네 시쯤이었다는 사실을 안다. 클러리조는 2번 터미널에서 도착 라운지가 내려다뵈는 편안한 좌석을 몇 줄 발견한다. 이런 형태의 실험적 여행은 사실 시간에 얽매인다. 클러리조가 설명한 대로 목표는 "평범한 걱정거리와 책임감에서 떨어져 나와 '시간을 보내고', 장소를 탐구하고, 사람을 관찰하고, 자신 안에 살고 있는 아이가 하고 싶은 대로 내버려두는

것"이다.[28]

디프랑코의 노래는 공항을 잠재적인 구경거리로 그리고 공항 투어를 일종의 자발적인 취미로 이해한다. 반면, 『론리플래닛』 가이드는 아주 엄격한 규칙을 부과하고, 그 규칙에 따라 공항에서 24시간을 꼬박 "보내야" 한다. 그리고 클러리조의 말에서 알 수 있듯이, 이 중 대부분의 시간은 텍스트적 소비, 즉 읽기와 쓰기를 하는 데 들어간다. 클러리조가 텍스트에서 그물코처럼 이은 프로젝트의 의도는 그의 모험의 시작 부분에서 이미 드러난다.

더글러스 애덤스(Douglas Adams)가 『영혼의 길고 어두운 티타임(The Long Dark Tea-Time of the Soul)』에서 지적했듯, "지구상의 어떤 언어도 '공항만큼 예쁜'이라는 표현을 만든 적이 없다는 것은 우연의 일치가 아니다." …… 내 계획은 내가 가진 24시간 중 얼마를 '예쁜' 어떤 것을 찾으며 보내는 것이다.[29]

클러리조가 공항에서 주어진 시간을 보낼 계획을 세우기 위해 외부 텍스트에 의존하는 것처럼, 이 대목에서 공항 여행객은 문학작품 독자를 겸한다. 하늘을 나는 일은 거의 무의미해진다. 인용의 자료와 미학의 문제가 우선권을 얻는다. 클러리조의 고상한 "계획"은 공항의 밤이 열리면서 다소 틀어진다. 결국 그는 공항 여기저기를 다니며 놀다가 지친다. 터미널 곳곳에 있는 터널을 양말만 신고 "플로어 스케이팅"을 하면서. 공항은 주변적 배경으로 물러나 희미해지고 클러리조의 설명적 에피소드가 뚜렷해진다. 공항에 있다는 것은 여행을 기록할 필요, 그러니까 여기서는 역설적인 목적지에 있는 일을 쓸 필요에 의해 보강된다.

이런 공항 투어는 실제로 2009년에 증보판으로 나왔다. 런던의 히드로 공항은 작가 알랭 드 보통(Alain de Botton)을 고용하여 『공항에서 일주일을(a week at the airport)』 보내면서 작가가 작품 속의 화자가 되는 책을 쓰도록 의뢰한다. 공항 당국의 의도는 제5터미널 개관을 기념하는 의미에서 주재 작가를 초빙하여 그가 직접 눈으로 본 것을 기록하도록 하는 것이었다. 말하자면 텍스트적인 측면에서 공항 연구를 창조하는 것이 드 보통이 할 일이었다. 알랭 드 보통의 설명대로, 그의 임무는 "터미널 시설에 대한 전체적인 인상을 살펴본 후, 승객과 직원들을 전부 다 볼 수 있는 곳, 즉 D 구역과 E 구역 사이의 출발 대합실에 특별히 마련된 책상에서 책을 쓸 자료를 모으는 것이었다."[30]

이런 투명성은 참신한 아이디어였다. 평소 같으면 '감추어졌을' 것들이 공항 읽기를 통해 드러난다는 사실을 암시하는 것 같았기 때문이다. 실제로 알랭 드 보통의 눈에 띈 것들은 그다지 유쾌하지 못하다. 공항을 보던 그는 상념에 잠긴다.

"헤아릴 수 없이 많은 재정적이고 환경적인 대가를 치르며 우리가 세우려는 거대한 객관적 프로젝트(터미널, 활주로, 동체가 넓은 비행기)

와 그것들의 사용을 고깝게 여기는 주관적인 심리적 매듭은 고통스러운 대비를 이룬다."[31]

한 주를 시작하면서 알랭 드 보통은 공항 한복판에 놓인 그의 책상에 앉아 "이런 곳에서 글을 쓸 수 있을까 하는 생각이 들었다. 하지만 오히려 그런 환경 때문에 이곳은 글을 쓰기에 이상적인 장소가 되었다"고 생각한다.[32] 공항은 쓰는 것을 배척하기 때문에 오히려 그를 쓰도록 유도한다. 알랭 드 보통은 계속해서 "작가가 있으니 가끔 뭔가 극적인 일, 즉 소설 속에서나 볼 수 있는 그런 일이 일어날 것이라 기대하는 것 같다"고 생각한다.[33] 그리고 물론 그런 일이라고 해봐야 알랭 드 보통이 여행객과 항공사 직원들과 만났던 일들을 책(이 책은 소설은 아니지만 그래도 세심한 구성을 따른다)으로 쓰고 기록하는 것이다. 공항은 자신을 텍스트에 빌려준다. 진행 중인 텍스트의 구경거리가 공항 자체의 설화적 가능성을 고조시킬 때에도 말이다. 책의 서두에서 알랭 드 보통은 이 프로젝트의 명분을 분명히 밝힌다.

"혼돈과 파격이 가득한 세상에서, 터미널은 우아함과 논리가 지배하는 가치 있고 흥미로운 피난처인 것 같다."[34]

이런 정서에는 내재적 긴장이 있다. 공항은 "피난처"이기도 하고 "중심"이기도 하다. 즉 공항은 현대 문화의 예외적 위치에 있으면서도 그것을 가늠하는 평가 기준이다. 이런 미묘한 노선을 따라가며 알랭 드 보통은 공식적이면서도 희한한 공항에서의 거주 생활에 당당히 합당한 존재가 된다. 그러나 하루하루가 지나면서, 알랭 드 보통의 생각은 점점 더 존재론적으로 변질된다. 끝까지 알랭 드 보통은 공항 거주자들을 "한심할 정도로 허약하고 무기력한 존재들"로 보게 된다.[35]

알랭 드 보통은 공항에서 철학적 반성을 할 기회를 확실하게 가졌지만 어정쩡하게 결론을 내린다.

"우리는 당장 되돌아가 공항의 중요한 교훈들을 전부 다시 배워야 할 것이다."[36]

다시 말해 공항이 주는 지식은 여행 이상으로 번역될 수 있거나 누적되는 것이 아니다. 이런 "교훈"은 우리가 공항을 떠나면 의식 저편으로 사라진다. 공항이 어떻게든 우리의 지적 이해를 피해가는 것처럼, 이 책은 공항을 비판적으로 생각할 수 있는 우리의 능력에 대한 가혹한 보고서다. 이것은 또한 알랭 드 보통의 책을 역설적 문서로 만든다. 그가 그 책을 통해 장소적 특수성을 지향하는 어려운 진실을 전달하거나 옮기려 애쓰기 때문이다.

디프랑코의 노래 〈도착 라운지 게이트〉처럼, 알랭 드 보통의 책은 항공문화에 대한 예찬으로 시작하여 인류 진보의 목적론적 추진력과 변함없는 서두름에 관한 약간의 망설임으로 끝난다. 동트기 전에 알랭 드 보통은 공항에서 일하는 사람과 차를 타고 활주로 주변을 돌아다니며, "바닥에 떨어진 쇠붙이 조각을" 찾는다.[37] 활주로 위를 급히 달리는 들쥐를 보며 알랭 드 보통은 가만히 생각한다.

"이런 날 밤 달빛 비치는 활주로에 나타난 쥐의 존재는 낙관적인 생각을 할 수 있게 해주었다. 그것은 인류가 날기를 끝냈을 때(아니 '존재' 자체를 끝냈을 때) 지구는 우리의 어리석음을 이해하고 보다 겸손한 생명체들에게 자리를 내줄 능력을 여전히 보유할 것이라고 말하는 것 같았다."[38]

지금까지 살펴본 대로, 공항 읽기는 이런 공간들이 존재의 심오한 의미와 거대한 규모의 시간에 연결되는 방식에 관해 생각할 기회를 제공한다. 알랭 드 보통은 공항에서 겸허한 생태적 관점을 발견한다. 그것은 인간의 활동을 크게 줄이고 보다 널리 용인된 삶의 집요함을 강조하는 것이다. 그리고 역설적이게도 공항은 이런 깨달음의 중심에 있다. 아니 디프랑코와 마이클 클러리조와 알랭 드 보통은 모두 비슷하게도 공항 연구가 비행에 우선할 때 일어나는 문제에 관심을 가지고 접근한다. 비정상적으로 공항을 사용하는 이런 실험은 공항이라는 공간과 비행의 과정을 낯설고도 친숙하면서 묘한 대상으로 드러낸다.

지금까지 우리는 공항이라는 구역이 어떻게 우리의 행성에서 일상생활을 엮은 직물의 일부가 되었는지 설명하려는 다양한 시도를 보았다. 제7장에서는 이런 기이한 문제를 좀 더 자세히 들여다보고 싶다. 그것은 공항이 비행의 문화에서 환경적 토포스로 표상되는 과정을 탐구하는 문제다.

주

제6장

1 동행했던 친구는 문화비평가인 댄 토머스-글래스(Dan Thomas-Glass)였다. 새크라멘토 공항으로 갔을 때 그의 예리한 눈과 뛰어난 기억력은 작품을 감상하는데 큰 도움이 되었다. 우리는 나중에 〈공항 예술과 공간의 남용(Airport Art and the Misuses of Space)〉이라는 제목의 논문을 작성하여 2005년에 로스앤젤레스에서 열린 서부 아메리카 문학협회(Western American Literature Association) 세미나에 제출했다.

2 환경철학자 티모시 모턴도 이 〈채색된 오아시스(Chromatic Oasis)〉를 직접 본 소감을 이메일로 내게 보낸 적이 있다. "말도 안 되는 이른 시각에 비행기를 타기 위해 공항에서 기다리고 있는 중입니다. 돌아와서 얘기해 드리죠. 어쨌든 그럴 듯한 분홍 불빛으로 안전하게 목욕했습니다……." (April 17, 2006, 5:39:25 A.M.).

3 Annie Proulx, "I've Always Loved This Place," *Fine Just The Way It Is*(New York : Scribner 2008), 36.

4 Ibid., 40.

5 "And Behold a Big Blue Horse? Many in Denver Just Say Neigh," *The New York Times* http://www.nytimes.com/2009/03/02/arts/design/02hors.html?_r=3(accessed February 12, 2011).

6 "A Horse of a Different Color Divides Denver," *The Wall Street Journal* http://online.wsj.com/article/SB123395183452158089.html(accessed February 12, 2011).

7 Ibid.

8 Ibid.

9 Joseph O'Neill, *Netherland*(New York : Pantheon, 2008), 80-1.

10 Pico Iyer, *The Global Soul : Jet Lag, Shopping Malls, and the Search for Home*(New York : Vintage Departures, 2000), 43.

11 Brian Eno, *Ambient 1 : Music for Airports* PVC 7908 (AMB 001), 1978.

12 "Travel Tranquil Moments Alarm Clock Sound Therapy Machine," by Brookstone®.

13 DeLillo, *Underworld*, 446-7.

14 Ibid., 317.

15 Kumin, "Getting Around O'Hare," 56.

16 Stewart Cohen, "Three Approaches to the Airport Case," Handout distributed during presentation on 11 May 2007, UC Davis Department of Philosophy.

17 Stewart Cohen, "Three Approaches to the Airport Case," Abstract for 2011 *Bled Philosophical Conference : Knowledge, Understanding and Wisdom* http://www.bled-conference.si/index.php?page=content&page_id=20(accessed May 20, 2011).

18 John Cage, "Indeterminacy," *Silence*(Middleton, Connecticut : Wesleyan University Press, 1961), 262.

19 David Kranes, "The Wishbone," *Hunters in the Snow*(University of Utah Press, 1979), 15.

20 Haraway, *When Species Meet*, 16, 261.

21 Timothy Morton, *The Ecological Thought*(Cambridge, MA : Harvard University Press, 2010), 17, 60.

22 Written by Ani DiFranco, "The Arrivals Gate" © 1999 Righteous Babe Music(lyrics reproduced with permis-

sion).

23 "Airport Tourism," *The Lonely Planet Guide to Experimental Travel*, ed. Rachel Antony, Joel Henry, and Andrew Dean Nystrom(London : Lonely Planet, 2005), 42.

24 Ibid.

25 Ibid., 46.

26 Ibid., 44.

27 Ibid., 45.

28 Ibid., 44(my emphasis).

29 Ibid.

30 Alain de Botton, *A Week at the Airport*(New York : Vintage, 2009), 10.

31 Ibid., 41.

32 Ibid., 42.

33 Ibid., 44.

34 Ibid., 13.

35 Ibid., 101.

36 Ibid., 107.

37 Ibid., 86.

38 Ibid., 87.

hland

10.10.09 6 1
NUIJAMAA
M 092

IMMIGRATION
SUVARNABHUMI AIRPORT THAILAND
VISACLASS
12 SEP 2009
ADMITTED
UNTIL 11 OCT 2009
SIGNED

DEPARTED
20 SEP 2009

rkey

Thailand

Russia

KAPIKULE
GIRIS
01 OCT 11

Россия КПП
29 04 10
Брусничное

РОССИЯ КПП
812
812
ШЕРЕМЕТЬЕВО

VIETNAM - IMMIGRATION
234A
30 AUG 2011
NỘI BÀI

Vietnam

Brazil

SELO CONSULAR
50
REAIS-OURO

MOSCOU

VIETNAM - IMMIGRATION
141A
13 SEP 2011
NỘI BÀI

Beloz

DPMAF - DPF
10 10 05 554 1

7. 기다림의 생태학

The Textual Life of Airports

Reading the Culture of Flight

제 시간에 갈 수 없을 거야

2008년 〈뉴요커〉에 실렸던 레오 컬럼(Leo Cullum)이 그린 만화만평으로 시작하자.

한 남자가 해진 옷을 걸치고 사막을 기어간다. 지평선을 구분해주는 것은 선인장과 바위 언덕뿐이다. 만화 프레임의 왼쪽 위에 있는 모퉁이 여백에선 방송 안내가 쩌렁쩌렁한 느낌이 나는 말풍선의 모양에 실려 나온다.

"J.F.K.로 가는 22번기 승객은 지금 탑승해주시기 바랍니다. …… 46번 게이트입니다."

그리고 태양에 그을린 남자의 얼굴 위로 생각 풍선이 있다. '제 시간에 갈 수 없을 거야.' 도대체 어떤 공항에 이런 절망적인 여행객이 있는가? 넓고 황량한 사막은 출발 게이트까지의 까마득한 거리를 냉소적으로 비유한 것인가? 아니면 공항이 너무 소란스러워 승객을 호출하는 방송도 따라 커지고, 그래서 몇 킬로미터 떨어진 황무지에서도 듣는다는 말인가?

만화의 유머를 완전히 이해하기에는 내 두뇌의 능력이 조금 달린다는 사실을 인정할 수밖에 없다. 그렇다고 해도 이 만평을 보고 웃음 짓게 되는 것은 여행객들이 공항'에서' 겪는 일 때문인가, 아니면 공항으로 '가기까지' 공항 '밖에서' 고생하는 일 때문인가? 이 두 가지 가능성은 이 불행한 사나이 주변의 건조한 풍경에 대한 해석을 놓고 매우 다른 암시를 던진다.

그림의 사막을 공항의 은유로 해석한다면, 더 궁금증이 생긴다. 왜 공항을 "자연" 환경으로 풍자하는가? 아무리 봐도 상식에 어긋난 설정인 것 같다. 상식적으로 생각하면 공항은 생태계를 침해하거나 저지하거나 악화시키는 시설이다(겨울 내내 활주로에 쏟아 붓는 해빙제가 배수로를 통해 빠져나가는 장면을 상상해 보라). 그러나 사람들은 일을 하기 위해, 또는 이동하기 위해서, 아니면 예상치 않은 연착이나 출발지연 때문에 공항에 머문다. 공항은 어떤 비유를 동원하지 않고, 그냥 인간의 서식지라고 해도 무방할 것 같다.

알라스터 고든은 그의 책 『벌거벗은 공항』에서 1950년대에 하나의 문화적 개념으로 "공항성(airportness)"이란 말이 나왔다고 지적한다. 고든에 의하면, 공항이 점차 사람들과 친근해지면서, 이 공간은 그 자체로 가독성(可讀性)을 띠게 되었다. 여행객들은 제트기 비행을 지향하면서 동시에 건축학적으로 특수하고 실내의 모티브에 근거를 둔 공간으로 공항을 '읽는' 법을 배웠다. 공항은 갈수록 사람이 깃들이는 문화적 중심이 되었을 뿐 아니라, 뚜렷하게 일괄적인 유형의 공간으로서 전후 상황(콘텍스트)에 따라 경험하고 환기하는 장소도 되었다.

예를 들어 1968년에 스탠리 큐브릭(Stanley Kubrick)이 만든 영화 〈2001 : 스페이스 오디세이(2001 : A Space Odyssey)〉는 미래의 우주정거장을 완벽하게 현세적인 공항으로 표현했다. 공항성이란 아이디어는 환경적 인식의 기본 형태를 암시한다. 그리고 그런 인식을 통해 사람들이 공간을 어떻게 '느끼고', 인간 종(種)이 어떻게 특정 체계에서 움직이는지에 주목한다. 레오 컬럼의 만평에서 탑승 안내방송은 하나의 공항을 암시하고, 텍스트는 콘텍스트를 왜곡한다. 그림 속의 사막은 단 몇 마디 말로 '공항성'을 획득한다.

그러나 만평에 나오는 공항은 터무니없을 정도로 이런 풍경과 거리가 있다. 메마른 사막을 공항으로 설정하다 보니, 세부적인 것에 대한 관심도 '사라진' 것 같다. 일종의 환경적 인식으로의 공항성은 이런 특별한 상황에서 성공도 하고 실패도 한다. 이 만평은 기어 다니는 것을 보면 그 지역 생태를 알 수 있다는 생태주의 작가 게리 스나이더(Gary Snyder)의 주장과 어긋난다. 하지만 이것은 그저 만평일 뿐이다. 사람들은 만화 속 이 불쌍한 친구를 '비웃으며', 글로벌 세계에서 큰 공항들의 야생 상태를 두고 머리를 절레절레 흔들면 그만일 것이다. 하지만 이 만평이 공항의 텍스트성을 은유적 조리개로 사용했다는데 유념해야 한다. 이 만평이 구사하는 공항 유머의 문제는 공항의 환경적 미학이다. 그 미학은 프레임에서 미끄러져 텍스트를 벗어나 성가신 무의식으로 들어가는 공간을 알고 있다. 그 '공간'은 뒤죽박죽이다.

시간도 없고 세상도 없이

사막에서 나오는 또 다른 목소리를 들어 보자.

"이런 한심하고 시끌벅적하고 고약하고 바글거리는 망할 놈의 덴버 공항에서 두세 시간을 죽치고 있어야 한다니. 맙소사, 여기서는 뭔 망할 짓을 하든지 줄을 서서 기다려야 한다니까."[1]

에드워드 애비(Edward Abbey)는 1980년 8월 15일자 일기에 그렇게 썼다. 이 짧은 몇 마디는 미국 서부를 부정의 언어로 찬양하는 애비의 저술의 성격을 반영한다. 애비의 작품들은 원래 야성적 자연이라는 낭만적 개념을 물려받아 재현해왔다. 예를 들어 애비의 고전적 작품인 『사막의 은둔자(Desert Solitaire)』는 "반들거리는 바위가 많은 사막"에 대한 약속의 말씀으로, "홍진(紅塵)과 그을린 절벽과 외로운 하늘, 이 모든 것이 길이 끝나는 곳 너머에 있다."[2] 공항 같은 커다란 문화적 객체는 애비의 산문에 좀처럼 녹아들기 어렵다. 바위투성이 황무지에 대한 저자의 경험을 우연적이고 주변적으로 돋보이게 한다는 점만 제외하고 말이다.

물론 애비가 어떤 형태의 기다림에 만족했다고 생각할 수도 있다. 예를 들어 사막에서 떠오르는 해의 느린 움직임을 지켜보는 것 말이다. 그러나 아무래도 공항에서의 기다림은 애비가 그렇게 갈망하는 직접적인 체험을 벗어난다. 맥락은 다르지만 애비는 마치 철학자 조르조 아감벤(Giorgio Agamben)의 말을 예상하고 있던 것처럼 보인다.

"시간도 없고 세상도 없이 '기다림'을 말하는 것이 도대체 무슨 의미가 있는가?"[3]

이런 시각으로 본다면 공항은 비워진 세계를 상징한다. 공항은 문화로 너무 단단히 묶여 있어 그 안에 어떤 자연도 존재하기 힘든 그런 공간이다. 애비의 발언은 공항의 본래 의도나 목적이 무엇이든 그것은 "세상도 없이" 있다고 주장하는 것 같다.

그러나 공항의 기다림을 고쳐 생각하여 생태학의 전조로 그 배역을 바꾸면 어떻게 될까? 얼마든지 가능한 일이다. 뿐만 아니라 실제로 선례도 있다. 미국인들의 환경적 상상력을 들여다보면 어울리지 않게도 생태학을 인식하는 단서로 기다림의 행동을 이용하는 공항 장면이 여기저기 눈에 띈다. "이런 한심하고 시끌벅적하고 고약하고 바글거리는 망할 놈의 덴버 공항"을 무조건 지루한 장소로 보려는 애비의 충동에 맞서, 미국 문학의 텍스트들이 보여준 그럴 듯한 성과는 공항을 생태학적 예비품들을 저장하는 장소로 드러낸다.

감히 말하지만 이런 놀라운 우연의 일치는 '기다림의 생태학(ecology in waiting)'이라 불러 마땅하다. 이렇게 말할 수 있는 것은 기다림처럼 얼핏 수동적으로 보이는 어떤 것에도 생태학은 존재한다고 보기 때문이다. 실제로 얼핏 무의식적이거나 우연적인 것으로 보이는 거주(居住)도 하이킹이나 카야킹처럼 누가 봐도 '환경적인' 활동으로 보이는 것만큼이나 뚜렷하게 생태학을 드러낼 수 있다. 상식에 맞지 않는 것처럼 들려도 할 수 없다. 그러나 내 목표는 자각이 없는 생태학을 무조건 찬양하는 것이 아니다. 오히려 판에 박힌 일상을 보다 진지하게 환경적으로 취급함으로써 일상의 조건을 의식적으로 변화시킬 수 있다는 사실을 입증해 보이는 것이다. 다시 말해 기다림 속에 잠재되어 있는 생태학은 분명히 '다른' 생태학, 즉 나타나기를 '기다려 온' 생태학으로 귀결될지 모른다.[4]

이번 제7장의 목표는 일종의 환경비평을 실천하는 것으로, 문학학자인 대나 필립스(Dana Phillips)의 말을 빌려 말한다면 문학과 문화에 대한 '피카레스크' 식 접근이다.[5] 공항의 생태학적 의미를 알아내려면 공항의 소설적이고 시적인 표상을 보면 된다. 이런 접근법에는 두 가지 혜택이 있다. 첫째, 이 방법은 환경적 주체가 될지도 모르는 공항을 분석할 수 있는 예기치 않은 기준을 제공한다. 그것은 다름 아닌 공항의 시간과 공간이다. 둘째, 이런 관심은 보다 넓은 범위의 텍스트를 환경문학으로 '포함시킬' 수 있는 가능성을 열어놓는다.

이런 분석에는 정치학자 제인 베넷(Jane Bennett)의 '활성 물질(vibrant matter)'에 관한 작품을 알기 쉽게 풀어내는 작업이 포함된다. 아울러 어떤 비주체(또는 커다란 객체, 즉 공항)에 관해 느리게 생각하는 것, 그리고 보통 때 같으면 단순한 배경적 재료나 무대장치로 치부했을 법한 지형학을 세심한 눈으로 바라보는 작업도 여기에 포함된다.[6]

마크 오제의 명저 『비장소』는 공항을 당대의 지형 곳곳에 분포된 수많은 전이 지역(고속도로 휴게소나 현금자동입출금기도 여기에 해당된다)의 모범사례로 묘사한다. 오제는 끝부분에서 공항 같은 비장소는 "고독의 민족학(an ethnology of solitude)"을 요청한다고 주장한다.[7] 나도 그의 의견에 동감하지만 여기서는 말을 약간 바꿔야겠다. 내가 설명하려는 것은 '고독의 생태학(an ecology of solitude)'이다. 고독의 생태학은 공항에서의 기다림이란 주제의 언저리에 자리 잡는다. 여기서는 공항을 배경으로 하는 글에 초점을 맞출 것이다. 이런 글들은 통과 장소로서의 건축, 즉 사람들이 비행기를 타러 가는 길에 지나치는 물리적 통로에 관심을 갖는 문학적 텍스트 안에서 공항을 짧게 언급하거나 묘사한 부분들을 말한다.

속도를 제거하고 더 느린 시간에

생태학자이자 시인인 게리 스나이더(Gary Snyder)는 2005년에 내놓은 시집 『정상의 위험(Danger on Peaks)』에서 공항을 세 번 언급한다. 여기에 나오는 공항은 여분의 통과 장소가 아니라, 그의 생태학적 사고에 핵심이 되는 "속도의 제거(elimination of speed)"를 실현하는 장소다. "속도의 제거"는 롤랑 바르트(Roland Barthes)의 용어를 빌린 것이다. 바르트는 1957년에 발표한 수필 『제트인간(The Jet-Man)』에서 제트기 조종사의 모습을 둘러싼 묘한 모순을 지적했다.

…… '제트인간'의 신화에서 먼저 눈에 띄는 것은 속도의 제거다. 즉 전설에는 속도 체험에 대한 언급이 한 마디도 없다. 그렇다면 이제 우리는 하나의 역설을 받아들여야 한다. 그것은 사실 너무도 쉽게 모든 사람들이 인정하고 심지어 근대성의 증거로 소모되는 역설이다. 그 역설은 속도의 과도함이 평정으로 바뀐다는 사실이다.[8]

20세기 후반부를 거쳐 21세기로 진입하는 과정에서, 이 역설은 조종실에서 나와 주로 여행하는 사람들에게로 옮겨갔다. 하지만 모든 사람이 조종사가 되는 방식은 아니었다. 오히려 이 역설은 상업항공의 확산으로 유포되어, 결국 공항에서 보내는 보다 집합적인 시간, 즉 기다림이 되었다. 비행의 탈근대적 역설은 여전히 "속도의 제거"와 연루된다. 근거 있는 말이다. 속도의 제거는 공항에서 좀처럼 움직이지 않는 줄에 몇 시간씩 서 있거나 수하물이 나오기를 기다리는 것을 의미한다. 이때도 공항에 있는 동안은 엄밀한 의미에서 여전히 '여행을 하고 있는 것'이기 때문이다.

오제는 『비장소』에서 비행기를 타기 위해 탑승 수속을 하고 호주머니에 탑승권을 넣은 한 여행객이 "그 다음 단계의 절차를 기다리는 것 외에 달리 할 일이 없을" 때, 공항에서 느끼는 기분을 묘사한다.[9] 오제는 생각한다.

…… 확실히 요즘, 수많은 개별적 여정이 서로를 모른 채 일순간에 한

자리에 모이는 이들 붐비는 장소에는, 딱히 집어 말하기 어려운 어떤 매력이 아직 살아 있다. 그것은 버려진 땅과 뜰과 건물 지대, 여행객들의 걸음걸이가 달라지는 대기실과 역의 플랫폼, 계속되는 모험의 가능성으로 도망자의 기분이 계속되는 우연한 만남의 장소, 할 일이라고는 "일어나는 일들을 보는 것뿐"이라는 느낌이 주는 매력이다.[10]

생명이 펄펄 살아 고동치는 공항에서 "버려진 땅"으로 갑작스레 옮기는 오제의 움직임은 어떤 생태적 상념을 암시한다. 어떻게 공항은 세워진 공간과 '버려진' 공간을 잇는 그런 "도망자의 기분"을 고려하는가? 오제는 공항의 기다림에서 공감을 일으키는 "계속되는 모험의 가능성"을 따라가면서 스나이더가 『정상의 위험』에서 시로 표현했던 양식성을 말한다. 스나이더의 산문시 「블래스트 존(Blast Zone)」은 하늘에서 시작한다.

"수하물 찾는 곳에서 프레드 스완슨을 만나기 위해 리노에서 포틀랜드로 가는 새벽 비행기. 포틀랜드 공항을 나와 이 새로운 거리, 새로운 고속도로로……."[11]

시는 계속해서 활화산 세인트헬렌스를 찾는 스나이더의 여정을 상세하게 뒤쫓는다. 사실 이 산은 『정상의 위험』 전반에서 핵심을 이루는 이미지다. 여러 각도에서 스나이더는 느린 지질학적 시간과 인간 생활의 덧없는 부산함의 집요한 동시성을 해결하는 방법으로 이 화산을 사용한다.

우선, 공항이 도시에 인접해 있다는 사실로 인해 스나이더는 "새로운 거리, 새로운 고속도로"라는 신선함을 인식함으로써 드러나는 드넓은 도시에서 자신만의 유리한 입장을 확보한다. 시는 그 산의 "북쪽 사면에 있는 옆으로 열린 분화구" 속의 "많은 분기공(噴氣孔)들"과 "이 자회색 빛으로 연기를 내뿜는 흩어진 화구들" 같은 보다 고전적인 생태학적 이미지를 향해 움직인다.[12]

공항에 도착하는 초입의 이미지는 어떤 모험을 예감하게 한다. 하지만 교차적 의미를 갖는 오제의 공항 / 황무지처럼 「블래스트 존」은 공항과 화산을 닮지 않은 쌍둥이로 설정하며 끝난다. 공항과 화산은 둘 다 소란과 연소와 소비와 배기의 주기에 연결된다. 동시에 두 영역 모두 어떤 속도의 제거를 표상한다. 거대한 산이 환기시키는 절절한 겸허함은 공항의 수하물 찾는 곳에서의 기다림에 상응한다.

이런 유추가 조금 억지처럼 보일 수도 있다. 산에다 수하물 찾는 곳을 갖다 대다니. 사실, 시 「차를 기다리며(Waiting for a Ride)」는 「블래스트 존」의 이런 예감을 끝까지 추적하여 그것을 구체화한다.

시의 첫 부분은 단도직입적이다.

"짐 옆에 서서 시간을 흘려보낸다 : / 오스틴텍사스 공항 — 내가 탈 차는 아직 오지 않았다."[13]

스나이더는 계속해서 다양한 개인적 연고(그들은 요즘 무엇을 하는지, 그동안 누구와 연락을 하고 누구와 연락을 안 했는지)를 생각하고 이어서 보름달 뜬 밤에 밖에서 잤던 일을 기억해 낸다.

"소나무 검은 가지 사이로 지나가는 백색 달빛 / 부엉이 울음소리와 덜걱거리는 사슴뿔, / 카스토르와 폴룩스가 힘차게 떠오른다."[14]

생태학과 천문학의 이런 낯익은 상징들은 시가 닻을 내릴 확고한 지점을 제공한다. 스나이더는 독자들을 오스틴 공항의 맥 풀린 수하물 찾는 곳으로부터 노스캐롤라이나 생태 지역으로 다시 데려간다.

차를 기다리며

짐 옆에 서서 시간을 흘려보낸다.
오스틴텍사스 공항 — 내가 탈 차는 아직 오지 않았다.
전처는 집에서 웹사이트를 만들고 있다,
아들 하나는 좀처럼 볼 수 없다,
다른 아들과 그의 처는 아들 하나와 딸 하나를 두고 있다.
아내와 양딸은 주중을 읍내에서 보낸다
그래서 그 아인 고등학교에 갈 수 있다.
96세인 어머니는 여전히 혼자 살고, 역시 읍내에 있다,
항상 제때 제정신을 찾는 일이 드물다.
전전처는 특이한 시인이 되었다.
내가 하는 일은 거의
변변치는 않지만 다 됐다.
올해의 만월은 10월 2일,

나는 월병을 먹고, 데크에 나가 잤다.
소나무 검은 가지 사이로 지나가는 백색 달빛
부엉이 울음소리와 덜걱거리는 사슴뿔,
카스토르와 폴룩스가 힘차게 떠오른다.
북극성이 흘러간다는 것을 알면 좋을 텐데
지금 우리의 밤하늘도 미끄러져 가버린다는 것을,
나야 못 보겠지만
아니 볼지도 모르지, 한참 나중에
어느 정도 시간이 지나 하늘에 난 정령의 오솔길을 걸으며,
정령의 기나긴 걸음 — 거기서 너는 곧바로 다시 떨어져
"좁고 고통스러운 바르도의 통로" 속으로
너의 작은 머리통을 들이밀어 봐
그러면 다시 그곳일 테니

네가 차를 타기 기다리며

(2001년 10월 5일)

스나이더는 계속해서 별들이 떠도는 법을 묵상한다. "지금 우리의 밤하늘도 미끄러져 가버린다는 것을, / 나야 못 보겠지만"[15] 이런 겸손은 「블래스트 존」에 나타난 산의 아우라와 비슷하다. 그것은 속도

를 제거하고 더 느린 시간에 초점을 맞추어 존재를 의식하는 일이다. 그러나 이어서 스나이더는 이를 보완하면서 궁금해 한다.

아니 볼지도 모르지, 한참 나중에
기나긴 시간이 지나 하늘에 난 정령의 오솔길을 걸으며,
정령들의 길고 긴 산책 — 거기서 너는 곧바로 다시 떨어져
"좁고 고통스러운 바르도의 통로" 속으로
너의 작은 머리통을 들이밀어 봐
그러면 다시 그곳일 테니

네가 차를 타기 기다리며[16]

밤하늘의 생태학은 개울을 미끄러지고 영혼의 기록부가 된다. 스나이더는 곁길로 빠져 "바르도"를 들먹인다. 바르도는 티베트 불교에서 말하는 죽음과 환생 사이에 놓인 중간지대다. 그런 다음 바르도는 산도(産道, "너의 작은 머리통을 들이밀어 봐")가 된다. 이어 환생한 화자/독자(이인칭 돈호법으로 바뀌었다는 사실에 주목하라)는 다시 공항에서 태어나, 그곳에서 한 줄 공간을 건너 뛴 다음 "네가 차를 타기 기다리며" 남는다.

어떤 면에서 이 시는 기본적으로 스나이더가 공항에서 차를 기다리며 떠오른 생각들을 나열한 것이다. 하지만 달리 보면, 더 정확히

말해 시 전반에 흐르는 생각들은 기다림의 생태학으로 가득 차 있다. 「차를 기다리며」는 속도를 제거한 공항이 두서없는 생각에 골똘한 사람에게 미치는 효과를 드러낸다. 기다리는 시간은 가까이 있는 공간의 환경적 효과를 높이는 반면, 현재의 여행의 격을 떨어뜨리는 사고 과정을 촉발한다. 시는 수하물 찾는 곳이 산처럼 깊은 인상을 줄 수 있다고 말한다. 물론 깊은 인상을 주는 위험은 사물들이 더 이상 예전과 같은 사물로 보이지 않는 것이다. 따라서 공항은 다른 종류의 공간이 될 위험을 감수한다. 즉 공항은 오만하면서도 그러나 '겸손하게', 그렇게 변화에 열려 있다.

『정상의 위험』에서 공항이 세 번째로 나오는 시는 「강인한 영혼(Strong Spirit)」이다. 이 시는 한국의 시인 고은(高銀)을 UC 데이비스로 초빙한 스나이더를 그린다. 이 시에서 공항 장면은 「블래스트 존」과 「차를 기다리며」가 도치된 모양새다. 「차를 기다리며」에서 스나이더는 공항에서 자신을 태울 차를 기다린다. 하지만 「강인한 영혼」에서 스나이더는 공항에서 '다른' 사람을 태운다. 시 중간에 스나이더는 "공항에서 그를 곧 만날 것"이라고 말하고 몇 줄 뒤에는 "세관에서 [고은을] 만나기 위해 공항으로" 간다고 밝힌다.[17]

이 간단한 공항 장면은 고은과 스나이더가 "우리의 친구에게 조의를 표하기 위해" 길을 떠나면서 무거운 문제로 발길을 돌린다. "시인이자 통역가인 옥구가 지난 가을 세상을 등졌다 / 바다 가까운 산등성이 꼭대기에 있는 그녀의 무덤." 스나이더와 고은은 "바람을 맞으며 풀이 무성한 한 야산을 걷는다." 고은은 "퓨타 천 바로 옆 평야 곡저에 있는" 호텔에 머문다. 시는 "에코 모텔에서, 로마에서 온 라테가 가득 담긴 내 철제 컵을 들고 있는" 스나이더로 시작한다.[18] 시에서 공항은 주변적이고 삭막하고 단순한 무대 배경으로 존재한다. '다른 일'이 일어날 수 있는 공간이다. 공항이 하나의 출발점이 되는 것은, 그것이 잠시 속도를 제거하기 때문이다.

생태학적으로 말해 『정상에서 위험』에서 공항은 세 가지를 일러준다. '속도를 줄이고, 주의를 기울이고, 변화에 개방적이 되라.' 종합하면, 공항에서 기다리는 순간에 이 세 가지 명령은 철학자 일레인 스케리(Elaine Scarry)가 말하는 "지각의 정확성(perceptual acuity)"을 고취시킨다. 공항은 평범하면서도 당당한 형태로 다양한 생각과 상호작용과 일상생활의 패턴을 가로질러 마음 놓고 활보하는 '그 무엇'에 철저히 초점을 맞춘다.[19] 스나이더의 공항은 "건물 지대"로 소용되고, 오제의 말을 빌리면 (다시) 이어주고 "체험의 강도"를 높이는 공간으로 기여한다.[20] 공항 안에서 속도를 제거하는 일은 기다림의 생태학에 좌우되고 또 그런 생태학을 요구한다.

매혹적인 폐허의 아픔

배리 로페즈(Barry Lopez)는 공항을 문학적 전망의 테두리 안에서 사용해 온 또 한 명의 현대 환경 작가다. 그의 단편 「카리브의 현란한 빛(Light Action in the Caribbean)」은 공항의 지리적 측면에 각별한 관심을 기울이면서, 기다림의 생태학이 갖는 몇 가지 본질적 문제를 언급한다. 이야기 첫 부분의 짧은 순간은 두 명의 주인공, 리비와 데이비드가 택시를 타고 가는 길을 언급한다. 이들은 불행으로 끝나게 될 휴가를 떠나기 위해 덴버 공항으로 가는 길이다.

"아르바다에서 새로 세운 덴버 공항으로 차를 타고 가다보면 이륙하기도 전에 또 다른 나라로 차를 타고 가는 느낌이 든다고 리비는 생각했다. 몇 킬로미터를 가고 또 가도 집도 산도 개발도 길도 나무도 없는 쓸모없는 들판뿐이다."[21]

공항이 나타나길 기대하는 공간이 주는 이런 공허함은 흔한 광경이다. 리비가 본 것은 제3장에서 설명했던 것처럼 다른 수많은 문학 속의 공항 장면과 일치한다. 이제 문학 텍스트에서 더 폭넓은 범위의 한적하고 성긴 공항 지리를 탐구해 보자.

예를 들어 돈 들릴로의 소설 『플레이어(Players)』는 현실을 도피하기 위해 뉴욕 공항으로 가는 한 등장인물이 리무진을 타고 가는 과정을 이렇게 묘사한다.

"평탄하고 텅 빈 대지가 나타나자, [패미는] 공항이 가까워졌다는 사실을 깨달았다. 하나의 풍경이 또 다른 공간의 점유 사실을 순순히 인정하고 있었다.[22]

같은 소설의 또 다른 등장인물인 라일은 비행기 탑승 수속을 마친 후 공항 안, 전망이 좋은 지점에서 비슷한 생각을 한다.

그는 가방을 맡긴 후 한 잔 할 장소를 찾았다. 이른 저녁이었고 활주로 건너편 맨해튼의 마천루들이 폭풍이 몰려오기 전 하늘을 덮은 황갈색 먼지의 화석 수지(樹脂) 들판에 늘어서 있었다. 건물들은 멀리서도 뚜렷했다. 당당함, 그 가벼운 상승감 때문이라기보다는 그것들이 불러온 초라한 정서, 그 황갈색 분위기 때문이었다. 그 모습은 매혹적인 폐허의 아픔을 환기시켰다.[23]

이 대목은 오제의 공항 / 황무지의 이중주를 고조시켜, 기다리면서 활주로를 응시하는 순간에 승부를 건다. 공항의 풍경은 "쓸모없는" 것으로 그러나 "새로운"(시 「블래스트 존」에서 "새로운 거리, 새로운 고속도로로"라는 스나이더의 수사를 상기해 보라) 공간으로 비어 있다. 하지만 이미 점유한 공간으로 그리고 동시에 "매혹적인 폐허"가 보이도록 배려한 수송의 역동적 허브로 등장한다. 「카리브의 현란한 빛」에서 데이비드와 리비는 여러 공항을 차례로 통과하며 나아간다. 즉 "그들은 유나이티드를 타고 마이애미로, 그 다음은 에어카리브를 타고 세인트매튜로, 그 다음은 바이아블랑코로 산카를로스로 날아간다."[24] 하지만 그들이 도착하는 곳은 완전히 황폐한 목적지일 뿐이다. 결국 데이비드와 리비는 이들 공항을 통해 돌아오지 못한다.

그러나 공항은 이 이야기의 과격한 결론이 틀렸음을 보여준다. 오히려 공항은 소비 유행과 자본 유통의 활기찬 흐름 속에 존재한다. 마이애미로 처음 비행기를 타고 날아가 "착륙했을 때, 데이비드는 유나이티드 항공 게이트에서 에어카리브 항공 게이트로 가는 내내 휴대폰으로 전화를 했다."[25] 하늘 위에서 어느 순간 리비는 "게이트에서 은행 봉투 안에 든 100달러짜리 지폐 50장을 아무 생각 없이 그녀에게 넘겼던" 일을 떠올린다.[26]

"세인트매튜에서 세관에 신고하고 바이아블랑코 항공 게이트에서 기다리면서, 그녀는 〈얼루어(Allure)〉 잡지를 꺼냈다."[27]

"한 잔 할 장소를 찾는" 들릴로의 라일처럼 리비는 공항에서 기다릴 때의 끔찍한 지루함을 피하는 방법으로 미용잡지에 눈을 돌린다.

위의 들릴로를 인용한 대목은 관점이 일치하는 이상의 방향성을 암시한다. 들릴로는 소설을 통해 현대 미국의 환경적 심상을 반영했다는 평가를 받는다. 그의 작품이 스나이더와 로페즈의 텍스트와 같은 수준의 자연을 그리는 것은 아니다. 하지만 그들의 공항 장면은 기다림 속에서 하나의 공통적인 생태학을 드러낸다.[28]

들릴로의 『화이트 노이즈(White Noise)』에서 주인공 잭 글래드니는 공항에서 딸을 태워야 한다. 그러나 공항으로 가는 동안 시간을 지키는 일은 실존적 어려움이 된다.

"공항에 도착한 우리는 뿌연 잿빛 먼지 속에서 기다렸다. 사방에는 드러난 전선과 잡석 무더기가 널려 있었다."[29]

기다림은 공항을 자연 그대로 내버려둔 곳이 별로 없고 지나칠 정도로 정비가 잘 된 교외의 허술한 가장자리로 노출시킨다. 비행기에서 내린 승객들은 비행 중 발생한 전원 장애로 인해 죽음의 문턱까지 갔다 온 상태였다. 터미널은 손 볼 곳이 많다. 잭의 딸에게는 제트기의 배기가스 같은 냄새가 난다. 잭의 전처에 따르면, "공항을 빠져나가는 일도 비행하는 일만큼이나 중요하다."[30] 그녀가 이런 말을 할 때도 딸을 태운 잭 일행은 공항에서 나와 차가 꽉 막힌 길을 조금씩 헤쳐 나가고 있었다. 따라서 무엇을 공항으로 가는 여정으로 볼 것인지, 그리고 쉘 실버스타인(Shel Silverstein)의 말처럼 공항이 어디서 끝나는지 의문을 갖게 만든다. 들릴로는 소설 뒷부분에서 공항의 기다림과 관련하여 한 인물을 묘사한다.

"그는 비행기를 타고 온 사람마냥 모양 없이 퍼졌다. 마냥 기다리면서 공항의 어수선한 분위기에 짓눌린 그런 사람 같았다"[31]

『화이트 노이즈』는 기다림의 생태학이 논란이 많은 연구 분야라는 사실을 보여준다. 근대성을 상징하는 공항은 장소를 빼앗고 공간을 빼앗고 생명을 빼앗는 발전의 붕괴를 반영한다.

'폐허'의 광경이 생태적이 되는 것은 폐허가 '역사'를 반영하기 때문이다. 들릴로의 공항은 화석 연료, 이주, 도시의 스프롤 현상과 관련하여 인간이 내린 많은 결정들의 문제점을 드러낸다. 이렇게 보면 역사는 생태학의 또 다른 말이다. 따라서 들릴로의 소설 『언더월드』가 불가해하고 전후관계를 무시한 공항 경구(가령 "대기자 명단에 있는 룬디씨는 티켓 카운터로 오시기 바랍니다"[32] 같은 부분)를 전개할 때,

텍스트는 실제로 구체적인 역사를 제시하면서 오제가 말하는 "고독의 민족학"을 진척시킨다. 그러나 앞서도 말했듯이, 고독의 '생태학'이란 말이 더 정확한 표현일 것이다. 공항에서의 기다림을 통해 나타나는 황폐한 풍경과 고립성에 대한 의문은 살아 있는 존재의 문화뿐 아니라 죽은 것들까지 드러내기 때문이다.

들릴로가 그의 소설 『이름』에서 이런 문제를 다루면서 공항에서 기다리는 느낌을 "데드타임"이라고 분명하게 못 박았다는 사실을 상기할 필요가 있다. 소설의 주인공은 공항에 있다는 느낌을 되새겨본다. 그것은 기다림이다.

> 우리에게 이것은 완전히 잃어버린 시간이다. 우리는 그 시간을 기억하지 않는다. 우리는 어떤 목소리도, 활주로에 있는 비행기의 어떤 분사음이나 비행기의 백색 소음이나 기다리는 시간 등, 어떤 감각적 인상도 받아들이지 않는다. 아무것도 와서 달라붙지 않는다. 머리와 옷만 그슬릴 뿐이다. 그것은 데드타임이다.[33]

들릴로에게 공항의 핵심적 특징은 시간을 제거하고 그래서 "감각적 인상"을 지워버리는 능력, 아니면 적어도 그런 인상을 최소화시킬 때까지 걸러내는 능력이다. (비행기)의 "송풍"이나 "백색소음" 같은 것들이 그런 예다.

공항 기다림을 "데드타임"으로 보게 되면 자연스레 로페즈에게 돌아갈 기회가 생긴다. 로페즈는 그의 단편 「피어리랜드(Pearyland)」를 낯익은 기분으로 시작한다.

…… 그린란드의 손드레 스트롬피요르 공항에서 …… 우리는 공항에서 오랫동안 기다리고 있었다. 시내로 들어간 사람도 있었다. 하지만 대부분은 날씨가 잠깐 사이에 갑자기 맑아져 비행기가 뜰지도 모른다는 생각을 하고 있었다. 그랬기에 다들 라운지에서 잠을 청하거나 식당에서 식사를 하거나 전화를 걸었다.[34]

공항에서 지연되는 시간 / 공간에서 화자는 화석학자 에드워드 보우먼을 만난다. 화석학은 죽은 유기체가 세월에 따라 부패하거나 몸이 "생태학적 공동체로 다시 모아지는" 과정을 연구하는 생물학의 한 분야다.[35] 보우먼은 피어리랜드에서 현지 조사 중에 일종의 아(亞)북극 지역의 내세와 조우한다. 유령 같은 순록과 이누크 "관리인"이 출몰하는 지역이었다. 공항에서 현실의 '데드타임'은 삶의 사변적 이야기, 즉 죽은 생물과 합쳐진다.

이야기는 운항이 중지된 공항의 비현실적인 분위기에 갇혀 있는 사흘 동안에 걸쳐 펼쳐진다. 그 후에 "…… 안개가 마치 갈 곳이 있는 것처럼 갑자기 걷혔다. 여드레 동안 지상에 머물렀던 보우먼의 비행기는 코펜하겐으로 떠났고 한 시간 뒤에 나는 내 친구와 함께 배핀섬의 프로비셔 만으로 다시 날아갔다."[36] 공항의 기다림은 화자가 보우먼의 사연에 넋을 빼앗긴 것처럼 "데드타임"을 위한 공간을 만든다. 이제 보우먼의 이야기는 고쳐 말해야 한다. 〈피어리랜드〉는 새뮤얼 테일러 컬리지(Samuel Taylor Coleridge)의 시 「노수부의 노래(The Rime of the Ancient Mariner)」에 대한 탈근대적 개작이라고 말이다.[37] 로페즈의 〈피어리랜드〉에는 공항에서 기다리는 몰락한 시간과 공간, 즉 남아도는 '데드타임'에 좀비 동물들이 출몰한다.

공항의 어울리지 않는 위치 선정(도시의 버려진 땅, 화산 분화지역, 좀비 황무지)의 역동적 측면에서 볼 때 기다림의 생태학은 공항이 갈수록 변덕스러운 지역이 되어가는 중이며, 부산스러운 사해동포적 허브를 언제든 문명의 빈껍데기로 바꿀 능력이 있다는 사실을 보여준다. 로페즈와 들릴로의 작품에서, 비행기를 위한 정기 기항지는 '역사'가 나타나는 조리개를 만든다. "매혹적인 폐허의 아픔"은 공항에서 기다리는 사람들의 일부가 된다. 삶과 죽음이 지연되는 이런 매듭에서, 비행기는 이륙하거나 지연되고, 아무것도 없이 평탄해질 수 있는 지형에서 ……… 기다림의 생태학이 나타난다.

첫 번째 축복은 작은 깃털에서

기다림의 생태학에 의지하여 미국의 환경적 심상의 지평을 확장하면, 예기치 않은 텍스트들을 만나게 된다. 예를 들어 콜슨 화이트

헤드(Colson Whitehead)가 2001년에 발표한 소설 『존 헨리 데이즈(John Henry Days)』는 철도 건설에 얽힌 아프리카계 미국인의 전설을 바탕으로 뉴욕시 기자 J. 서터(J. Sutter)의 이야기를 들려준다. 서터는 웨스트버지니어에 있는 탤컷의 시골 마을을 취재한다. 본론에 들어가기 전에, 소설은 공항에서 첫 장면을 시작한다. 제1장 "터미널 도시"는 공항을 천천히 둘러볼 만한 곳, 자연주의자들이 궁금해 할 장소, 심지어 어느 정도 신비에 가까운 축복의 장소로 내세운다. 첫 문장은 이런 특이한 생태적 의식을 가진 J. 서터의 내면을 묘사한다.

이제 그는 공항의 확실성을 축복한다. 축복을 빌어줄 기회가 생겼을 때 그가 내리는 축복은 빠르고 짧은, 철저히 세속적인 것이다. 그곳에 있는 누구를 향한 것도 아닌 가벼운 끄덕임, 누가 봤다고 해도 알아채지 못할 턱짓이다. 그는 주로 재수가 좋으라고 그런 고갯짓을 하는데, 어떨 때는 그의 신발 앞에 떨어지는 하찮은 행운에도 그런 식으로 감사를 표했다. 그날의 첫 번째 축복은 근엄한 흰색 외피, 즉 작은 깃털에서 유발되었다. J. 서터는 그것을 몇 미터 떨어진 카펫 위에서 보았고 한 치의 의심도 없이 그 자리에서 영수증이라는 것을 알았다.[38]

자발적인 축복으로 처음 나타난 것은 생태학적 평가 기준을 드러낸다. 출발 라운지의 바닥에 있는 버려진 영수증, J. 서터는 그것을 챙겨 여행이 끝났을 때 환급용으로 제출할 것이다. 이런 간단한 영수증에도 하나의 이미지가 이중의 은유로 담겨 있다. 첫 번째는 "외피"이고 그 다음으로 "깃털"이다. 이런 이중적 이미지에는 두터운 영수증으로 싼 이상한 과일과 그 다음 한 무더기의 영수증으로 된 깃털을 가진 새가 담겨 있다. 공항에서 기다리는 일의 확실성은 불확실한 인식, 즉 다중적 은유의 아우라를 자극한다.

J.는 이런 이미지를 더 곰곰이 생각한다.

"고인 물에 모기가 꼬이는 만큼이나 공항은 확실히 영수증을 꽃피우게 한다."[39]

소설이 영수증에 대한 이런 이미지를 고조시킴에 따라, 영수증은 아예 하나의 종(種)으로 묘사된다. 영수증은 단순히 뜯어낼 수 있는 외적 물질이 아니라 우주의 토탄층에서 '자라는' 유기체로 이해된다. 이것은 이상한 나선식 직유로, 여기서 자동사는 생동감 넘치는 타동사로 바뀐다. 이런 설명을 거쳐, 공항은 생물학적 · 생태학적 · 문화적 의미에서 '살아 있는' 것으로 보이게 된다. 그것은 특이한 식물로서의 공항, 완전한 늪지로서의 공항 그리고 "터미널 시티"로서의 공항의 모습이다.

여기서 우리는 똑같은 하나의 대상을 비교적 단순한 이미지(바닥 여기저기에 굴러다니는 흔한 영수증들)의 문맥 안에서 은유적으로 변형시킬 수 있는 공항의 능력을 보게 된다. 화이트헤드의 글쓰기는 확대경이 되어 그것을 통해 우리는 사물의 물질성을 들여다보면서 대상이 어떻게 융합하며 어떻게 문화가 자연으로 탈바꿈하는지 확인하게 된다. 공항에서 기다리는 짧은 장면 하나에도 그런 분위기가 넘치고, 그 안에서 소비되는 종이 제품은 일상의 과잉이 된다. 그러나 이런 과잉에서 화이트헤드는 공항의 기다림을 '살아있는 시간'으로 고쳐 생각한다.

비행 후에 J.는 공항을 나와 차를 기다린다.

승객들이 짐을 싣고 내리는 구역에서 풍기는 일산화탄소 냄새는, 조심스러운 터미널의 분위기를 벗어난 이후라 너무 지독했다. 또 그 냄새는 공기보다 무거워 그의 신발 뒤축 언저리에 낮게 매달린다. 한 무더기의 우중충한 구름이 저쪽에서 느릿느릿 움직인다.

J.는 말한다.

"이런 썩을!"

그리고 그날 두 번째로 그는 공항의 확실성을 축복한다. 그는 언제든 돌아서서 다른 어떤 곳으로 갈 수 있기 때문이다.[40]

여기서 공항은 내부와 외부의 이분법을 뒤집고 순수하고 "조심스러운" 생물권, 즉 특징 없는 "저쪽에서" 서성이는 "한 무더기의 우중충한 구름"에 의해 위협받는, 그 자체의 환경으로 서 있다. J.에게 공항은 이동, 경배, 청정의 끝없는 가능성을 발견하는 장소다. 이런 굴곡진 공간 의식은 자연과 문화, 축적과 낭비의 간편한 대립에 도전한다. J.의 목적지는 "이런 썩을" 곳, 청명하고 푸른 도시의 네트워크가 남겨놓은 공항이다.

그러나 J.의 두 번째 축복은 물론 근시안적이다. 공항은 지구 표면에서 목적지로 설정된 변경의 마을과 일산화탄소가 함유된 대류권 없이는 존재하지 않는다. 공항의 확실성은 다시 한 번 거대한 폐허의 풍경에 가 닿는다. J.의 공항은 환상의 구역이지만 그럼에도 불구하고 기다림은 무기물들이 성장하고 오염물질이 모이는 일종의 초현실적 인식을 불러낸다. 공항이 접근을 허락하는 무한히 열린 "다른 어떤 곳"은 다름 아닌 기다림의 생태학 바로 그것이다.

인류학자 캐슬린 스튜어트(Kathleen Stewart)의 『평범한 감정(Ordinary Affects)』은 기다림의 생태학과는 썩 어울리지 않아 보인다. 하지만 그 중 한 부분은 화이트헤드의 J.가 "공항의 확실성"이라고 즐겨 말했던 것과 관련이 있다. 에드워드 애비는 서부의 황무지에 매혹되었다. 하지만 그가 서부의 사회성에도 매혹되었다면 아마 『평범한 감정』을 인정했을 것이다. 『평범한 감정』은 심지어 서부 텍사스의 월마트나 라스베이거스의 흥청거리는 도박의 미묘한 신비주의를 그 분석 대상으로 삼을 때조차(아니 바로 그럴 때에도) 세부적인 내용이나 철학적인 궁금증에 대한 관심으로 넘친다.

이 책은 스튜어트가 말하는 "감정적 주체(affective subject)" 언저리를 돌며 그 의미를 규정하는 수많은 신화와 사상과 트렌드와 질문들을 만들어낸다. 꼭 장(章)을 구분하여 설명하는 것은 아니지만, 스튜어트는 친숙한 순간과 미시 서사(micro-narratives)의 경구적인 짤막

한 묘사를 곳곳에 배치하며 그녀의 텍스트를 짜 맞춘다. 각 부(部)는 "RV 프리덤(RV Freedom)", "블루 TV 나이츠(Blue TV Nights)", "핵폐기물을 찾아서(Tracking Nuclear Waste)" 등의 소제목으로 시작한다.

스튜어트는 감정적 주체가 일상의 상황과 쟁점에 의해 의미를 얻게 되는 경위를 탐구하는데, "빗방울, 휴스턴에 떨어지다(A Raindrop Falls in Houston)"라는 부분은 큰 폭풍우가 지나간 후 휴스턴 공항 주변을 선회한다. 운항 취소로 승객들이 만든 줄은 "터미널 밖으로 수백 미터 이어지고" 또 "터미널 내의 모니터들은 모든 비행기가 '지연' 되고 있음을 보여준다." 혼란과 소동으로 얼룩진 하루가 지난 후, "다음날 아침 뉴스는 휴스턴 공항이 정상을 회복했다고 보도한다. 그리고 우리는 아무 일도 없었다는 듯 잊으려 애쓴다. 그저 갈 길을 갈 뿐."[41] 스튜어트에게 공항은 평범함이 불에 확 타올라 거의 위기상황으로 바뀌는 그런 장소이다. 하지만 그 다음 모든 것은 정상적인 흐름으로 되돌아간다.

그러나 그런 공항의 사례는 일반적이고 자발적인 감정적 현상으로만 이루어지지는 않는다. 오히려 공항은 위기에 영원히 다가서는 문제를 다루어야 한다. 그리고 이런 문제를 다루는 일은 치밀하게 구성된 대기 명령을 통해 구체화된다. 스튜어트의 비판적 인류학은 공항의 치밀한 확실성이 포화상태의 미디어 생태학에 의해 유지된다는 사실을 암시한다.

항공 여행의 매개성을 이와 비슷하게 생각하는 소설은 또 있다. 들릴로의 서사소설 『언더월드』의 주인공 닉 셰이(유독폐기물 컨설턴트)는 어느 순간 의식의 흐름과 유사한 상황에서 공항의 확실성을 따져본다. 그런 의식은 수하물 찾는 곳의 들어오고 나가는 흐름으로 추적하는, 접속사 없이 무조건 앞으로 내달리며 문법적 오류를 범하는 문장 같은 것이다.

고향에 돌아와 스카이하버에 착륙할 때, 나는 사람들이 어떻게 공항에서 그렇게 빨리 흩어지는지 궁금했다 — 사람들이 어떻게 세 칸이나 다섯 칸을 건너가 자리에 그렇게 빨리 앉고, 비행기가 착륙하여 기장이 좌석벨트를 풀어도 좋다는 말이 떨어지기 무섭게 통로로 나오는지, 머리 위에 있는 짐칸에서 소지품을 꺼내 문이 열리기를 기다리며 서 있다 앞으로 밀려가는지, 게이트를 나서면 더 많은 사람들로 붐비고, 누구는 비행기에서 내리고 또 누구는 그들을 기다리고 수하물 찾는 곳과 중앙홀에는 더 많은 사람들이 북적이고, 메아리치며 교차하는 목소리와 안내방송 소음, 회전하는 엔진 그리고 그 모든 것을 뚫고 움직이는 군중들, 각자 저마다의 소지품들을 가진 사람들, 화장실 용품과 사사로운 의상의 미시사(微視史), 약품과 아스피린과 로션과 파우더와 젤, 사막의 가장자리에서 어떤 뜨겁고 건조한 날에 교차하는 믿을 수 없을 정도로 많은 사람들, 가방 안에 입었다가 뭉쳐놓은 속옷 그리고 그들이 어디로 가는지 왜 가는지 그들이 누군지 어쩌면 그렇게 빠르고 신기하게 모두 흩어지는지, 그 많은 무리들이 어떻게 몇 분 만에 반짝거리는 바닥에 가방을

끌면서 흩어져 사라지는지 궁금했다.[42]

이 대목은 우리가 스타이너의 외부 지향적인 공항에 대한 언급에서 잠깐 보았던 것 같은 스케리의 "지각의 정확성"의 또 다른 예다. 그러나 여기서는 화이트헤드와 스튜어트가 우리에게 더 가깝다. 이들은 공항 읽기의 세부적인 면이나 절차 또는 기다림의 생태학에 초점을 맞춘다. 들릴로의 설명적 몽타주는 완전히 탈근대적인 의미에서 아주 복잡하게 뒤엉키고 철두철미하게 현실적으로 공항을 표현한다. 이런 공간은 코스모폴리탄의 압축점으로, 소비문화의 잡동사니들로 넘쳐 타성적 힘과 속도를 제거하는 악순환을 벗어나지 못한다.

환경학자 티모시 모턴(Timothy Morton)이 주장했듯이, "포스트모더니즘은 글로벌 자본과 철저히 관리되는 세계가 (매우 유독하고 부정적이고 파괴적인 방법으로) 그물코를 탐지하는 것을 가능하게 만드는 계기였다."[43] 실제로 『언더월드』의 다음 대목 "화장실 용품과 사사로운 의상의 미시사"와 "메아리치며 교차하는 목소리와 안내방송 소음, 회전하는 엔진 그리고 그 모든 것을 뚫고 움직이는 군중들" — 이것은 바로 모턴이 말하는 '그물코'로, 빠져나갈 수 없는, 고립감과 복잡하게 서로 뒤얽힌 의존성, 이주 패턴, 자발적 분산, 감각적 존재와 다른 진동 물체들로 구성된 또렷한 그물이다.

공항의 확실성은 매우 이질적인 것들을 연결하여 납득이 가거나 아니면 납득이 가지 않게 만드는 능력이다. 들릴로의 『이름』에 이 점을 강조하는 짧은 대목이 있다.

"나는 암만에 있는 공항의 수하물 운반차량에 서서 기다리고 있었다. 왕은 해외에서 16일을 보낸 후 그날 오후 늦게 도착할 예정이었다. 왕이 해외여행을 마치고 요르단으로 돌아올 때, 낙타 두 마리와 황소 한 마리가 그 공항에서 도살된다."[44]

빠른 순서로 들릴로는 군주와 제물을 진부한 기다림과 연결하고, 전통과 의식은 공항의 상위 문화로부터 헤어날 수 없게 된다. 앞서 스나이더의 「차를 기다리며」에서처럼, 들릴로가 그리는 수하물 찾는 곳의 장면은 연결과 관계의 사슬을 구축한다. 하지만 그것은 불연속적이거나 논리적 귀결이 없는 사슬이다. 기다림의 생태학은 '끝나지 않는' 생태학이고, 공항의 확실성은 그것의 불확실성까지 포함한다.

그래도, 공항에서 일하는 사람들이 있다

공항이라는 거주지의 핵심적 특징의 하나인 항공사 직원들 그리고 공항이라는 공간에서 발생하는 자본 흐름과 노동의 네트워크를 무시한다면 기다림의 생태학도 미완성일 수밖에 없다. 오제가 『비장소』에 이은 후속작에서 이 점을 어떻게 해명하는지 상기할 필요가 있다.

"어떤 사람을 위한 장소가 다른 사람에게는 비장소일 수 있고, 그 반대도 마찬가지다. 예를 들어 공항은 그곳을 서둘러 지나치는 승객들과 그곳에서 매일 일하는 직원의 눈에 같은 상태로 나타나지 않는다."[45]

실제로 공항에서 일하는 사람들은 늘 공항의 기다림의 다른 편에 존재한다. 그곳은 사람들의 부분집합 사이에서 유지되는 투과성 격벽이다.

들릴로가 『이름』에서 공항의 기다림을 "우리들에게 완전히 잃어버린 시간"으로 그렸다. 마찬가지로, 현대 소설가 루시 코린(Lucy Corin)은 "잊기 쉬운 시간" 같은 시간을 단편 「내 단골 치과의사(My Favorite Dentist)」에서 이렇게 정의한다.

"나는 공항에 있을 때처럼 잊기 쉬운 시간을 생각했다. …… 그래도, 공항에서 일하는 사람들이 있다는 사실을 나는 기억해야 한다."[46]

공항의 잊기 쉬운 시간을 기억해야 한다면서, 코린은 인식하기 어려운, 심지어 명심하기 더 어렵고 더 깊은 단층의 활동, 즉 공항의 '일'을 제시한다. 기다림의 생태학은 하늘을 날면서 인간을 대하는 생산 관계와 모든 세력을 포함하는 공항의 물질적 기반으로 관심을 끌어낸다.

공항의 일은 종종 문학작품에서 간접적으로 언급되거나 암시된다. 예를 들어 많은 주석과 내면의 주관적 묘사로 본론을 자주 벗어나는 니콜슨 베이커(Nicholson Baker)의 소설 『중이층(The Mezzanine)』에서 파헤치는 탈근대성의 세부적인 내용 중 하나는 어디에나 있는 수하물 찾는 장소다. 지루하게 꼬리를 무는 생각의 한복판에서 화자는 상상한다.

…… 공항의 수하물 취급 방식(무빙트랙이 모퉁이를 돌아 눌러 담은 의류 화물을 깔끔하게 끌어주고, 초승달 모양의 딱딱한 고무가 겹치는 방식. 그리고 수하물 찾는 곳 내부의 밝은 세계와 저회전 차량과 청색 옷을 입은 남자들의 바깥 세계 사이의 이행을 표시해주는 고무통로의 술장식)…….[47]

이런 괄호 안에 묘사된 수하물 찾는 곳의 풍경은 기다리는 어떤 승객의 관점에서 이해되면서 이어지고, 괄호가 시야를 막기 전에 잠깐 곁눈질로만 보일 뿐이다. 하지만 그래도 좀처럼 보기 드문 노동의 생태학을 살짝 비춰준다. "저회전 차량과 청색 옷을 입은 남자들의 바깥 세계"는 의식의 전환을 알리는 신호다. 즉 코린처럼 공항에서 '일하는' 사람들의 존재를 알아보는 잠깐 동안 화자는 승객의 존재론에서 물러난다. 엄밀히 말해, 이들 공항 거주자들(근무자들)은 지상을 떠날 수 없다. 공항의 확실성은 여행객의 "내부의 밝은 세계" 너머의 그러나 그 세계에 첨부된 지긋지긋하고 어두운 노동의 풍경을 필요로 한다.

기다림에서 확인할 수 있는 이런 노동력 생태학의 또 다른 예는 캐롤 머스키-듀크스(Carol Muske-Dukes)의 시 「날개의 결빙 제거

(De-icing the Wings)」에서 볼 수 있다. 이 시에서 승객인 화자는 활주로에 있는 한 여객기 안에서 공항 근로자들을 바라보며, 그들이 마스크를 했어도 (묘하게도) 성별 특징이 분명하게 드러난다고 생각한다.

"그들은 이스턴 셔틀에서 얼음을 제거하고 있다. / 노란 마스크를 한 남자가 날개 위에 서 있다. / 화물칸 위에 / 단단한 살얼음과 금빛 연기가 나는 호스 / 그녀의 손에 있는 큐비즘에 관한 책은 / 제트기들의 엔진 회전수를 높일 때 떨린다."[48]

큐비즘에 관한 책은 화자의 시간을 때워주는 기능('공항 읽기'라는 시간 때우기)을 한다. 이런 학구적인 텍스트는 공항에서 일하는 근로자의 추상적 외모를 중층적으로 결정한다. 그리하여 그들은 원색의 기장(記章)으로 또 노동의 성격에 따른 정서로 식별된다. 머스키—듀크스의 "노란 마스크를 한 남자"는 베이커의 "청색 옷을 입은 남자"와 닮았다.

역사의 어느 순간에 공항의 일은 좀 더 분명해져 추상성이 줄어든다. 셔로드 산토스(Sherod Santos)는 그의 시 「공항 보안(Airport Security)」에서 이렇게 말한다. 911의 여파로 "더욱 까다로워진 / 여행사 직원 그리고 평소에도 지금처럼 / 증강된 보안 요원 군단"[49] 산토스는 계속해서 공항의 기다림이라는 폭력에서 비롯되는 있을 수 없는 질문을 끈질기게 던진다.

"그리고 증강되어 드문드문 서 있는 경계 요원들의 / 어수선한 서성임에 관해 / 뭔가 중요한 사실이 우리의 생각을 다그친다 / '도대체 사람들이 왜 집을 나서는 거지?' / 그리고 언뜻 답을 찾기 어렵다."[50]

언뜻 보면 심오한 형이상학적 질문 같지만, 이 상황에서 더욱 더 절박한 것은 기다림의 생태학이다. 그것은 왜 사람들이 집을 나서 공항으로 가는가가 아니라 '어떻게 사람들이 그곳에서 일하는가' 하는 문제다.

미디어 학자 리사 파크스(Lisa Parks)는 그녀의 논문 〈출발점, 미국 공항의 검색 문화〉에서 911 이전과 이후의 미국 공항 보안 체크포인트의 관례와 프로토콜을 분석하여 이런 생태학을 개발한다. 파크스는 "비장소 이상의 의미를 갖는 공항은 보안과 기술과 자본이 충돌하는 활기찬 장소가 되었고, 사회화된 미국의 신체가 위협적인 내면성을 인식하도록 자극한다." 실제로 산토스가 그의 시 「공항 보안」에서 주목하는 것은 이 "위협적인 내면성"이다.[51] 이것은 베이커스의 "내부의 밝은 세계"가 아니라 오히려 "떼 지어 서성대는 야단법석"이 도착과 출발을 기다리는 "경계적 본성"의 영역이다.

공항에서 기다리는 에피소드는 늘 항공사 종업원들이 하는 일과 변증법적 관계에 있다. 유머 작가 데이비드 세다리스(David Sedaris)는 『스탠딩바이(Standing By)』라는 제목의 신변잡기 에세이에서 여행객과 공항 직원 사이에 벌어지는 긴장을 냉소적으로 그려낸다. 에세이는 덴버 공항에서 포틀랜드로 가는 항공편이 취소된 후, 필요한 절차를 밟기 위해 줄을 서서 기다리는 경험을 그려낸다. 세다리스는 항공사 직원이 "곧 돌아올게요"라고 말하지만, 그 말은 사실 "엿 먹어라"는 뜻이라고 생각한다.[52] 세다리스는 계속해서 이러다 제때 비행기를 타지 못한 승객들이 어느 한 순간 화를 폭발시키지 않을까 조마조마해 한다. 세다리스는 맥 빠진 한 승객이 처음에 투덜거리다 점점 험악한 말을 내뱉는 소리를 엿듣는다.

그날 아침 일찍 대기 좌석을 받으려다 실패했기 때문에 그는 기분이 좋지 않았다.

"탑승할 시간이 되었을 때 게이트에 있던 여자가 내 이름을 불렀다고? 나 참, 부르긴 뭘 불러."

[……]

"그 여자 이름을 알아뒀어야 했는데."

그 남자는 계속 말했다.

"그 여자를 보고해야 했어. 젠장, 한 대 날렸어야 했는데 말야!"[53]

세다리스는 공항의 기다림과 공항 근무가 펼칠 수 있는 치열한 변증법을 그려낸다. 그리고 이것은 하나의 '일정표', 현대 시민 사회의 성취에 대한 역설적인 성서가 된다.

에세이의 끝부분에서 세다리스는 대담한 평가를 망설이지 않는다.

우리는 우리를 괴물로 바꾼다는 이유로 항공 산업을 영원히 비난할 것이다. 그것은 여행사, 수하물 취급자, 신문가판대와 패스트푸드점에서 일하는 굼벵이들의 잘못이다. 그러나 이것이 진정 우리의 모습이고, 공항이 단지 우리를 증오감에 휘말리게 만들 뿐 아니라 멋지게 증오하게 만들어, 진정한 우리 자신이 되게 해주는 광장이라면 어떻게 할 것인가?[54]

세다리스는 공항에서 이루어지는 노동과 여행객의 행동이 같지 않은 사실을 직접 다룸으로써 일반적인 인간성에 확대경을 들이댄다. 공항은 "진정한 우리 자신이 되게 해주는 광장"이라고 세다리스는 주장한다. 또는 제인 베넷이 『활성 물질(Vibrant Matter)』에서 지적한 대로 "살아 있다는 것은 기다린다는 것"이고 공항은 삶의 이런 요소를 공적이고 정치적으로 만든다.[55]

공항의 기다림을 넉살좋게 풀어놓는 세다리스의 생각은 만들어 놓은(그리고 적어도 부분적으로 파괴된) 거주지에 있는 하나의 종(種)을 향한다. 어찌 해볼 도리 없는 속도의 제거는 비행의 주체를 비웃는다. 공항에서의 기다림은 마음을 울적하게 만드는 전망을 드러내고 또 '매혹적인 폐허의 아픔'을 환기시킬 수 있다. 그러나 이런 완벽한 은유 속에서 공항의 확실성은 지속된다. 이런 곳에서 기다리는 일은 영감을 주거나 압도적이거나 쇠약하게 만들 수 있는 사람과 사물의 그물코를 드러낸다.

'여전히 어떤 사람은 공항에서 일한다.' '기내 난동'이라는 말을 들으면 원하는 것을 얻지 못하거나 가려는 곳을 가지 못할 때 공항이나 기내에서 난폭해지는 승객들의 모습이 떠오른다. 기다림의 생태학은 그런 난폭함을 드러내고 그런 난폭함을 발생시키는 질료의 복합체(하늘에서 이동 중인 집단)를 조사한다. 그리고 2010년 8월 9일 제트블루(JetBlue) 항공의 승무원 스티븐 슬레이터(Steven Slater)가 한 승객으로부터 부당한 폭행을 당하자 치밀어 오르는 화를 누르지 못하고 비상 슬라이드를 통해 탈출한 사건 이후로, 우리는 기다림의 생태학을 둘러싼 노동의 정치학을 심각하게 생각하기 시작했다.

공항(특히 공항에서의 기다림과 공항에서 이루어지는 노동)을 전경에 놓으며 미국의 환경적 심상을 뚫고 들어오는 이런 피카레스크의 공략은 생태학이 밀도가 높은 문화의 중심부에서 기다리는 모습을 관찰하는데 필요한 확대경을 더욱 크게 만들어준다. 따지고 보면 기다림의 생태학은 역설적이게도 보다 엄격하면서도 유연한 생태학의 출현을 저지할지도 모른다. 로버트 소머가 항공 여행의 구속적 측면을 다룬 『비좁은 공간』에서 썼듯이, "기다림을 데드타임이 아닌 진지한 활동으로 인식해야 상황이 바뀔 것이다……."[56] 기다림을 진지하게 취급함으로써, 우리는 의식적으로 그리고 양심적으로 소위 '비장소'에 다시 거주한다. 그렇게 해서 다가올 미래에 다른 공간을 상상하고 그것을 꿈꾸며 일할 수 있다고 소머는 주장한다.

주

제7장

1 Edward Abbey, *Confessions of a Barbarian*, ed. David Petersen(New York : Little, Brown & Company, 1994), 274.

2 Edward Abbey, *Desert Solitaire*(New York : Ballantine, 1968), 2.

3 Giorgio Agamben, *The Open : Man & Animal*, trans. Kevin Attell(Stanford : Stanford University Press, 2004), 47.

4 앞으로 출현할 생태학에 대해서는 티모시 모턴의 『생태적 사고(*The Ecological Thought*)』에 나오는 영감이 넘치는 사색을 참조할 것.

5 Dana Phillips, *The Truth of Ecology : Nature, Culture, and Literature in America*(New York : Oxford University Press, 2003).

6 Bennett, *Vibrant Matter*.

7 Augé, *Non-Places*.

8 Roland Barthes, "The Jet-Man," *Mythologies*(New York : Noonday, 1957), 71.

9 Augé, *Non-Places*, 3.

10 Ibid.

11 Gary Snyder, "Blast Zone," *Danger on Peaks*(Emeryville : Shoemaker & Hoard, 2005), 13.

12 Ibid., 15.

13 Snyder, "Waiting for a Ride," *Danger on Peaks* (Emeryville : Shoemaker & Hoard, 2005), 56.

14 Ibid.

15 Ibid.

16 Ibid.

17 Snyder, "Strong Spirit," *Danger on Peaks*(Emeryville : Shoemaker & Hoard, 2005), 43.

18 Ibid.

19 Elaine Scarry, *On Beauty and Being Just*(Princeton : Princeton University Press, 1999).

20 Augé, *Non-Places*, 120.

21 Lopez, "Light Action in the Caribbean," 127-8.

22 Don DeLillo, *Players*(New York: Vintage Contemporaries, 1989), 88.

23 Ibid., 190?1.

24 Lopez, "Light Action in the Caribbean," 128.

25 Ibid.

26 Ibid.

27 Ibid., 129.

28 미국의 환경적 심상을 반영한 들릴로의 취지에 대한 설득력 있는 견해를 보려면 다음 자료를 참조. Yaeger, "The Death of Nature," 331.

29 Don DeLillo, *White Noise*(New York : Viking Penguin, 1985), 89.

30 Ibid., 93.

31 Ibid., 307.

32 DeLillo, *Underworld*, 317.

33 DeLillo, *The Names*, 7.

34 Barry Lopez, "Pearyland," *Field Notes*(New York :

Knopf, 1994), 61-2.

35 Ibid., 62.

36 Ibid., 74.

37 컬리지의 『늙은 수부의 노래(Rime of the Ancient Mariner)』에 대한 발랄한 생태 비평적 분석을 보려면 다음 자료를 참조. Timothy Morton, *The Ecological Thought*(Cambridge, MA. Harvard University Press, 2010).

38 Colson Whitehead, *John Henry Days*(New York : Anchor Books, 2002), 9.

39 Ibid., 13.

40 Ibid.

41 Kathleen Stewart, *Ordinary Affects*(Durham : Duke University Press, 2007), 90.

42 DeLillo, *Underworld*, 105.

43 Morton, *The Ecological Thought*, 102.

44 DeLillo, *The Names*, 138.

45 Augé, *An Anthropology for Contemporaneous Worlds*, 110.

46 Lucy Corin, "My Favorite Dentist," *The Entire Predicament*(Portland : Tin House, 2007), 22-3.

47 Nicholson Baker, *The Mezzanine*(New York : Vintage Contemporaries, 1990), 35.

48 Carol Muske-Dukes, "De-icing the Wings," *Air Fare*, ed. Nickole Brown and Judith Taylor(Louisville : Sarabande, 2004), 66.

49 Sherod Santos, "Airport Security," *Valparaiso Poetry Review* www.valpo.edu/vpr/santosairport.html(January 2002).

50 Ibid.

51 Parks, "Points of Departure," 188.

52 David Sedaris, "Standing By," *The New Yorker* (August 9, 2010), 33.

53 Ibid., 34.

54 Ibid., 35.

55 Bennett, *Vibrant Matter*, 32.

56 Sommer, *Tight Spaces*, 80.

hland

NUIJAMAA
M 092

IMMIGRATION
SUVARNABHUMI AIRPORT THAILAND
VISACLASS
12 SEP 2009
ADMITTED
UNTIL 1 OCT 2009
SIGNED

DEPARTED
20 SEP 2009

rkey

Thailand

Russia

ANTALYA
GIRIS
01 OCT 11

РОССИЯ КПП
Брусничное

РОССИЯ КПП
ШЕРЕМЕТЬЕВО

VIETNAM - IMMIGRATION
234A
30 AUG 2011
NỘI BÀI

Vietnam

Brazil

SELO CONSULAR
50
REAIS-OURO

VIETNAM - IMMIGRATION
141A
13 SEP 2011
NỘI BÀI

Beloz

DPMAF - DPF
10 10 05 554 1

8. 또 하나의 별스러운 공항 읽기

The Textual Life of Airports

Reading the Culture of Flight

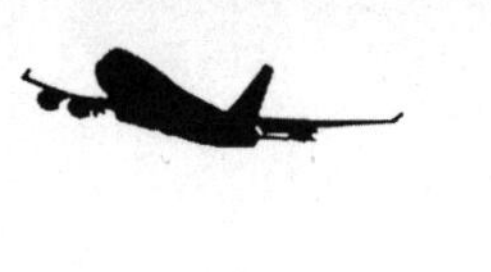

따라서 물질의 활성을 중시하는 사람들은 대상에 매혹되는 그런 순간을 그것과 함께 나눌 수 있는 질료적 활성의 단서로 취하면서 그 순간에 오래 머무르려 한다.

- 제인 베넷(Jane Bennett), 『활성 물질(Vibrant Matter)』에서

어떤 새를 처음 보았을 때 그 새를 복제하고픈 욕구를 자극하는 것은 얼핏 본 이미지를 그림으로 그리거나 시나 사진으로 바꾸는 방법이 아니라, 5초, 25초, 45초, 새가 그곳에서 보이는 시간만큼 계속 보는 것이다.

- 일레인 스캐리(Elaine Scarry),
『아름다움과 올바름에 관하여(On Beauty and Being Just)』에서

찌르레기 울음소리로 공항을 읽다

알고 지내는 한 미술가가 내게 재미있는 경험을 이야기해주었다. 어느 날 저녁 그녀는 위장복을 입고 새크라멘토 공항으로 차를 몰았다. 어스름에 귀가 터질 듯 지저귀며 모여드는 새들의 소리를 녹음하기 위해서였다.

나도 그 공항에서 이런 현상을 목격한 적이 있었다. 차를 빌려주는 곳에 서있을 때였다. 셀 수 없이 많은 찌르레기가 나무들이 모여 있

는 곳에서 폭발하듯 튀어나와 파도 모양을 이루며 날아올랐다가 갑자기 다시 내려앉기를 반복했다. 이 어마어마한 찌르레기 떼는 캘리포니아 센트럴밸리를 관통하는 철새 이동 통로인 퍼시픽플라이웨이(Pacific Flyway)를 구성하는 정교한 생태계의 일부다.

그 미술가는 자기가 작업하고 있는 한 설치미술 작품에 쓰기 위해 새들의 귀 따가운 울음소리를 녹음하려 했다. 지금 작품의 세부적인 내용은 기억나지 않는다. 하지만 지금도 잊히지 않는 것은 그녀가 그 작업을 하기 위해 입었던 의상이었다. 그녀는 공항 직원들에게 들키지 않기 위해 군대에서 흘러나온 군복 작업복을 구해 입었다. 공항에서 찌르레기 울음소리를 녹음하는 자신의 모습이 수상하거나 위험하게 보일까 걱정되었기 때문이다. 위장복을 입으면 주변 공간을 효과적으로 활용할 수도 있을 것이다.

그러나 그녀가 정말로 공항에 위협이 되었을까? 공항 주변을 배회하는 그녀의 행위가 불법인가? 동기가 무엇이었든 간에 불미스런 사태를 예방하기 위해 위장복을 입은 것은 아주 기발한 아이디어라는 생각이 들었다. 하여튼 그녀는 '비행기'가 아니라 새 때문에 공항에 있었다. 그 이유로 사람들의 입방아에 오를 뻔 했다.

지금까지 반복해서 강조했지만, 별스러운 공항 읽기는 항공문화가 갖고 있는 쾌활하고 철학적이고 우울한 요소를 비롯하여 항공 여행의 예기치 못한 여러 면들을 들춰내준다. 또한 그런 공항 읽기는 인간의 비행이 그 일부를 차지하는 생태학적 그물코를 드러낸다.

이번 장에서는 새들의 생활과 새들의 이미지 그리고 인간의 비행이 겹치는 넓은 부분을 생각해봄으로써 또 하나의 별스러운 공항 읽기를 시도해보겠다. 이것은 어찌 보면 말도 안 되는 실존적 이야기일 수 있기 때문에 많은 우여곡절이 따를지도 모른다. 그러나 하나로 이어지는 새들의 모습으로 다가서는 공항 읽기는 인간의 예외주의(exceptionalism)를 골치 아프게 만드는 새들과의 친밀성도 포함된다. 또한 새의 모양이 어떻게 항공 여행의 실질적이고 가상적인 물질 내부에서 내재적 비판을 일으키는지 앞으로 보여줄 것이다. 이것을 '버드 사이팅(bird citing : 새를 말하기)'이라 부르자.

문학 속의 새를 말하다

월리스 스티븐스(Wallace Stevens)의 시 「검정찌르레기를 보는 13가지 방법(Thirteen Ways of Looking at a Blackbird)」은 다음 세 행으로 시작한다.

스무 개의 눈 덮인 산 속에서
유일하게 움직이는 것은
검정찌르레기의 눈이었다.[1]

이 세 행은 버드사이팅, 즉 새를 말하고 있다. 스티븐스는 검정찌르레기를 시의 소재로 '언급한다.' 새는 산속에 '자리를 잡고' 있다. 새는 보이는 것처럼 파노라마 같은 풍광에서 고독한 형상으로 눈에 들어온다. 검정찌르레기가 보는 것은 단 하나의 작은 눈, 그 움직이는 눈을 향해 빠르게 클로즈업하는 몸짓으로 언급된다. 스티븐스의 시는 계속해서 검정찌르레기가 인간의 활동 안으로 침투해 들어와 자연스레 스며들 수 있는 13가지 "방법"을 모색한다. 「검정찌르레기를 보는 13가지 방법」을 보면 생태학적 격언 하나가 떠오른다.

"어디를 보든, 새들의 흔적이 있다."

1917년에 초간이 나온 검정찌르레기에 대한 스티븐스의 이 다중적 의미 기록은 비행에 대한 하나의 틀, 즉 인간이 하늘을 처음 날게 된 사건과 시각적으로 우연히 일치되는 솟아오르기 실험을 감행한다. 「검정찌르레기를 보는 13가지 방법」은 인간의 비행과는 아무런 관계가 없다. 하지만 새의 이미지에 의지했다는 사실은 새들의 생활과 과학기술적 비행의 접점을 생각할 분석적 구조를 제공한다.

버드사이팅은 새의 형체가 인간의 움직임 또는 지각과 노골적으로 충돌하거나 확실하게 결탁할 때 복잡해진다. 접점 부분에서 새를 말하는 문학적 사례로, T. S. 엘리엇(T. S. Eliot)의 1942년에 발표한 시 「리틀 기딩(Little Gidding)」을 생각해 보자.

"나풀거리는 불 혓바닥의 흑색 비둘기 / 귀소(歸巢)의 지평선 아래로 날아간 후."[2]

엘리어트의 "비둘기"는 제2차 세계대전 당시 대 영국 공습 임무를 수행했던 독일의 급강하 폭격기 융커스 Ju-87(일명 "슈투카")에 대한 반어적 형상이다. 이런 복합 이미지는 지각적 기계("귀소")로서 그리고 불꽃을 내뿜고, 기관총을 쏘는 "혀"를 장착한 동물로서 비행기를 환기시킨다. 다시 말해 시의 화자는 비행기를 멀리보이는 대상(새) 그리고 거주할 수 있는 관점(비행기)으로 상상한다.

버드사이팅의 인식적 위기를 보강하려는 듯 시는 나중에 이런 이미지로 되돌아온다.

"하강하는 비둘기, 대기를 찢는다 / 백열 공포의 화염으로."[3]

엘리어트의 비둘기는 자연법칙을 따르는 메커니즘을 수용한다. 따라서 공군력을 조류 생태학으로 개념화한다. 그 순간 새는 무기로 변한다. 버드사이팅은 스티븐스에게는 인식적으로, 엘리엇에게는 비유적으로 인간 주체가 중심을 잃는 인식의 경계를 나타낸다.

작고 깔끔한 새집

버드사이팅은 또한 공항이 항공문화에서 그려지는 모습과 관련을 맺는다. 마틴 그레이프(Martin Greif)는 『공항 서적(The Airport Book, 1979)』에서 미국의 저널리스트 윌리엄 G. 셰퍼드(William G. Shepherd)가 1920년에 쓴 기사를 인용한다.

오듀본협회(Audubon Society, 미국의 조류보호협회 – 옮긴이)는 모든 바람직한 미국 새의 길들여진 변덕을 다 알고 있다. 농가도 작고 깔끔한 새집이 있어야 제대로 된 농가라 할 수 있다. 오늘날 우리에게는 아마(亞麻) 빛 날개에 알루미늄 폐를 가진 깃털 없는 친구들의 복지를 추진하기 위한 미국의 도시와 마을의 오듀본협회가 필요하다.[4]

이 대목은 조류학과 항공 여행이 역사적으로 얽혀온 과정을 그대로 드러낸다. 어떤 면에서 공항을 조성하는 일은 미학적인 것을 지향하는 새를 사랑하는 사람들의 멘탈리티를 조성하는 일이다. 셰퍼드는 조류 관찰이 결국 비행기 관찰과 다름없다고 암시한다. 이런 비유를 통해, 셰퍼드는 또한 항공 여행이 전국으로 확대되는 과정을 언급한다. 그것은 공항을 육성시킬 수 있는 "협회"에 의한 인위적인 방법과 "아마 빛 날개에 알루미늄 폐를 가진" 비행기의 생물학적 분산을 통한 유기적인 방법의 두 가지 방향으로 진행된다. 다시 말해, 새들의 생활에 대한 요구는 신기술을 문화화하는 것뿐 아니라 사물의 자연적 질서를 이해하는 일이다.

마틴 그레이프는 이런 경우를 유례가 없는 일이라고 말한다.

"공항을 새집에 비유하는 경우는 이전에도 없었고 앞으로도 없을 것이다."[5]

그러나 이렇게 새를 닮으려는 충동은 늘 항공문화를 따라다닌다. 심지어 전적으로 구어적인 차원에서도, 공항을 새집으로 생각하는

것은 과장이 아니다. 사람들도 툭하면 비행기를 "새"라고 말한다.[6]

더욱이 실제의 새도 공항 주변으로 모인다. 그리고 이런 현상은 "버드스트라이크(bird strikes)"라는 심각한 상황으로 이어진다. 비행기가 이륙할 때나 비행 중에 새들이 날아와 부딪히면 심각한 사고와 피해를 야기할 수 있다. 대표적인 사례가 2009년 1월에 일어난 사고다. 당시 US 항공(U.S. Airways) 1549편은 뉴욕 라과디아 공항에서 이륙한 직후 캐나다에서 날아온 기러기 떼와 부딪혔다. 비행기는 허드슨 강에 기적적으로 비상착륙했다. 이 사건 이후로 뉴욕의 여러 공항들이 인접한 지역에서는 캐나다에서 날아오는 기러기들을 소탕하는 작전이 대대적으로 벌어졌다.[7] 버드스트라이크는 미국의 도시와 마을의 오듀번협회를 바랐던 셰퍼드의 전원적 소망을 왜곡시키지만 그래도 사라지지 않고 되풀이되는 엄연한 현실이다.

또 다른 차원에서 공항의 공간을 장식하는 예술적 차원의 새들이 있다. 새의 이미지는 공항의 상징주의와 항공 산업 기술을 위한, 이제는 흔한 일이 된 미학적 전략이다.

공항의 독수리들은 무엇을 지킬까

공항 터미널 곳곳에서 날개를 활짝 편 독수리의 낯익은 애국적 위용을 보기 위해서는 보안 체크포인트 앞에 걸려 있는 미 국토보안국

(U.S. Department of Homeland Security)의 문장(紋章)으로 시선을 돌리기만 하면 된다.

새들은 날아가려는 충동을 자극할 뿐 아니라 하늘로의 여행을 보호해주는 신화적 존재로 환기된다. 2002년의 국토안보법에 나타난 비교적 최근의 독수리 이미지는 버드스트라이크처럼 주변 생태계에 의해 제기된 위협과 마찰을 일으킨다. 그럼에도 불구하고 독수리 문장은 계속 공항의 여러 통로를 장식하면서 민간 항공의 공간에서 감시와 안전을 약속한다.

공항 국가주의를 강조하는 독수리 문장은 그 역사가 길다. 1941년에 신고전주의 양식으로 지어진 베를린 템펠호프 비행장은 위에서 내려다보면 날개를 편 거대한 독수리 형상을 하고 있다. 구글어스(Google Earth)로 보면 밖을 향해(그리고 상상력을 조금 동원하면 위를 향해) 휘어지는 중앙홀이 눈에 들어온다. 새의 날개 부분이다.

버드사이팅은 규모와 관점에서 기존 개념에 도전한다. '지상의' 공항은 '날아가는' 동물처럼 보여야 하지만, 그런 것을 보려면 하늘로 '올라가거나' 조감도를 봐야 한다. 공항 건축의 그런 버드사이팅은 새들의 생활을 확대하거나 증폭시킴으로써 그 웅장함을 즐긴다. 따라서 인간이란 주체를 위축시키거나 완전히 없앤다. 템펠호프가 환기시키는 애국적인 독수리를 볼 수 있는 인간 주체는 어느 곳인가? 이런 주체의 지위는 터무니없이 지속되어 온 조감도 속에 존재하여, 지구 위를 맴돌면서 (날아오르는) 독수리의 (지상의) 문양을 해독한다.

거대한 새의 날개를 읽다

건축에서 새를 말하는 또 다른 예로, 1962년에 에로 사리넨(Eero Saarinen)이 뉴욕에 지은 TWA 터미널을 들 수 있다. TWA 터미널은 조금 추상적인 상상력이 필요하긴 하지만 이 역시 새의 윤곽을 갖고 있다.

알라스터 고든은 『벌거벗은 공항』에서 이런 근대적 건축 작품을 조류 형태학의 관점에서 설명한다.

"더 큰 부분들은 참으로 과감한 캔틸레버에서 남북으로 뻗는 새의 날개를 닮았다."[8]

마찬가지로 마틴 그레이프도 『공항 서적』에서 "터미널의 솟아오르는 중앙 부분은 거대한 새의 비행을 암시한다"고 말한다.[9] "거대한 새의 비행"은 다름 아닌 지상의 공항이다. 땅과 하늘을 오가는 그런 진폭은 새들의 날렵한 비행을 흉내 내면서 동시에 불확실한 항공문화를 표현하는 버드사이팅의 표준적 특징이 된다.

사리넨이 자몽의 절단면을 들여다보다 TWA 터미널의 콘셉트를 떠올렸다는 사실은 잊어버리자. 중요한 것은 그 건축물이 비판적인 시각에서 상상 속의 새를 구현했다는 사실이다. 이제 공항 읽기는 버드사이팅의 문제가 된다.

예술 속에서 초현실적 새장이 된 공항

버드사이팅은 공항의 내부를 관통한다. 그리고 아치형 중앙홀의 대들보에 둥지를 튼 불한당 제비들의 행패를 말하는 것이 아니다. 조각가 랄프 헬믹(Ralph Helmick)은 새의 형상을 활용한 조형물을 여러 공항에 설치하여 항공문화에 장식을 입히고 그 의미를 드러냈다. 특히 그중 한 작품은 버드사이팅을 하이브리드 개념과 착잡함의 극단까지 밀고 나간다. 그의 작품 〈레어러 에이비스(Rara Avis)〉는 시카고 미드웨이 공항의 메인터미널 에스컬레이터 위에 걸려 있다.

윤곽이 어슴푸레한 이 조각은 일리노이 주를 상징하는 홍관조를 이미지로 구현한 것이다. 이 작품은 2,000개의 작은 금속 비행기와 그 밖의 하늘을 나는 기구들을 세심하게 배치하여 만들어졌다. 미니어처 비행기로 만들어진 이 거대한 새로 인해 공항은 초현실적 새장으로 바뀐다. 작품에서 물러나 외부에서 보면 이 작품을 보는 인간은 비행기보다 크지만 거대한 홍관조보다는 작다(확실히 현기증 나는 주체의 위치 전도다). 가까이 다가가 작품 내부를 들여다보면 다시 한 번 규모를 비튼 작가의 의도를 눈치 챌 수 있다. 현대의 여객기들은 초기의 열기구, 고풍의 복엽기, 제2차 세계대전 당시의 전투기 그리고 1960년대 이후의 헬리콥터와 같은 크기로 만들어졌다.

헬믹의 작품은 버드사이팅의 갈등적 본질을 암시한다. 인간은 비행의 모범으로 새를 생각한다. 하지만 다른 한편으로 인간의 진보적 기술은 단순한 비행의 모범이 되어 더 큰 체계에 흡수된다. 이런 현실은 새들이 무리지어 공항 주변으로 날아들 때 너무 분명해진다. 그리고 〈레어러 에이비스〉는 역사를 관통하는 비행기 무리로 구성된 홍관조를 통해 이런 현실을 뒤집는다.

20대의 제트기 사이에서

공항 바깥쪽에서 볼 수 있는 새들의 모습은 실제와 상징이 겹쳐질 때 복잡한 의미를 갖는다. 내가 2005년에 새크라멘토 공항에서 찍은 사진에는 검정찌르레기 암놈 한 마리가 철조망 위에서 균형을 잡고 있다. 배경을 이루는 아메리칸 항공(American Airlines)의 보잉 757기의 꼬리에 그려진 로고 AA 사이에는 새가 한 마리 그려져 있다. 이 조형화된 새는 이 여객기의 상징적 정신이다. 그러나 활주로의 경계에서 춤추는 실제의 검정찌르레기는 하늘을 나는 인간의 진지하고 확고한 경계선을 조롱한다.

실제로 이런 우연의 일치 외에도 새크라멘토 공항은 새들의 생활과 매우 부담스런 관계를 지속하고 있다. 웹사이트 '버드스트라이크 방지책(Birdstrike Control Program)'은 "연방항공청 자료에 따르면 뉴욕의 JFK, 캘리포니아의 새크라멘토 공항이 버드스트라이크로 가장 많은 피해를 입었다"고 설명한다.

"미국에서 40번째로 붐비는 새크라멘토 국제공항은 철따라 이동하면서 공항에 인접한 농장의 농작물들을 먹기 위해 멈추는 수백만 마리의 기러기, 백조, 오리, 황새, 맹금류와 그 밖의 조류들이 이용하는 퍼시픽 플라이웨이의 바로 아래쪽에 자리 잡고 있다."[10]

새크라멘토 공항의 버드스트라이크를 다룬 또 다른 온라인 기사는 이렇게 설명한다.

"논이나 새크라멘토 강, 그리고 욜로바이패스는 왜가리 같은 섭금류와 물새들의 천국이다. 그리고 무엇보다 새들의 주요 이동 루트인 퍼시픽 플라이웨이가 있다."[11]

새크라멘토 공항은 조류 생태학과 거리를 두려는 억제책이자 위해성 평가를 위한 교두보가 되었다. 그러나 공항과 새들과의 관계는 새 위에 새가 겹치는 아메리칸 항공의 기장(記章)이 보여주는 것처럼, 새들이 비행의 상징적 기록자로 흔히 인용되기 때문에 쉽게 결말이 나지 않는다. 웰레스 스티븐스의 말을 빌리면, 20대의 제트기 사이에서 연신 움직이고 있는 것은 한 마리 새뿐이다.

기울어진 각도의 재치 있는 발언

5번 주간(州間)고속도로를 빠져나와 새크라멘토 공항에 다가서면, 여러 가지 큰 새들이 눈에 들어온다. 이것들은 데니스 오펜하임

(Dennis Oppenheim)의 〈날아가는 정원(Flying Gardens)〉으로 2004년에 설치된 작품이다. 이 조형물은 A 터미널 곳곳에 흩어져 있는데, 건물 밖으로 튀어나온 자동차 크기의 열두 개 새 조각으로 구성되어 있다. 대부분은 주차 건물에서 밖을 향해 걸려 있어 실제로 건물에서 빠져나와 날아가는 것처럼 보인다.

이 조각들은 불사조 신화의 탈근대적 리믹스다. 미래주의적인 표현에 색깔도 다채로운 이 새들은 주차 건물의 획일적인 잔해를 떨치고 날아오른다. 석양의 햇빛과 내부조명이 어우러지면 이 구조물은 연기가 피어오르는 폐허를 연상시킬 수도 있을 것 같다.

새들은 단색으로 올라간 주차건물과 대조적으로 맵시가 돋보이고 의기양양한 모습이다. 당초에 이 새들은 그 위에 나뭇잎이 자라고, 넝쿨이 무성하게 기어오르도록 되어 있다. 마치 살아 있는 이미지, 즉 새 모양으로 된 식물을 투사하고 배가시키는 효과를 내도록 설계되었다. 이런 부속물들은 크기가 너무 커, 실제로 주차건물 주변에 설치되었더라면 종말을 맞은 이후 지구의 아우라를 풍겼을지 모른다. 그러나 공항 당국이 선수를 쳐서 당초 설계를 저지시켰다. 이들 야생의 아이콘이 풍기는 야생성이 '지나쳐' '다른' 새들이 예술작품에 둥지를 틀게 된다면, 공항 직원들은 실제의 정원처럼 그 아래 보도에서 새의 배설물을 치우느라 볼일을 못 봤을 것이다.

새 위에 진짜 식물이 자라지 않는다면, 결국 이 조형물의 이름은 잘못 붙여진 셈이다. 조형물이 새의 형체를 띠고 있다는 사실을 제외

하면 이곳은 정원을 닮지도 않았다. 또 이들 동물들도 어떤 유기적 특성을 발견할 수 없다. 실제로 조각품 아래에 자라고 있는 식물들이 없지는 않다. 하지만 비유적인 논리를 이들 조각품으로 확장하기 위해서는 새가 주차건물에서 나온다고 치고, 그 단단한 철제 고정 장치를 뿌리나 가지로 볼 수 있는 상상력을 동원해야 한다.

이들 조각품들의 두드러진 특징은 노출된 채로 놔둔 예술 작품의 접합부와 건축자재다. 역설적이게도 이런 것들은 민간 항공의 어떤 유기체적 이상의 신비성을 벗겨내려는 것처럼 보인다. 다시 말해, 하늘을 나는 것이 마치 우리 인간이라는 종의 자연적인 외연(外延)인 것처럼 새들에게 바치는 경의는 그 비행을 찬양하는 쪽으로 기울어진다. 하지만 이런 조각품들의 자기언급적인 조성은 형체에 내재하는 바로 그런 비교를 다시 한 번 들여다보게 만든다. 새들은 날 수 있고, 인간은 비행기를 날릴 수 있다. 그러나 주차건물에 매여진 미니밴 크기의 조립식 새는 새의 은유를 부조리 영역으로 밀어 넣는다.

주차 건물 '안에서' 이 새들을 내다보면 불편한 의문이 생긴다. 이 새들이 차고에서 날아간다면, 그들은 911의 불온한 모습을 연상시키며 공항으로 날아들 것인가. 휴대폰 카메라로 찍은 두 장의 스냅 사진을 나란히 놓고 보면 그런 생각도 들 것 같다.

이렇게 우연히 찾아낸 비유는 갑작스럽게 전술적인 목적으로 진로를 정한 횡경사의 각도와 비교할 수 있다. 오펜하임의 새들은 하늘을 향하는 것이 아니라, 오히려 상업적 목적과 특별한 기동성을 위해

지어진 공간을 향한다. 결국 솔직히 말하면, 〈날아가는 정원〉은 소름끼치게도 세계무역센터로 기체를 기울이는 보잉 767을 떠올리게 한다. 이들 납치된 새들은 위협적인 작전을 흉내 낸다. 따라서 이 조형물은 이중의 지리적 명령을 드러낸다. 비행 물체는 공항의 생태계(새 이주 구역)를 상기시키는 단서로 기여하면서 동시에 다른 형태로 뉴욕시(세계무역센터 / 글로벌 테러리즘)로 뛰어드는 기울어진 기체를 생각나게 한다. 승객의 기분전환을 위해 만들어진 이런 새들의 미학은 실제로 세계화된 무의식에서 새어나오는 강탈과 비행의 우울한 우려에 대한 재치 있는 발언이다.

새의 그림자는 더더욱 여기 없어

이쯤에서 버드사이팅의 본래적 의미로 돌아가 보자. 그것은 새를 지켜보고 언급하는 단순한 행위다. 월레스 스티븐스의 투시적인 시 「검정찌르레기를 보는 13가지 방법」에서처럼, 버드사이팅은 종종 시각적으로 방향감각을 상실하게 만든다. 우선 게리 스나이더(Gary Snyder)가 2004년에 발표한 시 「그림자는 없다(No Shadow)」를 보자. 이 시는 전경(前景)과 배경을 보는 관점에서 조류학적 충동을 기록한다. 시의 화자는 새크라멘토 강 계곡을 내려다보고 있다. 이런 파노라마식 경관은 군사 비행의 기술적 영역에서 튀어 날아오르는 버드사이팅을 시작한다.

시는 19세기에 수력채광의 영향을 받은 새크라멘토 강 유역에 자리 잡은 유바골드필드(Yuba Goldfieds)에 대한 설화적 산문 투어로 시작한다. 「그림자는 없다」의 첫 문단이 초점을 맞추는 장면은 “초원과 푸른 참나무 초지 사이에 1마일 정도 폭으로 뻗어 있는 새크라멘토 계곡의 평지로 들어가는 유바 강 하류”이고 “그 초원은 10마일가량 계속된다.”[12] 두 번째 문단이 묘사하는 부분은 “강의 본류를 따라가며 먹이를 잡는 물수리 암컷”으로 “녀석은 치고 올라가고 내려오고 이리저리 방향을 바꾸다가, 갑자기 발부터 강 속으로 처박힌 다음 물고기를 낚아채 올라온다. 아마 지그재그로 날며 물고기를 희롱하기 때문에 그림자는 없을 것이다.”[13] 이런 조류학적인 언급이 있고 나서 시가 본격적으로 시작된다. 새로운 지각 대상이 시야에 들어오면서 산문체 두 문단이 자연스레 유선형의 시에 자리를 내주는 모양새다.

유바 강 하류 자갈 언덕에 서면
서쪽으로 비일에서 오는 거대한 공군화물수송기를 볼 수 있다
미끄러지듯 땅으로 내려오는
빠른 경사로 준설된 금빛 들판 위로 별스럽게 천천히
— 시험 비행을
화물제트기의 그림자 — 곧 사라져

물수리의 그림자는
더더욱 여기 없어[14]

이 시는 거대한 공군 화물수송기와 홀로 있는 물수리를 불편하게 대비시킨다. 둘은 모두 강 계곡에서 날면서, 얼핏 비교를 청하는 것처럼 보인다. 그러나 스나이더는 "어떤 그림자도" 만들지 않는 물수리의 먹이 잡는 기술을 "별스럽게 천천히", "미끄러지듯 땅으로 내려오는" 비행기의 진로와 대비시킨다. 하지만 결국 물수리는 여전히 "여기" 있다. 반면에 제트기는 당장의 형편이나 지리학적 시간으로 따져 지구의 먼 미래 속의 진지한 생태학적 관점에서 볼 때, "곧 사라질 것"이다. 물수리가 일반적인 동물성에 대한 환유라면, 화물수송기는 대체로 국가의 군사 장비를 상징하는 것처럼 보인다.

그러나 좀 더 자세히 들여다보면, 이런 구분이 공격적인 인간과 수동적인 동물의 단순한 이원적인 대립을 의미하는 것 같지는 않다. 새가 자연스레 심미적으로 다루어진 것도 아니고, 공군 '화물'수송기도 단순하게 군사력을 대신하지도 않는다. 공군기는 소리를 전혀 내지 않는데다("미끄러지듯 땅으로 내려"오기 때문에) 넉넉한(심지어 인도주의적이라고도 할 수 있는) 포용력으로 시상의 변화를 주도한다.

'먹이를 잡는' 물수리의 은밀한 전술은 끝나지 않는 시의 끝부분처럼(마침표가 없기 때문에) 불길할 정도다. 물수리가 오히려 작전 중인 병사를 연상시킨다. 이런 경우에 공군 화물수송기는 "시험 비행" 중이라 호감이 가는 인식 대상이 된다. 처음에는 어떤 비행 방식에 대한 정치적 비판으로 보였던 것도 이 시가 그려내는 새를 닮으려는 충동이 다른 제국적 망령과 군사적 경계를 예고하면서 조금 복잡해진다. 좀 뒤로 물러나 시의 전문을 보자.

그림자는 없다

내 친구 딘은 나를 유바 골드필드로 데려갔다. 그곳은 초원과 블루오크 목초지 사이에 1마일 정도 폭으로 뻗어 있는 새크라멘토 계곡의 평지로 들어가는 유바 강 하류에 있었다. 1870년대의 구불구불한 강바닥으로 인해 광산의 채광 노선이 끊긴 곳이 여기였다 — 40마일 아래부터 거대한 호스들이 시에라 산맥의 경사면을 씻어버렸다.

우리는 청색 루피너스로 뒤덮인 둥근 100피트짜리 자갈 언덕을 걸어 봄철에 물이 몰려드는 곳 위에 섰다. 강의 본류를 따라가며 먹이를 잡는 물수리 암컷 한 마리가 보였다. 녀석은 치고 올라가고 내려오고 이리저리 방향을 바꾸다가, 갑자기 발부터 강 속으로 처박힌 다음 물고기를 낚아채 올라온다. 아마 지그재그로 날며 물고기를 희롱하기 때문에 그림자는 없을 것이다. 물속에 들어가지 않고 마치 좌선(坐禪)하려는 것 같다고 캐롤이 나중에 일러주었다.

유바 강 하류 자갈 언덕에 서면
서쪽으로 비일에서 오는 거대한 공군화물수송기를 볼 수 있다
미끄러지듯 땅으로 내려오는
빠른 경사로 준설된 금빛 들판 위로 별스럽게 천천히
— 시험 비행을
화물제트기의 그림자 — 곧 사라져
물수리의 그림자는
더더욱 여기 없어

우선 전체로 보아 두 가지 형체(산문 문단과 그 아래 행이 바뀌는 시)는 문제의 두 비행 물체와 그 아래에 당연히 있어야 하는 지형에 대한 조감도를 그려낸다. 공군기는 수 킬로미터의 "준설" 지대를 한결같이 "별스럽게 천천히" 훑어볼 여유가 있다. 그리고 다른 한편에서 물수리의 조감은 "강의 본류" 위를 "지그재그로" 날며 나타난다. 시는 다중 시점에서 전개된다. 계곡을 내려다보기 좋은 시인의 위치, 강기슭 생태계의 조감(鳥瞰), 비행기의 궤적, 비행장으로의 귀환 등. 이들 관점들은 겹치기도 하고 멀어지기도 하기 때문에, 버드사이팅은 시 전체를 통해 전경과 배경을 쉽게 오갈 수 있다. 따라서 물수리와 화물수송기는 같은 크기로 존재하는 것처럼 보인다.

또 다른 검정찌르레기

스나이더의 시 「그림자는 없다」는 복잡하게 고양된 시점에서 시작된 것 같지만, 여기에는 어떤 지역적 가치가 내재되어 있다. 그것은 시에서 명확하게 언급된, 다름 아닌 비일 공군기지(Beale Air Force Base)이다. 화물수송기는 그곳"에서" 나왔고 또 그곳에 착륙할 것이다.

비일 공군기지를 찍은 구글어스의 위성사진을 가까이 당겨보면 놀라운 버드사이팅이 나타난다. "검정찌르레기(Blackbird)"라는 어구가 활주로를 가로질러 풀밭으로 들어가는 것이다.

하늘에서 본 사진의 흰색 도형에 들어있는 다이아몬드 모양의 검은 형체는 비일에 머무르고 있던 록히드 SR-71 블랙버드다.

블랙버드(Blackbird)는 1960년대 초에 비밀리에 개발된 초음속 고공 정찰기로, 나중에 월맹 상공에서 정찰임무를 수행한 기종이다. 데이비드 파스코(David Pascoe)는 SR-71 블랙버드가 "과대망상 때문에 세상에 나왔다"고 주장한다.[15]

하긴 이런 이미지 주변을 서성이는 것도 방향 감각을 상실한 채 다소 과대망상적인 주체 위치를 채택하는 것이다. 상공에서 내려다보는 시선은 감각적으로 비틀려 수평으로 재조정된다. 우리는 마치 높은 곳에서 보는 것처럼 지상을 보기 위해 컴퓨터 화면을 들여다본다. 보는 사람은 주체 위치와 블랙버드를 본질적으로 바꾼다.

그러나 이렇게 되면 스나이더의 「그림자는 없다」에 의해 촉발된 의문에 이르게 된다. 위성사진에 있는 비행기는 진짜 비행기인가? 아니 더 정확히 말해 위성사진의 비행기는 그 비행기의 '그림자'이며, 구글어스를 사용하는 사람은 그 그림자를 정탐하는 것인가? 기술을 표현하는 고도를 통해 주어진 이런 기지의 조감도에서, 우리가 보는 것은 지상의 공군기지라는 일종의 테크노 문화적 그림자다.

구글어스에서 보는 비밀의 조감도는 텍스트 추적에 필요한 양피지 복사본 등 시각적 수수께끼를 열어놓는다. 따라서 정찰기는 그 이름 "블랙버드"로 인식된다. 스나이더의 「그림자는 없다」가 물수리와 화물수송기의 시각적 중첩을 언급하는 것처럼, 구글어스 역시 비밀 공군기지에서 비행기를 보는 것과 새를 언급하는 것 사이에 놓인 중첩을 기록한다. 각각의 텍스트 인용은 군사 비행과 새에 관한 언급 사이에서 충돌한다. 스나이더의 시는 한 마리 새를 본 다음, 공군기가 새와 어떻게 비슷하고 어떻게 다른지를 본다. 구글어스는 공군기지라는 시각적 영역에 "블랙버드"라는 단어를 덧입혀, 그 현장으로 동물성을 끌어들인다.

그리고 격자에 모든 것이 있다

SR-71 블랙버드를 좀 더 또렷이 보기 위해 구글 이미지(Google

Images) 검색창에 "blackbird"라고 입력해 보자. 버드사이팅이 무더기로 나타나지만 새로운 미디어 격자에 깔끔하게 배열되어 있어 별 문제는 없다.

월레스 스티븐스와는 달리, 구글은 검정찌르레기(blackbird)를 보는 방법이 "약 1,630,000"가지가 있다고 알려준다. 이것은 비행기와 새가 완벽하게 뒤섞이는 시각적 융합이다. 격자에는 서로 다른 각도에서 본 SR-71 정찰기가 다양한 종의 검정찌르레기 사진과 뒤섞여 있다.

첫 번째 줄에 나오는 SR-71 정찰기의 이미지를 클릭한 다음 다시 클릭하여 화면을 크게 만들어 보자.[16] 조감한 사진과 컴퓨터 사용자의 평범한 동작이 이런 검색에서 하나가 된다. 이제 보이는 것은 상위 상공의 관점에서 본 비행기, 즉 저 아래 전개되는 울퉁불퉁한 산지를 포함하는 비행기의 조감도다. 마치 스티븐스의 "스무 개의 눈 덮인 산"이 계속해서 블랙버드의 움직임을 틀에 넣고 경계를 정하는 것 같다.

정찰기와 그 아래 놓인 지형은 모두 '격자에' 놓인 것처럼 보인다. 이 둘은 1차원으로 압축된 정찰기를 감시하는 눈 아래에 놓여 있다. 그것은 새로운 미디어 주체의 두리번거리는 눈, 즉 지금 이 사이트에 들어와 있는 구글 사용자다. 항공문화에, 스무 개의 눈 덮인 산 중에, 그리고 격자에 모든 것이 있다.

광고 속 하와이 토종새의 모순

이처럼 여러 칸으로 이루어진 격자 형태의 버드사이팅은 항공문화에서 "버드 사이팅" 구글 이미지 검색 논리를 선례로 삼는다.

2000년대 초에 하와이안 항공(Hawaiian Airlines)은 또 다른 격자의 버드사이팅에 그들의 비행기가 나오는 광고를 잡지용으로 제작했다. 여기서 여객기는 하와이 새들의 격자 속으로 들어가 흡수된다. 보잉 767-300ER은 텃새의 세밀화 속에 자리 잡아, 결국 동체가 넓은 제트기도 종별로 분류된 새들과 함께 토종이 되고 만다. 비행기는 크기도 맞지 않고 새들과 어울리지도 않지만, 격자는 버드사이팅의 은유적 전환을 통해 그 효과를 발휘한다. 제대로 보면, 비행기는 하늘을 나는 또 하나의 관측 대상이다.

하지만 이 광고에는 그 이상의 모순이 담겨 있다. 무게도 나가지 않는 새들은 나뭇가지에 앉아 있는 반면, 승객을 모두 태운 20만 킬로그램의 제트기는 아직 도착 게이트에 있지 않고 '하늘을 나는 중'이다. 휴식 중에 포착된 새들은 새를 관찰하는 사람의 유리한 위치나 오듀본 북을 읽는 안락의자를 떠올리게 한다. 다른 한편으로 이 비행기는 보는 사람에게 '위에서' 보도록, 즉 불가능한 조감 위치를 확보하도록 요구한다. 이런 조감을 가질 수 있는 사람은 SR-71 블랙버드 정찰기의 조종사 정도일 것이다. 이 광고 매트릭스는 다중 차원의 버드사이팅에 의존한다. 즉, 격자는 비행 물체들의 쾌활하고 연합적인 집합이면서 동시에 하늘에서 감시하는 군사적 사물의 질서 등으로 강화된다.

공항으로 돌아가는 다리

다시 새크라멘토 공항으로 돌아가자. 하와이안 항공 767-300ER기가 매일 아침 9시에 새크라멘토에서 호놀룰루로 출발한다. 이 비행기를 타려면 공항에 도착하자마자 주차 건물에서 A 터미널로 건너가야 한다. 그렇게 하려면 터미널 앞에 타고 내리는 차선을 이어주는 육교를 건너야 한다. 전면이 유리로 둘러싸인 이 다리에서 밖을 내다보면, 주차건물에서 튀어나오는 데니스 오펜하임의 〈날아가는 정원〉이 보인다. 이 공간에서 고개를 숙이고 걷는 사람은 많지 않겠지만, 그래도 바닥을 본다면 또 다른 조형 예술품이 보일 것이다. 세예드 알라비(Seyed Alavi)의 〈하늘을 나는 양탄자(Flying Carpet)〉이다.

약 50마일의 새크라멘토 강 계곡을 하늘에서 내려다 본 모습을 표현한 이 작품은 아주 촘촘하게 짠 모직 양탄자로 구성되어 있다. 이 경우에 버드사이팅의 주체는 우리가 될 수도 있다. 어쩌다 아래로 눈길을 주게 되면 캘리포니아의 기다란 지형을 조감으로 볼 수 있다. 스나이더의 물수리나 스나이더의 화물수송기처럼, 우리는 주차건물에서 탑승수속을 하러 가는 도중 강 위를 활강한다.

알라비의 말에 따르면 이 예술작품은 새크라멘토에 도착하는 방문객들을 위한 '환영합니다!'가 쓰인 매트쯤으로 "읽을" 수 있다.[17] 이런 설치물은 따라서 '텍스트' 충동을 촉발한다. 알라비는 계속해서 작품의 위치를 설득력 있게 설명한다.

다리는 두 지점을 연결한다. 다리 자체는 목적지가 아니다. 다리는 여기에도 없고 저기에도 없다. 이런 점에서 다리는 이 장소와 저 장소를 이어주는 비행기나 강과 비슷하다. 이곳에서 저곳으로 하늘 한복판에서 얼어붙은 비행의 순간, 우리를 흐름에 실어 또 다른 목적지로 데려가는 강물의 흐름, 이런 식으로 이 작품 또한 강과 다리 사이의 공안적(公案的) 관계를 만들어낸다. 정상적인 그 위치도 한 바퀴를 돌리면, 이제 다리 위에 있는 것은 강이다.[18]

그럴 듯한 해석이다. 그러나 이 작품이 암시하는 공안적 관계는 또 있다. 승객들이 택한 관점도 블랙버드(실제의 검정찌르레기)와 비슷하지만 또한 비일을 근거지로 한 정찰기와도 닮았다. 여행객은 군사적 주체가 되거나 날아오르는 동물(스나이더에서는 '먹이를 잡는' 동물)이 된다. 살펴본 대로, 새들과 민간여객기와 군용 비행기의 비행은 새크라멘토의 강 계곡과 철저히 얽혀 있다. 비행은 자연이나 문화로 환원될 수 없다. 비행은 '진자(振子)'로 가득 찬 그물코이기 때문이다.[19]

강과 다리를 오가는 놀이에 덧붙여 어디에도 없으면서 어디엔가 있는 〈하늘을 나는 양탄자〉는 또한 조감과 인간의 항해뿐 아니라 날고 걷는 주체 위치의 '주변을 돈다.' 이 미술 작품은 가장 첨단기술적이고(SR-71 블랙버드) 가장 "자연적"(물수리)인 행동을 번갈아 하는 것을 미화한다는 점에서 버드사이팅이다. 인간은 어느 쪽으로든 동물이 된다.

새크라멘토에서 기다리며

계속해서 이 존재론적 이야기를 따라가 보자. 호놀룰루로 가는 비행기를 타기 위해 탑승수속을 했으면 비행기에 오르기 전까지 시간을 때워야 한다. 다행히도 새크라멘토는 "무료 와이파이"가 되는 공항이다.

공항에서 기다리다 보면 구글어스를 보거나 구글 이미지 검색을 통해 했던 바로 그런 종류의 버드사이팅을 하게 된다. 이것은 공항 심사 복합체의 또 다른 커튼이 된다. 그것은 이 장 내내 숨어 있던 텍스트 고리로, 스크린과 공중의 비전이 새의 시선을 공유할 수 있는 방법이다. 실제로 이런 형태의 공항 읽기(인터넷 검색)는 갈수록 흔한 일이 된다. 그것이 버드사이팅과 아무런 관련이 없어 보일 때에도 말이다. 다시 말해 공항 읽기는 우리를 우리 자신의 낯선 동물성과 가까이 접촉하게 해준다. 구글링은 일종의 종(種) 행위로 또 다른 형태의 비행이다. 그러나 무선 정보 시스템과 공항의 기다림이 이렇게 만나는 곳에는 또 다른 버드사이팅의 단층이 있다.

공항의 기다림의 한복판에서 인간이라는 주체를 생각해 보자.

지금까지 우리는 소설이나 잡지나 무료 와이파이 등의 공항 읽기가 무료함을 달래준다는 사실을 확인했다. 그러나 텍스트의 그런 성향에도 우리는 전전긍긍할 때가 있다. 비행 일정이 지연된다는 방송을 하려고 마이크를 켜는 딸깍 소리가 언제 불쑥 튀어나와 무료함의 존재를 분명히 드러낼지 모르기 때문이다. 데드타임이 마냥 지속될 때와 기다림의 생태학을 통해 보았던 대로 공항은 하이데거의 뒤를 잇는 조르조 아감벤(Giorgio Agamben)이 말한 "심오한 무료(profound boredom)"를 남발한다.[20]

아감벤은 "지루함을 느끼게 되는 사람은 동물 포획에 '가장 가까이 근접'하게 된다(그렇게 보이기만 할지라도)"고 말한다.[21] 이렇게 보면 공항에서의 기다림은 인간이 알고 있는 '가장' 동물적인 체험인지도 모른다. 비상식적인 전환이지만, 인간은 디지털 기술에도 불구하고 진보의 절정에서 인간의 동물성과 대면하게 된다. 이런 면에서 버드사이팅은 "버드스트라이크"에서 보듯 비행의 영적 자극이 비행의 적이 되는 갈등의 기호학적 구역이 된다. 뿐만 아니라 인간이 스스로 만들어낸 감옥, 즉 인간이 구축해놓은 격자에 대해 보다 일반적으로 편집증적인 현상을 보이게 된다. 사람들은 그 격자를 '자유'라고 부른다.

버드사이팅의 마지막 사례로, 돈 들릴로의 소설 『이름』의 한 대목을 들여다 보자.

항공 여행을 해보면 우리가 누구인지 알 수 있다. 항공 여행은 우리 자신을 근대적이라고 인식하게 해주는 수단이다. 항공 여행은 세상에서 우리를 제거하고 우리를 서로에게서 떼어놓는다. 우리는 주변을 에워싸는 소음 속을 헤매며 항공권이나 탑승권이나 비자 등을 한 번 더 확인한다. 항공 여행은 언제든 이 모든 것에 함축되어 있는 세력, 그 뒤에 있는, 그 범주 뒤에 있는 알려지지 않은 권위, 우리가 이해하지 못하는 언어 등에 복종해야 된다고 우리를 설득한다. 이 거대한 터미널은 우리의 영혼을 검사하기 위해 우뚝 서있다.

그러므로 아테네에서 야간비행을 한 이후 봄베이에 도착했을 때, 반자동소총을 든 사람들을 보거나 공항의 활주로 끝에 놓인 수하물 차량에 웅크리고 앉아 있는 '독수리들'을 본다고 해도 전혀 놀랄 일은 아니다.[22]

돈 들릴로에게 "반자동소총을 든 사람들"은 어떤 이유에서인지 "독수리들"과 너무 쉽게 병치된다. 다시 한 번 버드사이팅은 공항 읽기에서 어떤 분명한 우선순위를 괴롭히는 기술과 동물성의 충돌의 전조가 된다. 항공문화는 "세상에서 우리를 제거"하기도 하고 우리의 영혼을 검사하기도 한다.

새와 비행기의 충돌은 근대성을 알리는 수신호이며, 특별한 종류이며 유한한 생명의 종(種)을 알려주는 지표다. 여기에는 비행하기 전에 마냥 기다리는 일도 포함된다.

주

제8장

1 Stevens, "Thirteen Ways of Looking at a Blackbird," *The Palm at the End of the Mind*, 166.

2 T.S. Eliot, *Four Quartets*(Orlando : Harcourt Brace & Company, 1943, 1971), 52(lines 81-2).

3 Ibid., 57(lines 200-1).

4 As cited by Martin Greif, *The Airport Book : From Landing Field to Modern Terminal*(New York : Mayflower Books, 1979), 41.

5 Ibid., 41.

6 마이클 크라이튼(Michael Crichton)의 소설 『에어프레임[*Airframe*(New York : Ballantine, 1997)]』을 예로 들 수 있다. 이 통속소설에서 등장인물들이 비행기를 "새"라고 말하는 횟수는 말 그대로 수십 번이다.

7 "Officials Plan to Eliminate 170,000 Canada Geese in New York," *New York Times City Room* http://cityroom.blogs.nytimes.com/2010/07/23/state-plans-to-eliminate-170000-canada-geese/(accessed March 7, 2011).

8 Gordon, *Naked Airport*, 199.

9 Greif, *The Airport Book*.

10 *Birdstrike Control Program*, "FAA data show New York's JFK, Sacramento, Calif., airports have most bird strikes with damage," http://www.birdstrike-control.com/news/birdstrike_news/faa-data-show-new-york%E2%80%99s-jfk-sacramento-calif-airportshave-most-bird-strikes-with-damage/

(accessed March 7, 2011).

11 Paul Ferrell, "Clear-cut for takeoff" *Citing wildlife and terrorists, the airport wants to destroy more native oaks*, http://www.newsreview.com/sacramento/Content?oid=oid%3A47274(accessed December 24, 2006).

12 Snyder, "No Shadow," *Danger on Peaks*, 85.

13 Ibid.

14 Ibid.

15 Pascoe, *Aircraft*, 164.

16 Wallpaper image located at http://www.wallpaper-pimper.com/wallpaper/downloadwallpaper-Lockheed_SR_71_Blackbird-size-1024x768-id-123142.htm(accessed March 2, 2011).

17 Seyed Alavi, description for "A Site Specifi c Public Art Project for the Sacramento International Airport" at http://here2day.netwiz.net/seyedsite/publicart/flyingcarpet/flyingcarpetframe.html(accessed January 20, 2011).

18 Ibid.

19 Here I am merging Timothy Morton's idea of "the mesh" with Jane Bennett's theory of "vital materialism."

20 Agamben, *The Open*, 65.

21 Ibid.

22 DeLillo, *The Names*, 253-4.

nland

10 10 09 6 1

NUIJAMAA
M 092

IMMIGRATION
SUVARNABHUMI AIRPORT THAILAND
VISACLASS......
12 SEP 2009
ADMITTED
UNTIL 11 OCT 2009
SIGNED

DEPARTED
20 SEP 2009

rkey

Thailand

Russia

ANTALYA
01 OCT 11

Россия КПП
29 04 10
49
Брусничное

РОССИЯ КПП
812
19 08 11
812
ШЕРЕМЕТЬЕВО
812

MALAYSIA
K.L. INT

Si

VIETNAM - IMMIGRATION
234A
30 AUG 2011
NỘI BÀI

Vietnam

Brazil

SELO CONSULAR
50
REAIS-OURO
MOSCOU

VIETNAM - IMMIGRATION
141A
13 SEP 2011
NỘI BÀI

Beloz

DPMAF - DPF
10 10 05 554 1
1093

9. 수하물 찾는 곳의 은유

The Textual Life of Airports

Reading the Culture of Flight

또 다른 트윈 타워

새크라멘토 공항 A 터미널의 수하물 찾는 곳에선 참새들이 미닫이 유리문을 들락거리며 바닥에 떨어진 계피 부스러기를 쪼아 먹어 구역 안팎을 어지럽힌다. 수하물이 돌아가는 회전 벨트들 사이에는 여행 가방으로 쌓아 올린 기둥 두 개가 수하물 카트에서 솟아올라 천정까지 닿아 있다. 마치 오래 전에 잃어버린 가방들을 불안하게 쌓아 놓은 것 같다.

이것은 브라이언 고긴(Brian Goggin)의 재기가 엿보이는 설치 미술 〈삼손(Samson)〉이다. 이 조각은 700개 이상의 기증받은 빈티지 가방들로 만들어졌다. 엉뚱한 상상인지는 모르지만 마치 가방들을 밑에서부터 위로 쏟아내어 천정 대들보에 닿게 하여 공간을 떠받치는 것처럼 보인다. 이 작품은 공항을 돌아다니는 모든 소지품에 바치는 일종의 찬가다. 처음에는 자신들이 찾아야 할 가방이 그렇게 쌓인 줄 착각하고 기겁했던 승객들도 가까이 다가가 이 트윈 타워가 설치미술이라는 사실을 알고 나면 키득거리며 감탄한다. 더러는 찾아가지 않은 실제의 수하물로 만든 작품이라고 생각하기도 한다.

따라서 이 설치물은 "매혹적인 폐허의 아픔"의 또 다른 사례가 되고, 공항은 이를 통해 마지막 남은 절차에 대한 심상을 만들어낸다. 〈삼손〉을 찾아가지 않은 실제의 수하물로 착각하는 사람에게, 수하물 찾는 곳은 공항이 제 기능을 하지 못하고 있다는 사실을 갑작스레 깨닫게 해준다. 마치 공항 직원들이 달아나 수하물이 분류도 되지 않고 버려진 것 같다. 이런 찜찜한 판단은 이 작품의 제목에도 함축되어 있다. "삼손"은 자살이라는 파괴와 해방의 의미를 지닌 행위로 자신을 구속하는 구조물을 무너뜨리는 성서 속의 주체를 암시한다.

그러나 비행기에서 내려 수하물을 찾기 위해 이곳에 도착한 승객들은 그 부산함과 소란 속에서 그들의 여행을 조롱하기도 하고 칭찬하기도 하는 이 작품의 의미를 눈치 채지 못하는 것 같다. 이 또 다른 트윈 타워는 공항 읽기의 일부다. 이 두 기둥은 여행의 마지막 순간에 여행객들을 헷갈리게 하면서도 위로해주려는 악의 없는 예술 작품이다. 하지만 그것들은 터미널 정서를 드러내는 배경 물품 목록에 쉽게 오를 수 있다.

이 책은 수하물을 찾는 곳에서 끝난다. 이곳은 여행의 종점이고 정서와 불확실성과 안도와 탈진이 충만한 공간이다. 이곳은 공항 읽기가 흘러 넘쳐 일상의 생활로 들어가는 문턱이다. 이곳은 비행하는 도중에 있었던 모든 이야기를 우리가 만나거나 재회하는 사람들에게 들려주는 곳이다. 이곳은 흥분과 기대의 장소이지만, 또한 우리를 지치게 하고 초조하게 만드는 장소로 바뀔 수도 있다. 수하물을 찾는 일은 항공문화가 응축되고 분산되는 마지막 해석적 구역(그리고 행위)을 나타낸다.

끝없는 뒤죽박죽

알랭 드 보통은 『공항에서 일주일을』에서 수하물 찾는 곳을 이렇게 묘사한다.

…… 결국 자신의 수하물과 다시 만날 때면 돌이킬 수 없이 우울한 생각이 든다. 방해 받을 일 없이 몇 시간을 하늘에서 보내며 저 아래 펼쳐진 해안과 숲을 내려다보며 미래의 희망찬 계획을 설계했던 승객들은 수하물 찾는 곳의 회전 벨트에 서서 자신의 존재와 관련된 물질적이고 부담스러운 모든 것들을 떠올린다.[1]

알랭 드 보통은 방해 받을 일 없이 하늘에서 보내는 시간과 지상의 무거운 현실을 대비시킨다. 알랭 드 보통에게 수하물을 찾는 곳은 항공 여행의 영(zero) 수준을 의미한다. 그곳은 낭만이 끝나고 물리적 소지품이 따분한 의무와 무거운 일상생활을 상기시켜주는 지점이다. 이런 감상은 W. D. 스노드그래스(W. D. Snodgrass)의 시 「수하물 찾는 곳(Baggage Claim)」에서 되풀이되고 증폭된다. 시의 무대는 공항의 수하물 찾는 곳이다.[2] 시에서 화자는 "여행 가방, 골프 클럽, 배낭, 가방이 — / 갑자기 나타나 떨어져 / 끝없는 뒤죽박죽이 미끄러지듯 지나가고 — / 체크아웃하기 위해 벨트에서 낚아채지는" 수하물의 순환 과정을 본다.[3] 얼핏 보면 돈 들릴로가 어떤 비행의 끝에서 흩어지는 "미시사(微視史)"라고 했던 것과 닮았다.

그러나 이 수하물은 화자의 비행기에서 나온 것이 아니다. 화자는 본다.

"마지막 한 개의 검은색 가방이, 사라져간다 / 열 배 우악스러운 검은 커튼 속으로 / 찾아가는 사람도 없이."

화자의 "비행기는 내렸고 / 하지만 아직 수하물을 내릴 준비는 되지 않아." 공항 심사 복합체의 이런 경우(수하물 찾는 곳에 공지된 비행기의 '목록')는 공간에 구멍을 내어 시적 사색의 순간을 열어놓는다. 왜 이렇게 안 나오지? "우악스러운 검은 커튼" 저편에서는 "'노상(路上)' / '폭발사고'"로 사망한 죽은 해병을 위한 군대의 의식이 거행되고 있다. "소리 없이 미끄러져 비행기에 실렸던" 관이었다.

이 시는 평범한 장면과 냉혹한 결말을 묘사하는 1연 26행으로 구성된다. 그런 다음 따분한 현장으로 돌아오는 마지막 2행 연구(聯句)로 끝을 맺는다.

가방들은 이제 줄줄이 지나가고
우리 것이라고 확인되면 끌어내진다.[4]

다시 말해 시의 전체 모양은 공항에서 나와 기억 속으로 그리고 먼 전시(戰時)의 현실로 움직이는, 행이 바뀐 텍스트로 갇힌 구역이다. 그런 다음 생각하게 만드는 빈 공간이 나오고 이어서 이 마지막 두 행이 뒤따른다. 마지막 두 행은 우리를 공항의 환경으로 다시 데려다주면서 그 폐쇄성을 배가시킨다.

스노드그래스의 시에서 수하물은 인간 바이오매스(동식물 폐기물)로 연결되고 전쟁의 종식에 대한 문화적 관례와 관련된다. 수하물 찾는 곳은 우리 시대의 군대가 하는 일을 있는 그대로 곁눈질할 수 있는(아니면 보는 것이 금지되어 있는) 공간이 된다. 이 시 속에서 스노드그래스는 특정한 일상의 사회적 공간에서 정치적 의식을 찾아낸다. 시인은 수하물 찾는 곳이라는 평범한 장소에서 감추어진 광경을 발견한다. 죽은 해병은 여전히 대중의 시야에 가려져 있지만, 시는 짧으면서도 상상력을 불러일으키는 조리개를 열어놓는다. 그 조리개를 통해 시인은 수하물 찾는 곳을 느닷없이 병사의 유해를 이동시키는 기계로 경험한다. 세속의 "여행 가방, 골프 클럽, 배낭, 가방"과 "노상 폭발"은 시 「수하물 찾는 곳」에서 하나로 합쳐진다.

시가 이런 표현에 적절한 수단이 되는 이유는 무엇일까? 결국 수하물을 찾는 행위는 미학적 문제다. 일레인 스케리는 『아름다움과 올바름에 관하여』에서 "아름다움의 실수"를 탐구한다. 그런 실수 중 하나는 "나타나지 않고 있다가 갑자기 뒤늦게 손에 들어오는 수하물처럼, 이미 [지각(知覺)의] 지평선 내부에 있는 물체는 그 자체의 아름다움이 있다"는 사실이다.[5] 스케리는 이런 발상을 통해 잠재적인 미적 물체로 "거부"되었던 대상이 결국은 "갑자기" 아주 아름다운 것으로 드러난다고 분석한다. 스노드그래스의 시는 이런 판단의 오류를 드러낸다. 그리고 그런 오류로 인해 불쾌한 현실을 그대로 보여주는 수하물 찾는 곳은 두 배로 추해진다. 그곳은 사람들의 잡동사니들이 모이는 장소일 뿐 아니라 인간의 유해를 보관하는 저장소였다가, 갑자기 '시적' 소재가 된다.

고급 아웃도어 의류회사인 파타고니아(Patagonia)는 MLC(Maximum Legal Carry-On : 최대 용량의 휴대용 가방)라는 여행가방 광고에서 이런 미적 반전을 활용했다.

2008년부터 MLC는 어떤 광고 캠페인에 "수하물 찾는 곳은 그냥 지나치세요(Skip baggage claim)"라는 문구를 내세웠다. 여기서 우리에게 공항의 낯익은 종점은 저절로 짜증이 나게 만드는 장소이고, 용어의 가장 평범하고 바람직하지 않은 의미에서 비장소가 된다.

이 광고 사진을 보면, 피할 수 있는 장소도 수하물 찾는 곳을 텍스트로 언급(그리고 그래픽을 생략)하는 순간 다시 불려나온다. 빳빳한 흰색 셔츠를 입고 기분 좋게 나온 여행객은 스프레이로 페인트칠을 한 탓에 주름이 보이는 금속 판자벽을 배경으로 걸어가고 있다. 가뜩이나 일정이 늦어진 승객들이 공항의 이 부정적 공간에서 가방을 기다리는 동안 그는 씩씩하게 제 갈 길을 가는 것 같다.

한편 MLC 가방은 지겨운 공항을 나와 멋진 모험이 기다리는 다음 여행지로 가는 사이에 포착된 팽팽해진 멜빵으로 한층 두드러져 보인다. 그것은 수하물이지만 한편으로는 수하물을 '파괴한다.' 그것은 아름다움에 도전하는 더 무거운 짐, 즉 회전 벨트를 돌아 꿈틀거리며 가는 여행 가방의 "끝없는 뒤죽박죽"과 경쟁하는 아름다움이다. 알랭 드 보통의 말을 빌리면, 그것은 자신의 존재와 관련된 물질적이고 부담스러운 모든 것을 생각나게 한다.

"일치합니까?"

수하물을 찾는 일은 또한 일종의 심리 진단이어서, 우리가 누구를 대신 변명해줄 때 말하는 어떤 것이다. "그 사람 맺힌 게 ['수하물(baggage)'이라는 말에는 '마음의 앙금'이란 뜻도 있다 – 옮긴이] 많아요."

이런 비유는 마이크 니콜스(Mike Nichols)가 1967년에 만든 영화 〈졸업(The Graduate)〉의 유명한 오프닝 장면에서도 읽을 수 있다. 더스틴 호프만(Dustin Hoffman)이 분(扮)한 벤저민 브래덕이 LAX(로스앤젤레스 국제공항)에 도착하는 첫 장면에서 이미 영화의 전반적인 분위기는 예고된다. 감독은 독창적인 컷을 통해 무빙워크 위에서 움직이는 주인공 벤저민과 수하물 컨베이어를 따라 앞으로 움직이는 벤저민의 여행 가방을 절묘하게 병치시킨다.

무빙워크가 움직이는 동안 사이먼앤드가펑클(Simon and Garfunkel)의 '사운드 오브 사일런스(The Sound of Silence)'가 흐르고, 여기에 무빙워크의 앰비언트 사운드와 수하물 찾는 곳에서 나오는 밋밋한 안내방송이 겹친다.

"난간을 잡고 우측으로 서주세요……."

"수하물 보관증을 확인하세요……."

벤저민의 여행 가방이 회전 벨트로 올라갈 때, 가방 꼬리표가 위탁수하물의 반권(反券)과 일치하는지 다시 확인하라는 방송이 나온다. 벨트 옆에 붙은 안내판은 "일치합니까?"라고 묻는다. 이런 움직임을 통해 갓 대학을 졸업한 장래가 촉망되는 "트랙 스타"는 갑자기 평범한 수하물과 동격이 된다. 이런 병치는 영화 내내 더스틴 호프만의 자기 소외를 예고하여, 시간이 갈수록 그는 자신이 인간으로서의 주체 의지가 없는 액세서리 같다고 느낀다. LAX 수하물 찾는 곳은 이런 텍스트의 뚜렷한 대비를 만들 공간과 시간을 조성한다.

수하물이라는 소재를 가지고 등가물을 끌어내려한 영화는 얼마든지 있다. 예를 들어 데이비드 핀처(David Fincher)의 〈파이트 클럽(Fight Club, 1999)〉에서는 수하물 찾는 곳에서 에드워드 노튼(Edward Norton)이 허탈해하는 장면이 나온다. 썰렁하기 짝이 없는 수하물 찾는 곳에서 아무리 기다려도 자신의 짐이 나타나지 않자, 노튼은 공항 직원에게 말한다. 그 직원은 "스로워(throwers)"(앞서 제2장에 말한 이 소설의 원래 문구를 그대로 옮긴 말)라고 불리는 수하물 담당자들이 하는 한밤중 작업을 설명한다. 영화에서는 수하물 담당자들이 하는 일을 볼 수 없다. 하지만 수하물 찾는 곳의 썰렁한 공간에서 나누는 두 사람의 대화를 통해 그들의 업무가 품위 없게 들먹여진다. 한편 뒤편에서는 정체가 묘한 브래드 피트(그는 짐도 없다)가 인도에 붙여 세워 놓은 빨간 컨버터블을 훔쳐 타고 달아난다. 이런 식으로 그는 수하물이라는 소재에서 견고해지는 특권, (불)기동성, 미학에 대한 일련의 권리주장을 강화한다.

데이비드 O. 러셀(David O. Russell)의 〈쓰리 킹즈(Three Kings, 1999)〉에서 아이스큐브(Ice Cube)는 디트로이트 공항에서 수하물 취급하는 일을 더 이상 하기 싫어 군대에 입대한다. 영화는 일시적인 회상법으로 아이스큐브가 활주로 주변에서 수하물을 운반하는 모습을 보여준다. 이 공항 장면은 영화 내내 보여주는 아주 어수선한 이라크의 상황보다 '훨씬 더' 어수선하다.

마틴 스콜세지(Martin Scorsese)의 〈디파티드(The Departed, 2006)〉에서 레오나르도 디카프리오(Leonardo DiCaprio)도 비슷한 공항 읽기를 한다. 경찰인 그가 신분을 위장하고 갱단에 잠입한 후 경찰과 갱들이 그의 실적을 평가할 때, 양측은 그의 아버지가 공항에서 수하물 취급자로 일했다는 사실을 떠올린다.

이런 사실은 디카프리오가 (주 경찰청에게는) 법을 준수한다는 사실을 입증할 뿐 아니라 (보스턴의 아일랜드 갱단에게는) 법을 쉽게 '어길' 수 있는 개인주의적 직업관을 가진, 그래서 이중의 임무 수행이 가능한 사람으로 만든다. 이상의 영화에서, 사람들과 그들의 짐에게 묻게 되는 기본적인 텍스트 상의 요구가 발생한다.

'그들은 일치하는가?'

은행들은 다 비슷비슷하다

오리건 주 포틀랜드 공항의 A 중앙홀에 걸린 U.S.은행(U.S. Bank) 광고판은 수하물을 찾는 승객들의 걱정을 이용하여 자신들의 서비스를 강조한다. 조명이 켜진 광고 문구는 사람들의 경각심을 유발한다.

"은행들이 다 비슷비슷하죠?(MANY BANKS LOOK ALIKE)."

이 메시지의 활자체는 픽셀을 흉내 낸 것 같다. 마치 수하물 회전 벨트 위에 걸려 내용을 바꿀 수 있는 메시지 시스템의 활자를 닮은 것 같다. 실제로 메시지 왼쪽에는 여행 가방 아이콘을 그려놓아 '은행(banks)'과 '가방(bags)'의 발음상 유사성을 은근히 활용한다. 광고판 안의 문구 아래에는 희미하게 수하물 찾는 곳이 보인다.(사실 이 광고판은 수하물 찾는 곳과는 아주 멀리 떨어진 중앙홀의 출발 게이트 근처에 걸려 있고, 그래서 기호학적 혼란을 가중시킨다.)

이 광고에도 공항 읽기가 넘친다. 첫째, 이 광고는 은행 업무와 수하물 취급을 동일시한다. 여기서 자본은 먼 지역을 거쳐 돌아다니다 자신의 것이라는 사실을 확인한 다음 끌어내야 하는 어떤 것이다. 하지만 다른 자본을 자신의 것으로 착각할 가능성도 있다. 즉 자본의 개별성은 애매한 것이어서 항상 다른 은행가 / 여행가의 차이를 무의미하게 만들겠다고 위협한다. 물론, U.S.은행은 이 광고에서 남들과 다르다는 사실을 강조해야 한다. 그래서 작은 활자로 써놓았다.

"유일하게 별 다섯 개짜리 서비스를 제공하는 은행을 택하세요."

하지만 이런 예외에 대한 요구는 이 광고의 공간성이 호응하지 않아 의미가 퇴색한다. 광고는 공항의 수하물 찾는 곳에 빗대 호소하지만, 상황이 어울리지 않는다. 별 다섯 개 서비스라 해도 그것이 항공기의 확실한 운항을 보장해주는 징표로 해석되지는 않는 것 같다. 실제로 이 광고는 통제구역 / 비통제구역을 지정해 놓는 공항의 규범에 상징적인 위해를 가한다. 여행객들은 중앙홀 내부의 '안전'지대에 있어야 한다. 하지만 U.S.은행 광고는 여행객이 결국은 불안한 비통제구역인 수하물 찾는 곳에 이를 수밖에 없다는 사실을 암시한다. 그곳에서 여행객의 개별성은 모호해지고 최악의 경우엔 피할 수 없는 부담이 된다.

엄밀히 말해, 어느 누구도 수하물이나 은행 거래의 안전을 확신할 수 없다. 영화 〈업 인 디 에어〉가 보여준 것처럼 항공문화 위에 냉소적인 그림자를 드리우는 불경기 시대의 침울함 때문이다. 월터 컨의 소설 『업 인 디 에어』는 90년대 후반에 도취에 가까운 열정으로 항공여행의 인기가 높아질 가능성을 찬양했다. 제이슨 라이트먼(Jason Reitman)이 각색한 영화 대본은 소설이 나오고 10년이 지났다는 유리한 입장 때문인지 경제적 억측과 거품 증발이라는 수하물을 찾지 않고는 공항 읽기를 할 수 없다고 주장하는 것 같다.

수하물을 찾을 때 최악의 시나리오

수하물을 찾는 일에 대한 걱정은 은행거래와 자본의 추상적 차원에 국한되지 않는다. 가끔 승객들의 가방에 끼워 넣는, 가로 3인치, 세로 8인치짜리 종잇조각에서도 그 사람의 물건을 파고 들어가는 걱정의 지표를 찾을 수 있다. 이런 종잇조각은 보통의 경우 공항에서 멀리 떨어진 곳에서 발견되고 버려진다. 다름 아닌 "수하물 검사 통보서(Notice of Baggage Inspection)"라는, 버려도 되는 문건이다.

연방교통안전청이 발행하는 이 종잇조각은 아주 재미있는 텍스트다. 명색은 안전을 보장한다지만 실제로는 불안을 야기한다. 결국 우리는 다시 공항 검색의 수수께끼 속으로 내던져진다. 마음에는 공항 읽기에서 비롯되는 여러 가지 교훈이 떠오르지만, 그래도 태연한 척 문서를 천천히 읽어 보자.

귀하와 귀하의 동료 승객들을 보호하기 위해, 연방교통안전청(TSA)은 법에 의거하여 위탁된 모든 수하물을 검사할 수 있습니다. 이런 과정에서 일부 가방을 열어 실제로 검사하는 경우가 있습니다. 귀하의 가방도 이런 실질적 검사를 위해 선택된 가방 중 하나일 수 있습니다.

말인즉 안심시키려 애쓰는 문구다. 하늘은 안전하다. 문제는 당신과 다른 승객들이다. 그러나 이 텍스트는 파쇼적 편집증의 어법을 굳

이 감추려 하지 않는다. '어느 누구도' 그리고 '모든 사람'이 적일 수 있다. 따라서 모든 가방은 검사받아야 한다. 실제로 귀하가 이 종잇조각을 읽을 때는, 우리가 '이미 귀하의 가방을 샅샅이 다 뒤지고' 난 다음이다. 이 문구의 수사는 매우 당황스러운 불공평을 제의한다.

"'모든' 가방을 검사할 수 있습니다. 그러나 '일부' 가방만 골라 '실질적인 검사'를 합니다."

그래서 궁금해진다. 실질적이지 않은 검사를 받으려면 어떻게 해야 하는가. 형이상학적 검사여서, 어떤 가방은 괜찮고 어떤 가방은 안 된다고 판별할 기준을 말로 표현할 수 없는 것인가? 가방의 안전성을 판별할 직감을 위한 가이드라인은 무엇이고 그런 것들은 어떻게 다음 *표로 인용된 조항의 적법성을 획득하는가?

"*2001년도 항공교통보안법 110(b)조, 49 U.S.C. 44901(c).(e)항"[6]

실제로 형식적인 수하물 검사는 아마도 항공사들이 제공하는 승객들의 전력에 관한 정보에 근거하여, 멀리서 수하물의 흐름을 감시하는 수준에 그칠 것이다. 제5장에서 확인한 대로 현장에는 거대한 보안 체계가 있어, 지금도 그에 대한 감독 메커니즘을 끊임없이 개선하고 실험하는 중이다. 그러나 우리는 이 통고문의 레토릭이 사람들의 상상력 속에서 최악의 시나리오를 확인하는 방법에 주목하지 않을 수 없다. 가령 연방교통안전청 요원들이 가방 안에 감춘 폭탄을 발견하는(그리고 어쩌면 그것을 폭파시키는) 시나리오 말이다. 그리고 아무리 시간이 걸리더라도 실제로 검사하는 그 순간을 통해 그들은 가방이 '당신 것'일지 모른다고 생각했다. 어느 누구의 가방은 주변의 건물을 무너뜨릴 수 있는 삼손(샘소나이트)일 수 있다. 공항은 그라운드 제로에 인접한 안전지대처럼 텍스트 뒤에서 맴돌고, 이런 텍스트 표류물은 이런 종잇조각이 "어떤 가방들" 속에 끼워질 수 있는 한 계속된다.

이런 잘 알려진 텍스트는 공항의 벽 너머로, 집안으로, 또는 멀리 떨어진 목적지로 여행한다. 하긴 무시해도 좋은, 별 악의가 없어 보이는 문건일 수도 있다. 그러나 이런 통고문을 빼내어 쓰레기통에 던지는 무심한 행동조차 항공문화에 만연한 신경과민증세를 돋굴 뿐이다. 이것은 '일부'가 '전부'이고, 가장 안전한 것이 가장 취약하고, 물리적인 것이 비물리적인 것으로 불분명해진다. 또한 검사가 끝없이 이어지고, 승객을 기동성의 매트릭스 안에 가두는 사치스런 투옥이다.

마지막으로 이 통고문의 "귀하"는 당신이 통고의 실질적인 표적(테러리스트)이 아니라면 '당신'이 아니다. 다시 말해 이 통고문의 '귀하'는 현재 부재중인, 아무도 아닌 사람으로 판정된 어떤 사람이다. 왜냐하면 검사관이 당신의 가방에서 찾아낸 것은 우라늄이 아니라 속옷이기 때문이다. 귀하의 "동료 승객들"도 마찬가지로 파악하기 힘들다. 친구가 될 수도 있지만 적으로 판명될 가능성도 있다. 모든 사람이 같이 비행하는 애국자 친구라고 주장할 수 있지만, 그래도 '당신'은 용의자로 선택되었다. 이런 통고문 때문에 애써 찾은 수하물은 무겁고, 개인의 소유물은 소유물 이상의 문제가 된다.

이 통고문의 두 번째 문단은 짧지만 더 황당하다.

"검사를 하는 동안 우리는 금지된 품목을 찾기 위해 귀하의 가방과 내용물을 검사할 수 있습니다. 검사가 끝나면 내용물은 귀하의 가방에 도로 담길 것입니다."

이 텍스트는 사실상 이미 상상했던 가능성이 실현되었음을 암시한다. 가방 주인은 지금 손에 든 서류를 읽음으로써 자신의 가방이 검색되었다는 사실을 '알게' 된다. 그렇지 않았다면 이 통고문은 지금 여기 없을 것이다. 그렇다면 이런 문구는 어떤 가방이 통보 '없이' 검색된다는 사실을 암시하는가? 그리고 만약 그렇다면, 현재의 통고문은 어떻게 하여 승객들의 관심을 딴 곳으로 돌릴 것인가? 연방교통안전청은 어떻게 직인이 찍힌 통고문 하나로 정당성을 확보할 수 없는 은밀한 검사 방법으로부터 승객의 관심을 돌릴 수 있는가?

폭탄이 아니더라도 "위탁할 수"(따라서 '찾을 수') 없는 금지 품목은 무엇인가? 여기서 우리는 1972년 5월 30일 텔아비브의 로드국제공항(현 벤구리온 국제공항)의 수하물 찾는 곳에서 벌어진 유혈사태를 떠올리지 않을 수 없다. 당시 비행기에서 내린 승객 세 명은 위탁한 샘소나이트 가방을 찾아 그 안에서 기관총과 수류탄을 꺼내들고 총기를 난사해 약 300명 중 100명에 가까운 사상자를 냈다. 데이비드 파스코(David Pascoe)는 그의 저서 『에어스페이시스(Airspaces)』에서 이 사건이 "전략적 시간(strategic time)"으로의 전환을 알리는 사건이라고 강조한다. "전략적 시간"은 폴 비릴리오(Paul Virilio)가 국제공항에서 일어나는 테러 공격을 다룬 그의 저술에서 만들어낸 말이다.

비릴리오를 읽은 파스코에게 공항은 많은 시각대가 집중되고 겹치는 새로운 유형의 지리학적 영역의 실증적 사례이다. 또한 극단적인 폭력행위를 행사할 수 있는 표적을 많이 만들어내는 곳이다. 이것은 재귀적으로 공항의 "비군사적인" 면에 대해 개념적 폭력을 행사한다. 공항이 국내적(국제적) 방위를 위한 지역이 되기 때문이다.[7] 연방교통안전청의 통고문에서 "전략적 시간"은 수하물 찾는 곳을 잠재적 유혈사태로 번역하는 당혹스러운 텍스트 외양을 통해 나타난다.

이 통고문의 명백한 아이러니는 다음 구절에서 분명히 드러난다.

"검사를 하는 동안 우리는 금지된 품목을 찾기 위해 귀하의 가방과 내용물을 검사할 수 있습니다. 검사가 끝나면 내용물은 귀하의 가방에 도로 담길 것입니다."

잠깐! 금지 품목이 발견되어도 돌려준다는 말인가? 단순히 조사만 한 뒤에 제자리에 돌려놓는다고? 그렇지는 않을 것이다. 하지만 이상하게도 권총, 사냥총, 탄약 같은 허용된 품목들은 그렇게 할 것이다. 이런 것들은 검사를 마친 후 도로 가방에 담길 것이다. 총은 금지 품목이 아니다. 그래서 순식간에 터미널을 아수라장으로 만들지 말라는 법도 없다. "금지 품목"과 수하물의 "내용물"의 차이는 의미론적으로 혼동을 주거나 아니면 무시되거나 단순히 눈감아 줄 수 있다.

통고문의 다음 두 문단은 잠가놓은 수하물에 대한 원칙을 설명한다.

귀하의 가방이 잠겨 있을 경우 연방교통안전청 보안담당자는 귀하의 가방의 잠금장치를 강제로 파손시킬 수 있습니다. 이런 조치를 취해야 한다는 사실이 매우 유감스럽지만, 연방교통안전청은 필요한 보안 예방책으로 인한 잠금장치의 피해에 책임을 지지 않습니다.

다음 여행을 하는 동안 귀하의 수하물이 안전할 수 있도록 짐을 꾸리는 방법에 관한 조언과 제안이 필요하면 다음 사이트를 찾아주십시오.
www.tsa.gov

이 두 문단에서는 무한 회귀가 역설에 선행한다. 담당자로 하여금 자물쇠를 부수게 하는 주체는 누구인가? 연방교통안전청 보안담당자를 감시하고 조사하는 연방교통안전청 보안요원 관리자라도 있다는 말인가? 그렇다면 그 관리자는 누가 감시하는가? 아니, 보안 감독 권한의 끝이 있기나 한가? 이 모든 권한 체계를 아우르는 공항 심사에서 벗어나 안전하게 버틸 수 있는 사람은 누구인가? 보안은 원형 교도소를 떠났다.

보안이라는 개념은 위의 두 문단을 구성하는 71개 단어에서 6번 언급된다. 정확히 두 번, 약어 TSA(Transportation SECURITY Administration)에 암시된 세 번 그리고 "안전한"이란 단어로 한 번이다. 마치 보안이란 개념은 오로지 반복을 통해서만 제 의미를 찾는 것 같다. 반면에 여기저기 널려 있는 불안한 상태를 강조하기 위해 과격할 정도로 보안이란 개념을 제거해버리기도 한다.

이렇게 비합리적인 중층적 보안이 상식과 맞지 않는 점은 안전하기 위해서는 어떤 상황에서도 승객의 가방이 '안전할 수 없다'는 사실이다. 연방교통안전청 웹사이트를 방문하면 아마도 수하물을 안전하게 지키는 방법에 관한 조언을 얻을 수 있을지 모른다. 보안은 우리 자신의 수하물의 불안정성, 동료 승객의 불확실성, 사방에서 우리를 둘러싸고 있는 너무 많은 보안요원, 보이지 않는 요원 위의 요원, 보안 체제에 대한 진심어린 믿음 등에 의존한다.

통고문의 마지막 부분에서 우리는 의례적인 문구를 만난다.

"귀하의 양해와 협조에 감사드립니다. 의문 사항이나 의견이나 그 밖의 용건이 있으면 언제든 연방교통안전청 민원실로 연락주시기 바랍니다:"

콜론 아래쪽으로는 수신자 요금부담 전화번호와 이메일 주소가 나와 있다. 분명한 의도를 가지고 작성된 문건이겠지만, 이 통고문은 대충 훑어보아도 내용에 문제가 많고 기능적으로 사람들을 거북하게 만든다. 승객들에게 협조해주어 고맙다고 말하지만, 실제로 이 문서는 승객들의 "협조"를 구하지 않는 절대적 예외를 선언한다. 가방을 잠가놓는다면, 반드시 대가를 치를 것이다! 연방교통안전청 요원이 잠금장치를 부술 것이다.

사실 이런 통고는 특히 협조를 '하지 않는', 가방을 잠가놓은 승객들더러 보라고 적어놓은 것이다. 그렇다면 이런 비협조적인 승객들이 자신의 수하물을 안전하게 지키기 위해서는 어느 정도까지 불법의 영역에 다가서야 하는지 궁금해진다. 마침내 여행객 / 독자는 민원실과 연락하기 위해 "언제든" 이메일이나 전화를 사용할 용기를 얻는다. "언제든"이라는 말의 팽창성은 모르는 사이에 승객의 개인소지품으로 밀고 들어온 종잇조각에서 공허한 울림을 만든다.

연방교통안전청 통고문은 이런 심각한 모순을 어떻게 처리하는가? 공항 읽기는 중재적이다. 기호학적으로 이 문건은 분명한 형식을 갖추고 있는 텍스트다. 활주로, 낯익은 버드사이팅의 문장(앞서 소개했지만 화살과 올리브 가지를 물고 가는 독수리 그리고 산과 파도와 별이 새겨진 방패 모양이다), 웹사이트, 전화번호, 이메일 주소 등을 구분하기 위해 청색 횡선을 또렷이 그어놓았다. 가장 재미있는 부분은 텍스트의 마지막 문구다. 중앙에서 약간 벗어난 곳에는 이런 말이 적혀 있다.

"스마트한 보안은 시간을 절약해줍니다(Smart Security Saves Time)."

이미 보았지만 수하물을 찾는 일은 종종 시심(詩心)을 움직일 때가 있다. 두운(頭韻)의 S음은 슬로건을 한층 유연하게 해주어, 실제로 이 단어들을 말하는데 걸리는 시간을 절약해준다. 두운은 효과적인 어법이다. 이 단 한 줄의 선언문은 경제적으로나 시적으로나 그 이상의 의문을 교묘히 피해간다. 수송 보안은 시간을 절약하는 문제인가, 또는 '생명을' 구하는 문제인가? 어떤 종류의 "시간"이 스마트 보안으로 절약되는가? 이것은 비릴리오의 "전략적 시간"으로, 여기서는 전략적 보안에 사용되는 시간이다.

그러나 이런 전략적 시간은 읽기의 "데드타임"에 귀를 기울인다.

그 시간에 여행객은 비행기를 탈 준비를 하다 프로토콜과 우연성이라는 함정에 걸려든다. 그래서 공항으로 가는 여행에 앞서 보안이 작동하는 법을 이해하려는 텍스트적 시도를 지지하게 된다.

미래에 대한 권리 주장

(불)안전한 수하물의 딜레마는 항공문화에 속하려 애쓰는 우리의 모습을 보여줄 뿐 아니라 공항의 미래에 대한 소유권을 주장하는 과제도 함께 드러낸다.

환경학자 티모시 모턴(Timothy Morton)은 새벽에 "공항버스"를 타고 공항으로 가는 일은 말로 설명하기 힘든 묘한 경험이라며, 그때 "여행은 하나의 자극적인 재즈가 된다"라고 썼다.[8] 모턴이 그의 고향 거리를 예기치 않은 방식으로 경험한 것처럼, 공항으로 가는 여정을 통해 "장소에 대한 느낌은 이미 하나의 대체물"이라는 사실을 확인하게 된다. 다시 말해, "집"처럼 '잘 알고 있는' 장소에서 느끼는 안정감은 모든 인적이 드문 지역과 이상한 길들의 '대체물'로 기능한다.

모턴은 "자본주의는 장소라는 개념의 신비성을 무참하게 짓밟았지만 결국 그런 개념을 공항 라운지 같은 다른 형태의 매개적 장소로 대체했을 뿐이다"라고 주장한다.[9] 그러나 참으로 이상하게도 우리는 어느 정도 공항에 대한 권리를 다시 주장할 수 있다. 모턴은 특정 공항을 다른 공항과 비교하면서 그런 경우를 설명한다.

나는 샌프란시스코 공항을 좋아한다. 원래는 공항을 좋아하지 않는 편이다. 그러나 샌프란시스코 공항만큼은 정말 마음에 든다. 정말로 나는 이 공항이 좋다. 나는 늘 이곳을 거쳐 갈 기회가 오기만을 기다린다. 한눈에도 알 수 있지만 이 공항은 설계가 치밀하게 잘돼 있다. 도로 표지판도 너무 불길한 예감이 들지 않게 배려했고, 주요 부분들이 서로 잘 연결되도록 애쓴 흔적이 보인다. 왕래하는 사람들이 많지 않도록 통로를 분산시켰고, 역으로 가는 길을 알기 쉽게 해놓았다. 뿐만 아니라 게이트들도 가까이 모여 있다. 덜레스나 시카고와 비교해보면 확실히 알 수 있다. 덴버는 그런대로 괜찮은 편이다. 그러나 와이파이를 설치하는 자유주의자들이 공공장소를 어지럽히게 내버려두어서는 안 될 것이다.[10]

이 글은 단순히 실용주의적인 관점에서 비장소들을 비교하는 평가가 아니다. 오히려 이 글은 우리가 일찍이 공항 읽기라고 탐구했던 작업에 더 가깝다. 모턴의 요지는 잔디부터 날씨까지 평범한 것들을 "호모사피엔스의 확장된 표현형(phenotypes)"으로 다시 이해해야 한다는 것이다. 이런 관점에서 보면 "우리가 공유하고 있는 중립적 공간을 인정할" 때마다, 우리는 관심의 초점을 다시 조정하여 어디든지 우리가 있는 곳을 삶의 방식으로 환원할 수 있다는 사실을 알게 된다.[11] 우리의 짐(신념)이야말로 우리가 찾아야 할 짐이다.

존 카사르다(John Kasarda)와 그렉 린지(Greg Lindsay)는 그들이 함께 쓴 『에어로트로폴리스 : 다음에 우리가 살게 될 방법(Aerotropolis : The Way We'll Live Next, 2011)』을 항공 여행의 미래를 확실히 보장하려는 명백한 시도라고 정의했다. 이 텍스트는 머뭇거릴 뿐 자신 있게 나가지 못하는 항공의 역사를 파헤친다. 여기서 저자들은 앞으로 수년 뒤에 급격히 늘어날 항공 운송량을 수용할 수 있는 공항 기반의 거대 도시, 즉 '에어로트로폴리스'를 자신 있게 전망한다.

이 책에서 특히 눈에 띄는 점은 인간이 순전히 의지 하나로 어떤 "자연스러운" 패턴에서 벗어날 수 있다는 주장과 진화론적 논리 사이를 오가며 갈피를 못 잡고 있다는 사실이다. 이렇게 갈팡질팡하는 사례는 이 책 전반에 나타나는 여러 상반되는 문장들에서 볼 수 있다. 예를 들어 사르다와 린지는 어느 부분에서 이렇게 주장한다.

"에어로트로폴리스는 태어나지 않는다. 그것은 '만들어진다.' 그것은 자연적으로 발생하지도 않고, 단순히 그것이 대체하는 도심에서 나타나지도 않는다."[12]

그들은 그런 특징을 이렇게 설명한다.

멤피스 에어로트로폴리스의 모양은 미국삼나무가 비와 가뭄의 일생을 나이테로 기호화하는 것과 같은 방법으로 이런 이야기를 들려준다. 멤피스 에어로트로폴리스는 20년도 채 안 되는 짧은 기간에 창고 수준의 시설에서 물류보급 중심지로 발전했고, 필요악이라는 평가를 딛고 비용과 경쟁과의 끝없는 전쟁에 앞장 선 도시적 체현이다.[13]

헷갈리는 은유는 그만두고라도, 공항 읽기를 논하는 이 대목에서 가장 중요한 것은 자신의 역사를 자신의 질료로 "기호화"하는 미국 삼나무의 은유이다. 항공문화에 대한 이런 평가는 정확히 맞는 말이지만, 그에 대한 결과는 저자들을 외면하는 것 같다. 저자들은 천박한 다윈주의, 즉 적자(카사르다와 린지에게는 '가장 빠른 자')의 경제적 생존에 근거한 목적론적 투쟁에 훨씬 더 관심이 많다.

에어로트로폴리스는 우리가 공항을 비버가 만든 둑 같은 '자연적' 거주지로 생각할 수 있는지, 아니면 우리가 공항을 초자연적인 공간, 즉 진화적인 네트워크'에서' 뻗어 나오지만 완벽한 형태로 이런 체제 밖에 존재하려고 작정한 공간으로 상상해야 하는지에 대해 확실한 입장을 보여주지 않는다. 실제로 이 책에 묘사된 도시 모델은 어떤 살아 있는 생명체도 보이지 않은 채 스스럼없이 초연하게 하늘에서 내려다 본(무인비행기의 관점?) 플라토닉한 도시 도로망으로 시각화된다.

항공 여행(또는 인간 생활)의 "자연적" 또는 진화적 측면을 생각한다는 것은 결국 '현재' 우리의 생활 방식에 대한 질문 그리고 미래를 '기약하기' 위해 어떤 종류의 수하물을 찾아야 하는가 하는 훨씬 더 심오한 질문을 제기하는 것이다. 비평가 이안 보고스트(Ian Bogost)

는 에어로트로폴리스를 비꼬며 이렇게 평했다. 카사르다와 린지는 "'우리가 다음에 살게 될 방법'대로 사는 것이 어떤 것일까 하는 의문"을 다루는데 실패했다.[14] 이어서 보고스트는 무엇보다도 우리는 이런 의문을 가져야 한다고 제안한다.

에어로트로폴리스 시대는 어떻게 작동하는가? 그런 환경에서 살려면 무엇이 필요한가? 어떤 걱정이 생기고 어떤 것을 바꾸고 싶은가? 나와 알력을 빚게 될 경제적·정치적·사회적 세력은 무엇인가? 버리고 가야 할 20세기의 환상과 기대에는 어떤 것이 있는가?[15]

우리가 그동안의 공항 읽기를 통해 풀어헤쳐 놓았던 것 그리고 특히 우리가 공항이라는 주제 언저리에서 찾아야 하는 수하물을 보았던 것은 바로 이런 "20세기의 환상과 기대"의 일부였을 뿐이다. 이미 본 대로 우리가 심원한 시간과 거대한 공간을 염두에 두기 시작할 때, 자신의 가방이 검은 회전 벨트 위에 나타나기를 기다리는 몇 분은 다른 종류의 반향을 불러온다.

보고스트는 다음과 같이 제의하며 그의 논평을 맺는다.

"에어로트로폴리스는 21세기의 이야기가 많은 이야기들 중 하나가 아니라 많은 시스템 중 하나가 될 것이라는 사실을 강조한다."[16] 보고스트는 공항 읽기에서 중요한 긴장의 끈을 다시 한 번 당겼다. 왜냐하면 그의 말은 항공문화라는 물레에서 뽑아져 나온 설화에 대한 열광이 그 자체의 의미를 추적할 수 없는 신호 체계가 된다는 사실을 드러내기 때문이다.

콘크리트 괄호

수하물을 찾는 일로 다시 돌아가기 위해, 항공문화와 관련된 실용서적을 들춰보는 것으로 끝을 맺어야겠다. 레이철 레먼-하우프트(Rachel Lehmann-Haupt)와 베스 에이브러햄스(Bess Abrahams)가 함께 쓴 『비행기 요가(Airplane Yoga)』라는 책이다. 이 책은 비행의 완전한 경험을 실용적 관점에서 사례별로 구분한 요가 운동으로 포장한다. 책 제목은 『비행기 요가』이지만 사실 내용의 절반 이상은 '공항'이라는 공간에 관한 이야기로 채워진다. 저자들의 말을 직접 인용하면 "이 책은 공항을 체험하는 것 못지않은 경험을 주기 위해 만들어졌다."[17] 『비행기 요가』는 비행이라는 낭만적인 경험을 위해 참아야 할 공항의 시간 / 공간을 무시하기보다, 공항을 마음을 가다듬는 수련의 장소로 여기며 이 지루한 환경에 차분히 적응하려 한다. 다시 말해 공항은 임시 요가 스튜디오의 은유가 된다.

『비행기 요가』는 탑승수속을 하고, 보안 체크포인트를 통과하고, 탑승을 기다리고, 비행을 하고, 비행기에서 내리고, 수하물을 찾고, 마침내 인도로 나오는 과정 내내 여행객을 따라다닌다. 독자가 인도에서 차를 기다릴 때까지 말이다. 다시 말해 텍스트는 이야기 형식의 여행으로 되어 있다. 각 장면은 적절한 자세를 취할 수 있는 삽화와 도표를 실어 여행의 은유적 가치를 배가시킨다. 여기서는 우리의 목적에 맞게 수하물 찾는 곳에 초점을 맞추겠다.

끝에서 두 번째 절, "수하물"이란 제목이 붙은 부분에서 독자는 "마지막 목적지로 짐을 들고 가는 긴 시간"을 위해 두 팔을 쭉 뻗는 스트레칭을 하라는 조언을 받는다.

"두 팔을 옆으로 뻗을 공간을 확보하세요."[18]

루드비히 비트겐슈타인(Ludwig Wittgenstein)의 말을 빌리자면 이런 간단한 메시지에도 하나의 요가 자세에 응축된 철학의 스트레스볼(stress ball : 긴장을 풀고 손의 근육 운동을 돕기 위해 손에 넣고 굴리거나 쥐어짤 수 있게 만든 탄력성이 있는 공 — 옮긴이)이 들어 있다. 우선, 이런 조언은 항공 여행의 거리를 전혀 중요하게 생각하지 않는다. 2,000킬로미터를 날아온 여행은 공항에서 차를 타기 위해 걸어가는 또 하나의 여행으로 인해 갑자기 별것 아닌 일이 된다. 차도보다 높은 횡단보도, 지하 에스컬레이터 그리고 콘크리트 주차건물의 지리학은 그 자체로 진정한 황무지가 된다. 팽창의 텍스트적 반전은 공항이 통과지점이라는 사실을 잊지 않는다. 하지만 그래도 다른 공간에 대한 인식을 용케 빗겨간다.

비행의 마지막을 위해 고안된 이런 특별한 요가 자세는 여전히 다가올 여행을 예상함으로써 흔들린다. 공항의 공간은 '걱정스럽게도'

다른 공간을 알고 있다. 『비행기 요가』의 "수하물" 항목에 실린 그림에서는 여행객 주변의 하얀 테두리가 그의 팔운동에 따라 넓어지고 좁아진다. 이 사실에 주목하라.

공간의 이런 시각화는 하나의 환경적 감수성이 작동하고 있음을 드러낸다. 하얀 여백이 있는 그림은 여행객 / 독자에게 공간을 실제로 '인식'하도록 요구한다. 그 공간은 '신축성'이 있지만 '거주할' 수는 없는 곳이다. 또한 갇혀 있고 '제한된' 곳이다. 공항에서 자신이 쓸 수 있는 공간을 확인하고 그 공간을 '확장'하려면, 주변의 여유 공간을 알아야 할 뿐 아니라 '다른 사람'에게도 신경을 써야 한다.

그러나 요가 책 지면의 빈 여백은 실제의 공항의 여건을 왜곡한다. 수하물을 찾는 곳은 사람들로 붐빌 가능성이 높다. 수하물 찾는 곳이 어수선한 공간임은 말할 필요가 없다. 하지만 그래도 모든 사람들이 서로를 볼 수 있는 여유 있는 공간으로 바뀐다고 상상해 보라. 그렇게 생각하면 이곳도 저절로 더욱 능률적이 되고 우호적인 장소가 될까? 아니면 사람들이 빙빙 돌아가는 수하물보다 서로에게 더 많은 신경을 쓰는 바람에 전체적으로 기능이 마비되고 마는가?

공항은 어느 정도의 인지상태를 처리할 수 있을까? 요가에 관한 이 소책자는 항공 여행의 대단한 속도와 그 속도에 대한 신랄한 비판을 당당하게 진척시킨다. 그러나 분명한 이유 때문에 『비행기 요가』의 저자들은 타협적인 견해를 취할 수밖에 없다. 그들의 책이 일종의 실용주의적 보고서이기 때문이다. 이런 타협은 공간적 선호의 균형에 의존하게 된다. 그런 선호를 통해 공간은 고비마다 해석을 요구하기도 하고 해석에 저항하기도 한다.

"양팔" 운동에는 자신을 포옹하는 것도 있다. 이것은 표면적으로 마지막 목적지를 향해 가는 긴 구간을 위해 신체적 · 정신적으로 준비를 하는 행위다. '다른' 사람을 포옹하는 절차에 대비하는 것 같지만, 여기서는 '자신을' 포옹한다. 다시 말해 『비행기 요가』는 이런 공간에서 누구를 포옹하라고 말하지 않는다. 치료법으로서 포옹은 늘 자신을 위한 것이다. 양팔은 자신의 주변에 둘러친 괄호다. 이 부분은 특히 마크 오제가 공항을 많은 사람들의 일상적 삶을 묶는 "거대한 괄호(immense parentheses)"로 이해한 점과 닮았다.[19]

그러나 티모시 모턴이 지적한 대로 "콘크리트 괄호는 거대한 공항의 한 가지 사례일 뿐 아니라 버려진 공항의 사례이기도 하다."[20] 다시 말해, 공항 주변에는 특정 여행 주체의 건강이나 만족보다 더 많은 해프닝이 늘 있다. 이것 역시 진행 중인 황폐화다. 버려진 공항에서 활용되지 않고 있는 "찌꺼기 공간(junkspace)"을 상상하게 만드는 모턴의 조언을 들으면 갑자기 깜짝 놀라 모든 체계가 닳아버린다는 사실을 알게 된다. 즉 공간은 소비된다. 그것도 어마어마한 양의 자원이 소비된다. 더욱 희한하게도, 이것은 다름 아닌 "무한의 얼굴"이다.[21] 공항은 주인 없이 버려질 수 없다.

덴버의 스테이플턴 같은 일부 공항은 실제로 버려진 공항이다. 카사르다와 린지가 『에어로트로폴리스』에서 정확히 지적했듯이 이런

경우에 중요한 것은 이 공간을 가지고 무엇을 할 것인가 하는 문제다. 심지어 우리는 이런 공간을 만들어낼 수도 있다. 미래를 예상하는 것은 저자들이 의도했던 것보다 더 진지하게 『비행기 요가』의 교훈을 받아들이는 것을 의미할지 모른다. 그것은 지상에 있는 우리 자신들보다 더 많은 것을 포옹하는 것을 의미할 수 있고, 버려진 공항을 포옹(포용)하는 것을 의미할 수도 있다.

지각 배달

마지막 비행기가 보즈먼 공항에 착륙하고 거기에 실려 온 분실된 수하물이 내려진다. 그러면 그 수하물을 주인에게 돌려주기 위해 뒤늦게 배달 업무를 조정하고 처리하는 것이 내가 맡은 일이었다. 이런 수하물은 보통 긁힌 상처가 많고 찌그러져, 꼭 버린 물건 같다. 거기다 행선지가 여러 번 바뀌었다는 것을 알려주는 꼬리표가 많이 붙어 있어 한눈에도 금방 알아볼 수 있다. 이런 가방들은 모든 승객들이 터미널을 떠난 뒤 회전 벨트 위에 비스듬히 놓여 혼자 뒤뚱거리고 있는 경우가 많다.

나는 아리송한 가방 꼬리표들을 분류하고 주인의 소재를 확인한 뒤에야 전화를 할 곳의 목록을 대조하곤 했다. 그렇게 해서 지역 운전기사들에게 주소와 연락처와 수하물을 넘긴다. 그러면 그들은 하루 중 가장 적막한 시간에 아무리 멀리 떨어진 위치라도 마다하지 않고 때늦은 수하물을 배달했다.

일종의 프리에이전트였던 그들은 그래서인지 요금을 터무니없이 높게 부르곤 했다. 나도 칠흑같이 어두운 시간에 더플백과 재질이 단단한 가방을 미닫이식 유리문 밖으로 던졌다. 그 다음에 가방들을 먼지투성이의 힘 좋은 올스모빌이나 머큐리 세단에 실었던 기억이 난다. 운전기사들은 유나이티드 항공사로부터 전화를 받으면 자다가도 벌떡 일어나 나왔다. 그들의 손에는 종종 레드불(Red Bull)이나 몬스터에너지(Monster Energy) 같은 에너지 음료가 들려 있었다. 지연된 수하물을 다 싣고 나면, 그들은 새카만 하늘이 짓누르고 있는 황량한 공항의 보도에 나를 남겨둔 채 어두운 밤을 찢으며 사라져갔다.

마저 할 일을 끝내기 위해 공항으로 다시 몸을 돌리면, 터미널 바닥을 청소할 준비를 하는 유니폼을 입은 관리인이 보였다. 이어 지연된 수하물을 인계하는 델타 항공사 근무자의 모습도 보이곤 했다. 유나이티드 항공의 마지막 비행기가 착륙한지 한 시간이 지나 그들의 마지막 밤 비행기가 도착했기 때문이다.

공항 읽기는 계속된다. 모든 공항 종업원들이 퇴근한 밤에도 어디선가 운전기사는 나타난다. 그리곤 까치가 울기 시작할 때 누군가의 잃어버린 수하물을 배달하기 위해 몬태나를 가로질러 첫새벽 붉어지는 하늘을 향해 달려가고 있을 것이다.

주

제9장

1 de Botton, *A Week at the Airport*, 97.

2 W.D. Snodgrass, "Baggage Claim"(The New Yorker, February 19 and 26, 2007), 100. Also available online at http://www.newyorker.com/fiction/poetry/2007/02/19/070219po_poem_snodgrass#

3 Ibid., 100.

4 Ibid.

5 Scarry, *On Beauty and Being Just*, 16.

6 이런 준 법률적인 언어의 표현법은 명료하고 단호하다. (c) 위탁수하물…… 하나의 시스템이 미국 내 모든 공항의 모든 위탁수하물을 가능한 한 신속하게 그러나 항공교통보안법의 제정일로부터 늦어도 60일 이내에 검사할 수 있도록 가동되어야 한다. (d) 폭발물 탐지 시스템………. "(1) 일반적으로 …… 교통안전국 국장은 다음 사항을 확인하기 위해 모든 필요한 조치를 취할 수 있다. (A) 44903(c)항에 설명된 모든 미국 항공기가 늦어도 2002년 12월 31일까지 모든 위탁수하물을 검사하기에 충분한 폭발물 탐지 시스템을 갖출 수 있도록 그리고 그런 시스템이 특정 공항에 가능한 한 신속하게 갖추어질 수 있도록 그리고 그 공항의 모든 위탁수하물이 그 시스템으로 검색될 수 있도록 폭발물 탐지 시스템이 가능한 한 신속하게 배정될 것이다. (B) 그리고 (A)에서 배치된 모든 시스템은 최대한으로 가동된다. 그리고 (C) 폭발물 탐지 장비를 사용할 수 없는 공항에서, 모든 위탁수하물은 대체 수단에 의해 검사를 받는다. (e) 폭발물 탐지 장비를 사용할 수 없는 곳에서의 강제 검색…… 가능한 한 신속하게 그러나 항공교통보안법 시행일로부터 늦어도 60일까지 그리고 (b)(1)(A)항의 요건을 충족시킬

때까지, 보안국장은 폭발물 탐지 시스템으로 검사받지 않은 위탁수하물을 검사하기 위해 대체 수단을 요구할 수 있다. 그런 대체 수단에는 다음 중 하나 또는 그 이상의 항목이 포함된다. (1) 수하물을 위탁한 승객이 기내에 탑승하지 않았을 경우 어떤 위탁수하물도 항공기에 적재하지 못하도록 할 수 있는 백매치 프로그램(bag-match program). (2) 수작업에 의한 검색. (3) 다른 수단과 맞물려 시행되는 폭발물 탐지견에 의한 검색. (4) 그 밖에 보안국장이 승인한 수단이나 기술."

7 Pascoe, *Airspaces*, 189–91.

8 Timothy Morton, "Displacement and Worlds," *Ecology without Nature* blog post, located at http://ecologywithoutnature.blogspot.com/2011/04/displacement-and-worlds.html(April 6, 2011).

9 Morton, "Hauntology and Non-Places," *Ecology without Nature* blog post, located at http://ecologywithoutnature.blogspot.com/2011/05/hauntology-and-non-places.html(May 28, 2011).

10 Morton, "Crowd Control," *Ecology without Nature* blog post, located at http://ecologywithoutnature.blogspot.com/2011/04/crowd-control.html(April 6, 2011).

11 Morton, "Emergency Room : Art and Climate Change," *Ecology without Nature* blog post, located at http://ecologywithoutnature.blogspot.com/2011/04/emergency-room-artand-climate-change.html(April 19, 2011).

12 John K. Kasarda and Greg Lindsay, *Aerotropolis : The Way We'll Live Next*(New York : Farrar, Straus, and Giroux, 2011), 79.

13 Ibid., 82.

14 Ian Bogost, blog review of *Aerotropolis* located at http://www.bogost.com/blog/aerotropolis.

shtml(March 27, 2011).

15 Ibid.

16 Ibid.

17 Rachel Lehmann-Haupt and Bess Abrahams, *Airplane Yoga*(New York : Riverhead Books, 2003), 3.

18 Ibid., 98.

19 Augé, *Non-places*, 111.

20 Timothy Morton, *Ecology without Nature : Rethinking Environmental Aesthetics*(Cambridge : Harvard University Press, 2007), 85.

21 See Morton, *The Ecological Thought*, 51.

Abbey, Edward. *Confessions of a Barbarian*. Ed. David Petersen. New York : Little, Brown & Company, 1994.

—. *Desert Solitaire*. New York : Ballantine, 1968.

"Airport Tourism." *The Lonely Planet Guide to Experimental Travel*. Ed. Rachel Anonty, Joel Henry, and Andrew Dean Nystrom. London: Lonely Planet, 2005.

Agamben, Giorgio. *The Open: Man & Animal*. Trans. Kevin Attell. Stanford : Stanford University Press, 2004.

Alexie, Sherman. "Flight Patterns." *Ten Little Indians*. New York : Grove Press, 2004.

Amis, Martin. "The Last Days of Muhammad Atta." *The New Yorker*. April 24, 2006.

—. *The Second Plane-September 11 : Terror and Boredom*. New York : Afred A. Knopf, 2008.

Augé, Marc. *Non-Places : Introduction to an Anthropology of Supermodernity*. Trans. John Howe. New York : Verso, 1995.

—. *An Anthropology for Contemporaneous Worlds*. Stanford : Stanford University Press, 1999.

Baker, Nicholson. *The Mezzanine*. New York : Vintage Contemporaries, 1990.

Barthes, Roland. "The Jet-Man." *Mythologies*. New York : Noonday, 1972.

—. "From Work to Text." *Image Music Text*. Trans. Stephen Heath. New York : Hill & Wang, 1977.

Baudrillard, Jean. *The Spirit of Terrorism*. New York : Verso, 2002.

Benjamin, Walter. "The Work of Art in the Age of Mechanical Reproduction." *Illuminations*. Ed. Hannah Arendt. New York : Schocken Books, 1968.

Bennett, Jane. *Vibrant Matter : A Political Ecology of Things*. Durham : Duke University Press, 2010.

Bruck, Julie. "Men at Work." *Monkey Ranch*. London, Ontario : Brick Books, 2012.

Cage, John. "Indeterminacy." *Silence*. Middleton, CN : Wesleyan University Press, 1961.

Cohen, Stewart. "Three Approaches to the Airport Case." UC Davis Department of Philosophy. Handout distributed during presentation on May 11, 2007.

Corin, Lucy. "My Favorite Dentist." *The Entire Predicament*. Portland : Tin House, 2006.

Crichton, Michael. *Airframe*. New York : Ballantine, 1997.

De Botton, Alain. *A Week at the Airport*. New York : Vintage, 2009.

DeLillo, Don. *Falling Man*. New York : Scribner, 2007.

—. *The Names*. New York: Vintage, 1982.

—. *Players*. New York : Vintage Contemporaries, 1989.

—. *Point Omega*. New York : Scribner, 2010.

—. *Underworld*. New York : Scribner, 1997.

—. *Valparaiso*. New York : Scribner, 2003.

—. *White Noise*. New York : Penguin, 1985.

Derrida, Jacques. "Autoimmunity : Real and Symbolic Suicides — *A Dialogue with Jacques Derrida." Philosophy in a Time of Terror : Dialogues with Jürgen Habermas and Jacques Derrida*, Ed. Giovanna Borradori. Chicago : University of Chicago Press, 2003.

—. *Rogues*. Stanford : Stanford University Press, 2005.

—. "Ulysses' Grammaphone : Hear Say Yes in Joyce." *Acts of Literature*. Ed. Derrick Attridge. New York : Routledge, 1992.

Dixon, Franklin W. *The Hardy Boys : The Great Airport Mystery*. New York : Grosset & Dunlap, 1930.

—. *The Hardy Boys Casefiles : Hostages of Hate*. New York : Archway Paperbacks, 1987.

—. *The Hardy Boys Casefiles : Tagged for Terror*. New York : Archway Paperbacks, 1993.

Edwards, Brian. *The Modern Airport Terminal : New Approaches to Airport Architecture*, 2nd edn. London and New York : Spon Press, 2005.

Eliot, T.S. *Four Quartets*. Orlando : Harcourt Brace & Company, 1943, 1971.

Fitzgerald, F. Scott. *The Love of the Last Tycoon : A Western*. Ed. Matthew Bruccoli. New York : Scribner, 1995.

—. "Three Hours between Planes." *Esquire*. 1941.

Foucault, Michel. 1975. *Discipline and Punish : The Birth of the Prison*. Trans. Alan Sheridan. London : Penguin, 1991.

Freud, Sigmund. *The Interpretation of Dreams*, Trans. James Strachey, 1955. New York : Basic Books, 2010.

Fuller, Gillian. "Welcome to Windows 2.1 : Motion Aesthetics at the Airport," *Politics at the Airport*, Ed. Mark Salter. Minneapolis : University of Minnesota Press, 2008.

Fuller, Gillian and Ross Harley. *Aviopolis : A Book About Airports*. London : Black Dog Publishing, 2004.

Gordon, Alastair. *Naked Airport : A Cultural History of the World's Most Revolutionary Structure*. New York : Metropolitan Books, 2004.

Greif, Martin. *The Airport Book : From Landing Field to Modern Terminal*. New York : Mayflower Books, 1979.

Hailey, Arthur. *Airport*. New York : Berkley Books, 1968, 2000.

Haraway, Donna. "A Cyborg Manifesto : Science, Technology, and Socialist-Feminism in the Late Twentieth Century," *Simians, Cyborgs and Women : The Reinvention of Nature*. New York : Routledge, 1991.

—. *When Species Meet*. Minneapolis : University of Minnesota Press, 2007.

Heidegger, Martin. "The Question Concerning Technology." *Basic Writings*. Ed. David Farrell Krell, 2nd edn. New York : Harper Collins, 1993.

Iyer, Pico. *The Global Soul : Jet Lag, Shopping Malls, and the Search for Home*. New York : Vintage Departures, 2000.

Jameson, Fredric. *Postmodernism, or, The Cultural Logic of Late Capitalism*. Durham, NC : Duke University Press, 1990.

Kasarda, John D. and Greg Lindsay. *Aerotropolis : The Way We'll Live Next*. New York : Farrar, Straus, and Giroux, 2011.

Kesey, Roy. "Wait," *All Over*. Westland, MI : Dzanc, 2007.

Kranes, David. "The Wishbone." *Hunters in the Snow*. Salt Lake City : University of

Utah Press, 1979.

Kirn, Walter. *Up in the Air*. New York : Anchor Books, 2001.

Kumin, Maxine. "Getting Around O'Hare." *Looking For Luck*. New York : Norton, 1992.

Lefebvre, Henri. "The Social Text." *Henri Lefebvre : Key Writings*. New York : Continuum, 2003.

Lehmann-Haupt, Rachel and Bess Abrahams. *Airplane Yoga*. New York : Riverhead Books, 2003.

Lopez, Barry. *About This Life*. New York : Vintage, 1999.

—. *Light Action in the Caribbean*. New York : Alfred A. Knopf, 2000.

—. "Pearyland." *Field Notes*. New York : Knopf, 1994.

Lyotard, Jean-Françios. "Answer to the Question : What is the Postmodern?" *The Postmodernism Reader : Foundational Texts*. Ed. Michael Drolet. New York : Routledge, 2004.

Manovich, Lev. "Introduction to Info-Aesthetics." *Antinomies of Art and Culture*. Ed. Smith et al. Durham, NC : Duke University Press, 2008.

Martin, Robert A. "Fitzgerald's Use of History in *The Last Tycoon.*" *F. Scott Fitzgerald — New Perspectives*. Ed. Jackson R. Bryer, Alan Margolies, and Ruth Prigozy. Athens : University of Georgia Press, 2000.

McCarthy, Anna. *Ambient Television : Visual Culture and Public Space*. Duke University Press, 2001.

Mignolo, Walter. *The Idea of Latin America*. Malden, MA : Wiley-Blackwell, 2005.

Moore, Lorrie. *A Gate at the Stairs*. New York : Knopf, 2009.

Morton, Timothy, Ed. *The Cambridge Companion to Shelley*. Cambridge : Cambridge University Press, 2006.

Morton, Timothy. *Ecology without Nature : Rethinking Environmental Aesthetics*. Cambridge, MA : Harvard University Press, 2007.

—. *The Ecological Thought*. Cambridge, MA : Harvard University Press, 2010.

Muske-Dukes, Carol. "De-icing the Wings." *Air Fare*. Ed. Nickole Brown and Judith Taylor. Louisville : Sarabande, 2004.

O'Neill, Joseph. *Netherland.* New York : Pantheon, 2008.

Oxford English Dictionary. London : Oxford University Press, 2011.

Palahniuk, Chuck. *Fight Club*. New York : Owl Books, 1996.

Parks, Lisa. "Points of Departure : The Culture of US Airport Screening." *Journal of Visual Culture* Vol. 6(2) 2007.

Pascoe, David. *Airspaces*. London : Reaktion Books, 2001.

—. *Aircraft*. London : Reaktion Books, 2003.

Phillips, Dana. *The Truth of Ecology : Nature, Culture, and Literature in America*. New York : Oxford University Press, 2003.

Pound, Ezra. *Selected Poems*. New York : New Directions, 1957.

Price, Jennifer. *Flight Maps : Adventures with Nature in Modern America*. New York : Basic Books, 1999.

Proulx, Annie. "I've Always Loved This Place." *Fine Just The Way It Is*. New York : Scribner, 2008.

Salter, Mark B., Ed. *Politics at the Airport*. Minneapolis : University of Minnesota Press, 2008.

Scarry, Elaine. *On Beauty and Being Just*. Princeton : Princeton University Press, 1999.

Sedaris, David. "Standing By." *The New Yorker*. August 9, 2010.

Sharkey, Joe. "Registered Traveler Program Appears Ready to Take Off." *The New York Times*. September 5, 2006.

Shelley, Percy Bysshe. "Ozymandias." *The Cambridge Companion to Shelley*. Ed. Timothy Morton. Cambridge : Cambridge University Press, 2006.

Shepard, Sam. "Land of the Living." *The New Yorker*. September 21, 2009.

Silver, Nate. "The Full-Body Backlash." *The New York Times*. November 15, 2010.

Simpson, David. *9/11 : The Culture of Commemoration*. Chicago : The University of Chicago Press, 2006.

Snodgrass, W.D. "Baggage Claim." *The New Yorker*. February 19 and 26, 2007.

Snyder, Gary. *Danger on Peaks*. Emeryville : Shoemaker & Hoard, 2004.

—. *The Practice of the Wild*. New York : North Point Press, 1990.

Sommer, Robert. *Tight Spaces ; Hard Architecture and How to Humanize It.* Englewood Cliffs, NJ : Spectrum, 1974.

Stevens, Wallace. *The Palm at the End of the Mind.* New York : Vintage, 1991.

Stewart, Kathleen. *Ordinary Affects*. Durham : Duke University Press, 2007.

Trento, Susan and Joseph Trento. *Unsafe at any Altitude : Exposing the Illusion of Aviation Security*. Hanover : Steerforth, 2006.

Thoreau, Henry David. *Walden*. Princeton : Princeton University Press, 1989.

Virilio, Paul. *War and Cinema*. New York and London : Verso, 1989.

Whitehead, Colson. *John Henry Days*. New York : Anchor Books, 2002.

Wohl, Robert. *A Passion for Wings : Aviation and the Western Imagination, 1908-1918.* New Haven : Yale University Press, 1996.

—. *The Spectacle of Flight : Aviation and the Western Imagination, 1920-1950.* New Haven : Yale University Press, 2005.

Yaeger, Patricia. "The Death of Nature and the Apotheosis of Trash ; or, Rubbish Ecology." *PMLA* Vol. 123 (2) March 2008.

Web Resources

The 9/11 Commission Report, 1. http://www.9-11commission.gov/report/index.htm.

Alavi, Seyed. "A Site Specifi c Public Art Project for the Sacramento International Airport." http://here2day.netwiz.net/seyedsite/publicart/flyingcarpet/flyingcarpetframe.html(accessed January 20, 2011).

"And Behold a Big Blue Horse? Many in Denver Just Say Neigh." *The New York Times.* http://www.nytimes.com/2009/03/02/arts/design/02hors.html?_r=3(accessed February 12, 2011).

Birdstrike Control Program. "FAA Data Show New York's JFK, Sacramento, Calif., Airports Have most Bird Strikes with Damage." http://www.birdstrikecontrol.com/news/birdstrike_news/faa-data-show-new-york%E2%80%99s-jfk-sacramento-calif-airports-have-mostbird-strikes-with-damage/(accessed March 7, 2011).

Bogost, Ian. Blog review of Aerotropolis. http://www.bogost.com/blog/aerotropolis.shtml(accessed March 27, 2011).

Cohen, Stewart. “Three Approaches to the Airport Case.” Abstract for 2011 Bled Philosophical Conference : Knowledge, Understanding and Wisdom. http://www.bledconference.si/index.php?page=content&page_id=20(accessed May 20, 2011).

Ferrell, Paul. “Clear-Cut for Takeoff.” *Citing Wildlife and Terrorists, the Airport Wants to Destroy more Native Oaks*. http://www.newsreview.com/sacramento/Content?oid=oid%3A47274(accessed December 24, 2006).

“Haisong Jiang Guilty: Newark Breach Security Breach Suspect Pleads Guilty.” *The Huffi ngton Post*. http://www.huffi ngtonpost.com/2010/03/09/haisong-jiang-guilty-newa_n_491569.html.

“A Horse of a Different Color Divides Denver.” *The Wall Street Journal*. http://online.wsj.com/article/SB123395183452158089.html(accessed February 12, 2011).

Miller, Erin Collazo. “Bestsellers : Airport Reads.” http://bestsellers.about.com/od/readingrecommendations/tp/airport_reading.html(accessed November 20, 2010).

Morton, Timothy. “Crowd Control.” *Ecology without Nature* blog post. http://ecologywithoutnature.blogspot.com/2011/04/crowd-control.html(accessed April 6, 2011).

Morton, Timothy. “Displacement and Worlds.” *Ecology without Nature* blog post. http://ecologywithoutnature.blogspot.com/2011/04/displacement-and-worlds.html(accessed April 6, 2011).

Morton, Timothy. “Emergency Room : Art and Climate Change.” *Ecology without Nature* blog post. http://ecologywithoutnature.blogspot.com/2011/04/emergency-room-art-and-climate-change.html(accessed April 19, 2011).

Morton, Timothy. “Hauntology and Non-Places.” *Ecology without Nature* blog post. http://ecologywithoutnature.blogspot.com/2011/05/hauntology-and-non-places.html(accessed May 28, 2011).

“Officials Plan to Eliminate 170,000 Canada Geese in New York.” *New York Times City Room*. http://cityroom.blogs.nytimes.com/2010/07/23/state-plans-to-eliminate-170000-canada-geese/(accessed March 7, 2011).

Sacramento County Airport System. “The Big Build” Fly-Through Video. http://www.bigbuild.org/photo-media-gallery/design-overview/fly-through-video(accessed February 18, 2011).

Santos, Sherod. “Airport Security.” *Valparaiso Poetry Review*. www.valpo.edu/vpr/santosairport.html(accessed January 2002).

“September 11 attacks.” http://en.wikipedia.org/wiki/9/11(accessed February 13, 2011).

"Video Shows Newark Security Breach : A Kiss before Flying." *The New York Times* online. http://cityroom.blogs.nytimes.com/2010/01/07/video-shows-newark-security-breach-akiss-before-flying/(accessed January 7, 2010).

Films

2001 : A Space Odyssey. Dir. Stanley Kubrick. 1968.

The Departed. Dir. Martin Scorsese. Warner Bros. Pictures. 2006.

Fight Club. Dir. David Fincher. Twentieth Century Fox. 1999.

The Terminal. Dir. Steven Spielberg. DreamWorks Studios. 2004.

Three Kings. Dir. David O. Russell. Warner Bros. Pictures. 1999.

Up in the Air. Dir. Jason Reitman. Paramount Pictures. 2009.

Music

DiFranco, Ani. "The Arrival Gates." © 1999 Righteous Babe Music.

Eno, Brian. *Ambient 1 : Music for Airports*. PVC 7908 (AMB 001) 1978.

"Travel Tranquil Moments Alarm Clock Sound Therapy Machine." Brookstone®. http://www.brookstone.com/Travel-Tranquil-Moments-Sleep-Sound-Machine(accessed September 21, 2011).

Air Company

Boarding pass

Name of passeng

Z

To

Pu

Gate

05

Air Company

인문학, 공항을 읽다

초 판 1쇄 인쇄 2015년 1월 10일
초 판 1쇄 발행 2015년 1월 20일

지은이 크리스토퍼 샤버그(Christopher Schaberg)
옮긴이 이경남

펴낸이 조선우
펴낸곳 책읽는귀족

등록 2012년 2월 17일 제396-2012-000041호
주소 경기도 고양시 일산동구 호수로 336
(백석동, 브라운스톤 103동 948호)

전화 031-908-6907
팩스 031-908-6908
홈페이지 www.noblewithbooks.com
E-mail idea444@naver.com
책임 편집 조선우
표지 & 본문 디자인 twoes

값 16,000원
ISBN 978-89-97863-30-3 (03100)

이 도서의 국립중앙도서관 출판예정도서목록(CIP)은 서지정보유통지원시스템 홈페이지(http://seoji.nl.go.kr)와 국가자료공동목록시스템(http://www.nl.go.kr/kolisnet)에서 이용하실 수 있습니다.(CIP제어번호: CIP2014037420)